I GING

MEISTER YÜAN-KUANG

I Ging

DAS BUCH DER CHINESISCHEN WEISSAGUNG

GONDROM

Lizenzausgabe für Gondrom Verlag GmbH & Co. KG, Bindlach 1993
mit Genehmigung des Scherz Verlag, Bern und München.
Titel des Originals: Le Maître Yüang-Kuang. Méthode
pratique de divination chinoise par le YI-KING.
Einzig berechtigte Übersetzung aus dem
Französischen von Fritz Werle.
© Copyright 1951 und 1975 by Scherz Verlag, Bern und München,
für den Otto Wilhelm Barth Verlag.
Alle deutschsprachigen Rechte beim Scherz Verlag,
Bern und München
ISBN 3-8112-1051-3

Printed in Finland
by Werner Söderström Oy 1993

EINLEITUNG

ZUM ERSTENMAL WIRD HIER EINE VOLLSTÄN-
dige Erklärung des berühmten chinesischen Weissagetextes aus dem I GING gegeben. Nicht wenig Übersetzungen des „Buches der Wandlungen", des *Tscheu Yi Sheang King*
aus der Dynastie *Tscheu* (1) sind bis jetzt erschienen; aber diese
sehr ungleichwertigen Übersetzungen geben einfach den Text
ohne irgendeinen „lebendigen Kommentar", was ihn völlig unverständlich macht. Nach der taoistischen Überlieferung gibt es
sieben verschiedene Sinndeutungen des Textes des I GING: dies
mag die ungeheuerliche Verwirrung im europäischen Leser bei
der Lektüre der Übersetzung dieses Einweihungsbuches dartun.
Von diesen verschiedenen Sinndeutungen — die chinesische
Symbolik stellt sie oft als einen über eine Folge verschieden ge-
formter Wolken zum Himmel aufsteigenden Drachen dar —
ist die weissagende Sinndeutung eine der tiefsten und die einzige, der wir hier folgen wollen. Die anderen Sinndeutungen
erfordern derartige Erläuterungen und Kommentare, daß es mir
scheinen will, als sei die Beschäftigung damit bei dem augenblicklichen Stand der europäischen Geisteshaltung unmöglich.
Schließlich möchte ich noch hinzufügen, daß die erhabensten
Deutungen des I GING durch rein mündliche Überlieferung (2)
in den „torelosen Klöstern" und unter Verpflichtung strengsten
Stillschweigens nach einer Reihe körperlicher, seelischer und moralischer Einweihungen gegeben worden sind, die sich der Europäer nur schwer vorstellen kann. Eine Mitteilung derselben ist
deshalb unmöglich.

Der Ursprung des vorliegenden Textes soll hier kurz dargelegt werden: meine kaufmännische und konsularische Tätigkeit hat mich während mehr denn zwanzig Jahren durch China geführt und mich Dinge und Menschen sehen lassen, die in den Erzählungen von Reisenden, die den Osten in drei Monaten durchrasen, kaum beschrieben werden. Während einer Reise auf dem Yang-Tse wurde ich nicht weit vom *Tung-Ting-Hu*-See (3) von einem alten chinesischen Freund, einem *Tao-che* von Beruf, in ein auf der Strecke nach *King-Tschu* gelegenes taoistisches Kloster eingeladen. Der „Zufall" — an den ich nicht glaube — gab diesem Kloster damals die Ehre, einen berühmten taoistischen Gelehrten, den verehrungswürdigen *Yüan-Kuang*, dessen Name man mit „ursprüngliches Licht" übersetzen könnte, als Gast zu beherbergen. Ich stand lange mit ihm in geistiger Verbindung und, nach dem taoistischen Ausdruck, „berührte seine rechte Hand mein Herz". Unter den von ihm dargebotenen Lehren war auch die von der weissagenden Sinndeutung des I GING, und er unterwies mich in der alten Kunst, die Kräuterstäbchen zu ziehen und den sich daraus ergebenden Sinn der Hexagramme zu lesen. Ich erzählte ihm von der tiefen Unkenntnis, in der die Europäer über die okkulte Sinndeutung des „Buches der Wandlungen" befangen wären; und er selbst ermächtigte mich, seine Lehre über diesen Gegenstand bekanntzumachen. Er wies mir die Grenzen dieser Enthüllung, Grenzen, die ich sorgsam beachte. Den Grund für diese Enthüllung selbst muß man in der Beschleunigung des kosmischen Wirbels in diesem Eisenzeitalter suchen, die gewisse nützliche Offenbarungen fördert.
Obwohl ich die chinesische Sprache in sechs verschiedenen Dialekten spreche und schreibe, konnte es für mich nicht darum gehen, die erhabene Metaphysik des heiligen Textes zu über-

tragen. Eine derartige Arbeit setzt ein chinesisches Hirn voraus, um die Feinheiten der überlieferten Symbolik in einer
europäischen Sprache darzustellen. In dem ehrwürdigen *Tchu-
Hua* von Canton fand ich den ernsten und erprobten,
in die taoistischen Lehren eingeweihten Freund, der, des Französischen mächtig, der geeignete Vermittler in der Übersetzung
des Textes des I GING in seiner weissagenden Sinndeutung
war.

Diese Arbeit ist also das Werk von *Tchu-Hua* und von
mir selbst, soweit sie die französische Übersetzung und die er-
klärenden Anmerkungen betrifft; zuvörderst aber ist es ganz
das Werk des Meisters Yüan-Kuang. Er war es, der dem Text
den überlieferten Sinn gegeben hat, er, der die Dunkelheiten
aufhellte, er, der die Offenbarungen autorisiert hat, ihm allein
steht das Recht zu, als Verfasser auf der Titelseite dieses Buches
zu erscheinen. Möge er aus dem „torelosen Kloster", wo er gegenwärtig im westlichen China residiert, die Leser dieses Werkes inspirieren und fördern! „Die Kraft des höheren Menschen", sagte er oft zu mir, „besteht in der Kenntnis von den
lebendigen Einströmungen, die die Welt durchziehen und die
aus den geheimen Strahlungszentren hervorbrechen! ... "
Möge sich der Leser in diesen Strom stellen.

Peking, am 3. Tag des zweiten Mondes im 22. Jahr
des Cyclus Holz-Vogel

Charles Canone

ERSTES KAPITEL

DIE PRINZIPIEN DES „BUCHES DER WANDLUNGEN"

DER TAO IST DAS PRINZIP (4); ER WIRD SIEN-t'ien genannt, d. h. „vor dem Himmel"; denn er ist jenseits des Offenbarten und Nicht-Offenbarten. In der Welt der Menschen stellt sich der TAO durch einen zweifachen „Seinszustand", durch einen zweifachen Zustand der „Natur" dar, wenn dies Wort in seinem weitesten Sinn verstanden wird und darin sowohl die feinstofflichen wie auch die groben Zustände der Offenbarungen einbegriffen werden. Diese beiden Zustände, diese beiden Kräfte sind das *Yin* und das *Yang.* Jedes Leben, jede Existenz, jedes Wesen, jede Offenbarung erfordert das in verschiedener Menge gleichzeitige Bestehen dieser beiden vom TAO offenbarten Aspekte.

DAS YIN UND DAS YANG

Yin ist die Kraft der Zusammenziehung, der weibliche Aspekt der Offenbarung, das Weniger, die Dunkelheit, die Nacht, der Tod, der Widerstand, das Einsaugen, die geraden Zahlen. *Yang* ist die Ausdehnungskraft, der männliche Aspekt der Offenbarung, das Mehr, das Licht, das Weiße, das Leben, die schöpferische Kraft, die Macht der Durchdringung, die ungeraden Zahlen. In der chinesischen Symbolik ist *Yin* der Tiger, die Orange-Farbe, die Erde, die weibliche *yoni,* die Täler, die Wasserläufe; *Yang* ist der Drache, die blaue Farbe, der Himmel, der männliche *lingam,* die Säulen, die Berge.

Das *Yin* und das *Yang* bilden den Seinsgrund des Lebens der Natur, des normalen Ablaufs der Dinge; wenn ein Phänomen der Offenbarung nicht durch Wirkung und Gegenwirkung, diesen beiden Zuständen des Stoffs, erklärt werden kann, „muß man die Wirkung davon einem Genius zuteilen". Wenn das eine auf seinem Höhepunkt ist, wird das andere unmerklich an seine Stelle gesetzt, denn jedes der beiden trägt den Keim des anderen in sich. Jedes offenbarte Ding, jedes Wesen ist schicksalhaft dem Wechsel der beiden entgegengesetzten und sich ergänzenden Phasen der Offenbarung unterworfen: der Schwäche folgt die Stärke, dem Untergang das Gelingen, der Armut das Glück. Der Weise ist derjenige, der die notwendige Unbeständigkeit der Dinge kennt, und der sich dem obersten Gesetz des TAO fügt. Voraufgehende Macht und Überlegenheit werden nachfolgender Schwäche und Unterlegenheit verbunden. Das Plus ruft das Minus auf, das Rad dreht sich ewig, was oben ist, wird unten sein und umgekehrt. Der Wechsel der Kräfte von *Yin* und *Yang* bildet das kosmische Gleichgewicht, ein unbeständiges aber lebendiges Gleichgewicht, und die Forderung nach den wechselseitigen Ausgleichen.

Der weise *Hoang-Ti* sagt in seinem berühmten *Nei-King,* „dem inneren kanonischen Buch" von diesen beiden Kräften (V, 2): „Das *Yin* und das *Yang* bilden den TAO des Himmels und der Erde. Sie bilden den wesentlichen Stoff, die Kette und den Lebensfaden aller Wesen, die schöpferischen Prinzipien, die Väter und Mütter jeder Schöpfung und jeder Verwandlung, die Wurzel, den Ursprung des Lebens und des Todes; das an-gehäufte *Yang* bildet den Himmel, das angehäufte *Yin* die Erde. Das *Yang* läßt geboren werden, das *Yin* wachsen; das *Yang* tötet, das *Yin* faßt zusammen. Das reine *Yang* verläßt durch die oberen Öffnungen (des Kopfes) den menschlichen Körper; das unreine *Yin* durchzieht die fünf Lebensorgane des Körpers und belebt sie. Das Wasser ist *Yin*, das Feuer ist *Yang*. Das schon verwandelte *Yin* geht daraus durch das *Yang* hervor (das *Yang* des *Yin*), dringt ein wie eine feine Klinge; das ver-wandelte *Yang* geht daraus durch das *Yin* hervor (das *Yin* des *Yang*), breitet sich aus. Wenn es das *Yin* entfernt, ist das *Yang* geschwächt und erstarrt; in dem entgegengesetzten Fall ver-brennt es." Die Anwendung des Prinzips dieser beiden sich er-gänzenden Zustände der Offenbarung ist im überlieferten chi-nesischen Wissen unbegrenzt.

Für den uns interessierenden Bereich, der die Weissagung der nahen und fernen Ereignisse des menschlichen Lebens betrifft, muß man wissen, daß das *Yin* und das *Yang* all diesen Ereig-nissen vorstehen, sie nach dem chinesischen Ausdruck „tragen". Ihre immer wirksamen „Ausstrahlungen" gehen aus den himm-lischen, irdischen und unterirdischen Räumen hervor, und bin-den den menschlichen Mikrokosmos an den Makrokosmos. Die Menschen „strahlen" gleicherweise durch ihre Gedanken, ihre Gesten, ihr Wollen, und alles um sie herum; die „Seelen"-Über-reste, die Wesenheiten der sublunaren Welten, die toten oder lebendigen Götter, die kultischen und Einweihungsmittelpunkte „strahlen" ihrerseits. Dabei ist die Beschaffenheit dieser viel-fältigen „schweifenden Einflüsse" sehr verschieden; sie gehören alle einem der beiden großen psychischen Ströme an und um-geben die Erde; dem „Tiger" und dem „Drachen", dem *Yin* und dem *Yang* (5). Diese Ströme rufen durch feine und tiefe

13

Ähnlichkeiten, die gewisse Gesten, gewisse Willensäußerungen an gewisse Zeiten binden, die Geschehnisse hervor. Jedes menschliche Wesen ist eine vorübergehende und kristallinische Verdichtung des natürlichen Wesens *(Khi)*, und jedes menschliche Wesen trägt in sich ein dauerndes und zur Gewohnheit gewordenes Ungleichgewicht der Kräfte *Yin* und *Yang*. Ihr statisches Gleichgewicht ist durch die taoistische Verwirklichung erreicht; ihre Zerlegung ist der Tod.

DAS FENG-SHUI

Die Erde wird von Kraftströmen durchflossen, *Feng-Shui*, deren Zusammensetzung, „Färbung" Yin oder Yang ist; diese Ströme können am gleichen Ort und zur gleichen Zeit den Wesen günstig oder ungünstig sein (6). Jedes Ding kann sie ablenken oder sie auf dem guten Weg (7) zu Ende bringen: die „Dämpfe" des Drachen können von einer Höhle, einer Grube aufgesaugt oder von einer gewichtigen Anordnung gefährlich zusammengedrängt werden (8); der verehrungswürdige *Kuo-P'o von Wenshi* hat in seiner Jugend vom Meister *Kuo-Kung* einen schwarzen Beutel mit einer Abhandlung über diesen Gegenstand erhalten, und Abschriften dieses geheimen Buches gibt es in einigen taoistischen Klöstern.

Dieser „gleichsam stoffliche" Kreislauf der Ströme des *Feng-Shui* erfährt auf einer viel subtileren Ebene seine genaue Wiedergabe; aber seine Wirkung wird in den irdischen, stofflichen Dingen nicht mehr gefühlt. Es handelt sich dann um feinstoffliche menschliche Ebenen und Ereignisse, die die Menschen führen; dies ist das Bereich der Zukunft, das Bereich der lebensträchtigen und geistigen Antriebe, die irgendwie die Taten und Gesten der Menschen beherrschen und „tragen". Das über das *Feng-Shui* Gesagte wird also genau auf das Geschehen angewandt, das die Menschenwesen lenkt, und das diese in ihrer Unwissenheit zu beherrschen sich einbilden (9). Die feinstofflichen Wellen, die die Menschen tragen, sind großteils aus Antrieben, über die weiter oben gesprochen wurde, geschaffen; hierzu werden bewußte und unbewußte, freiwillige oder unfreiwillige Taten der gleichen Menschen hinzugefügt, Taten, die ihrerseits neue Antriebe erzeugen. Diese sind *Yin* oder *Yang* und wirken mehr oder weniger auf die Menschen gemäß der eigenen Beschaffenheit der letzteren, ihrer *Yin*- oder *Yang*-Neigung. So ist das gleiche Ereignis gemäß dem Empfänger für ihn günstig oder ungünstig, wohltätig oder feindlich, Quelle zu Leben oder Tod. Der Mensch muß sich immer selbst beobachten und seine eigene Natur erforschen anstatt sich von den auf- oder absteigenden Wellen des Stroms und Widerstands der feinen Wirbel blind fortreißen zu lassen. Hier ist das Ziel der Weissagung aus dem I GING, die unter der okkulten Wirkung des menschlichen Überbewußtseins die Einflüsse zu bestimmen erlaubt, die auf die Person, für die die Weissagestäbchen gezogen werden, ausgeübt werden.

TAOISTISCHER KOMMENTAR ÜBER DEN MENSCHEN UND SEINE ZUKUNFT

Der verehrungswürdige Meister hat mir hierzu versichert, daß der taoistische Text des *Yin Pha Ging*, eine Art Kommentar zum *Tao Te Ging* des *Lao Tse*, der mit „Weg der geheimen Verbindung" übersetzt werden kann, tiefe Aufschlüsse zu diesem Thema enthält. Da er mir diesen Text lange erläutert hat, und da seine Angaben zum Verständnis der überlieferten chinesischen Vorstellung vom Menschen und seiner Zukunft beitragen können, möchte ich einiges hierüber sagen.

Der natürliche Weg der Wirkung der positiven und negativen Kräfte, die die Welt erhalten, ist „der Weg des Himmels"; ihn kennen, bedeutet für den Menschen, die Geheimnisse der Natur kennen; wenn er sich angelegen sein läßt, hinter allen ihn umgebenden Phänomenen, seien es kosmische, irdische oder menschliche, das verborgene Spiel des *Yin* und *Yang* zu sehen, wird er das Geheimnis von Leben und Tod verstanden haben. Das nennt der Text die „meditative Beobachtung"; und durch diese Kenntnis des tiefen Weges des Himmels kann sich der Mensch dann der beklemmenden tyrannischen Beherrschung durch die beiden entgegengesetzten Kräfte entziehen, die ihn wechselweise ohne Unterlaß anziehen; er befindet sich dann auf dem Wege des Weisen. Darüber hinaus gibt es nur falsche Schlüsse, trügerische Wege, abwegige Anlässe.

TAO benötigt zu seiner Offenbarung das *Yin* und das *Yang;* und diese beiden Kräfte erzeugen ihrerseits die fünf Wirkekräfte (die fünf Elemente), die durch ihre immer gröbere Offenbarung die sichtbare Form hervorbringen. Diese fünf Elemente bekämpfen sich und stellen sich ihrer Natur nach einander entgegen, zerstören sich wechselweise; denn sie sind in der Welt des Offenbarten, der Feindschaft und der Scheidung. Die chinesische Überlieferung nennt sie: Holz, Metall, Feuer, Wasser und Erde. Holz hat Metall als Feind; das Metall hat das Feuer als Widersacher; das Feuer wird vom Wasser vernichtet; das Wasser wird von der Erde aufgehalten; und die Erde wird vom Holz aufgebraucht. Der Mensch benützt diese fünf Wirkekräfte zum Tod; kennte er ihre Entstehung, er vermöchte das Leben daraus zu gewinnen. Der gleiche und einzige Äther verdichtet,

„verstofflicht" sich und kehrt so wieder an seinen ursprünglichen Ausgangspunkt zurück.

Aber der Mensch trägt die fünf Elemente auch in seinem Herzen, und der Weg, durch den die elementaren Kräfte der Natur in ihm und durch ihn wirken, ist der „Weg des Menschen", der sich zu oft dem „Weg des Himmels" entgegenstellt. In ihm spielen die Kräfte von *Yin* und *Yang* ihr Spiel in der Beherrschung bestimmter Organe, und ihr Übergewicht bestimmt die eigenen Qualitäten des Wesens; ein Wesen mit *Yin*-Natur wird nur beim Vollbringen von *Yang*-Handlungen Unglück und Kränkung erfahren und umgekehrt. Die Ernährung, die Yin und Yang ist, muß überwacht werden, und man muß wissen, daß sie den Menschen ohne sein Wissen tief verwandelt.

Das *Yin* steht dem Tod, das *Yang* dem Leben vor, und das Leben kann ohne den Tod nicht sein; der Frühling läßt geboren werden, der Sommer läßt wachsen, der Herbst verdichtet und der Winter zieht zusammen. Der Mensch macht die gleichen Zustände durch und hat am TAO in dem Maß teil, in dem er das Prinzip darstellt, das gleichzeitig schaffen und vernichten kann. Der Mensch saugt den Duft und die feinste Essenz aller Dinge ein; er lebt und wächst dadurch um schließlich zum Zerstörer zu werden. Aber er ist auch Schöpfer und Erzeuger. Dann aber müssen seine Taten in Harmonie mit den in ihm wohnenden *Yin*- oder *Yang*-Kräften sein. Der Text nennt das „aus dem Augenblick Gewinn ziehen". Das Universum sieht und kennt dies Zerstörer- und Schöpfer-Phänomen nicht; der „begabte Mensch" kennt es und befolgt die bewundernswerteste Anwendung dieses Prinzips in und um sich. Der I GING gibt ihm hierzu die nötigen Weisungen und führt ihn genau. Deshalb gebraucht der Weise die Gewohnheit der „Gegensätze" und sieht sie gemäß den zyklischen Bewegungen der Offenbarung voraus, wobei er weiß, daß die Wohltat aus dem verursachten Übel und das verursachte Übel aus der Wohltat entsteht und das Glück des Einen nur aus der Vernichtung des Anderen bestehen kann. Die fortdauernden und unterbrochenen Bewegungen, die die Ereignisse lenken, kennen, heißt die ganze Zukunft der Welt kennen und voraussehen können. *Tsang Tsheou* hat den I GING als „Text, der die Erklärung des *Yang* und des *Yin* zum Gegenstand hat" bezeichnet.

Die Weisheit des I GING ist tief; sie lehrt vor allem, daß keinerlei Extrem sich lange halten kann; jedem Hochstand folgt notwendig ein Abstieg: wer immer, reich und mächtig geworden, sich aufbläht, schafft sich selbst den Ruin. Der Weise zieht sich auf seinem Höhepunkt von Verdienst und Ansehen zurück; denn Übermaß erweckt Mangel, Schwäche folgt Stärke, und der erleuchtete Weise Lao Tse hat dies genau ausgedrückt, wenn er schreibt: „Wie der Fisch nicht aufsteigt aus dunklen Wassertiefen" (Tao-Te-King I/36). Gelingen und Mißgeschick wechseln, und der Weise erhebt sich über das rollende Rad auf die Höhen. Die Warnungen des Weissagetextes regen immer zu dieser großen Entsagung an, indem sie behutsam machen gegenüber den unmittelbaren Gefahren, die den Ratsuchenden bedrohen. „Der I GING wird scharfsinnig, tief, Quelle von Reinheit und Ruhe genannt", schrieb *Kao-pen-Long von Si-shan*, Schüler von *Tchu-tzé*, der im XVII. Jahrhundert lebte.

GESCHICHTLICHES ZUM I GING

Ein kurzer geschichtlicher Abriß zu diesem außergewöhnlichen Weissagungstext scheint mir notwendig; er wurde in China immer sehr hoch geschätzt. Die „Konfuzianischen Annalen"

(VII/16) berichten, daß Konfuzius nach seiner so peinlich erfüllten Staatslaufbahn am Ende seines Lebens erklärt habe: „Sollten mir noch einige Jahre gegeben sein, werde ich sie dem Studium des I GING widmen und damit großen Gefahren entgehen können." Nach dem Historiker *Sze-ma Tsien* verbrachte Konfuzius den Rest seines Lebens mit dem Schreiben von Kommentaren zum „Buch der Wandlungen".

Bekanntlich verbrannten die *Ts'inn* im Jahre 213 v. Chr. fast die gesamte chinesische Literatur; der I GING entging angesichts seiner ungewöhnlichen Bedeutung dieser Gefahr nach Aussage des *Pan Kou* in seinen „Annalen der Han-Dynastie", in denen er den großen Katalog von *Liu Hang*, Liu Hin und ihren Schülern wiedergibt. Daraus geht hervor, daß der I GING bereits vor Konfuzius vorhanden war, und daß seine weissagerische Verwendung in den verschiedenen Staaten Chinas häufig war. Nach der chinesischen Überlieferung wurde er von dem Kaiser *Fu-shi* „erfunden", dessen Lebenszeit die Chronisten um 3000 v. Chr. annehmen. Nebenbei *Fu-shi*, der in der Überlieferung auch *Pao-hsi* heißt, bezieht sich auf alles, was sich die materialistische Wissenschaft des Westens nicht denken kann, was aufzuklären hier aber unnötig ist. Man kann behaupten, daß der I GING einer der ältesten, heute noch vorhandenen Texte der Menschheit ist, der uns, beladen mit Alter, Weisheit und verehrungswürdiger Erfahrung, (10) überkommen ist. Sein Alter wird durch verschiedene historische Erwähnungen in den chinesischen Annalen von seiner Befragung durch die Hofbeamten bestätigt. So sieht man ihn befragt: 672 v. Chr. von dem Herzog *Chuang,* 602 von dem Herzog von *Süen,* 661 von den Landständen von *Tsin, Tsi, Ts'in* und *Lu* unter dem Herzog *Min;* dreimal 645 unter dem Herzog *Hi;* 635 unter dem gleichen; 575 unter dem Herzog *Ch'ing;* 564 unter dem Herzog

Siang, 548 unter dem gleichen Herzog. 541, 537, 535, 530, 513, 509, 486 v. Chr. etc. findet man ihn befragt. Diese durchaus historischen Erwähnungen tun also das Alter des I GING dar; mit dem Zitat einer Stelle aus einem Wörterbuch der Han-Zeit will ich schließen. Dort liest man: „Zur Zeit der Yao-Gesetze (2356—2255 v. Chr.) hatten sie den I GING." Dieser Text verlangt demnach eine große Ehrfurcht, die ihm die größten heutigen taoistischen Mönche auch bezeugen.

Ungläubige könnten das lächerlich finden; ich kenne einige Beispiele von furchtbar bestrafter Entweihung, die sie nachdenklich stimmen sollten. Der Leser ist nun allseitig vorbereitet und kann die seiner Verantwortung entsprechende Haltung einnehmen.

DIE TRIGRAMME

Der I GING ist eine mit *natürlichen* Zeichen geschriebene Sammlung. Der Text der Kommentare sagt hierzu (II, 11): „Als in alter Zeit die Leitung von allem, was unter dem Himmel ist, zwischen den Händen von *Pao-hsi* (Fu-hsi) lag, betrachtete er, da er seine Augen emporhob, die leuchtenden Figuren am Himmel; da er sein Haupt senkte, beobachtete er die auf der Erde gebildeten Zeichen. Er bemerkte die Züge, die die Vögel und die Tiere und die Unregelmäßigkeiten des Bodens schmücken. In sich entdeckte er Dinge der Betrachtung wert, und außer seiner selbst fand er sie gleicherweise. Damit schuf er die acht Figuren mit drei Zügen (die Trigramme), die die verborgenen Werke der Natur entschleiern und die Tausende von erschaffenen Wesen ordnen." Der Anfang des I GING ergänzt diesen Text: „Im höchsten Altertum zog der heilige Mensch die acht Trigramme (die ursprünglichen *Kua):* von da an war die

Offenbarung des TAO möglich. Durch die Verbindung der acht zwei zu zwei übereinander gelegten einfachen Koua, um damit die Gesamtheit der Abwandlungen des Universums zu umfassen, erhält er vollkommene Kua aus sechs Zügen (die Hexagramme)" (11).

Da das offenbarte Universum durch die Kräfte *Yin* und *Yang* die „geschmeidige Milde" und die „kraftvolle Härte" bewegt ist, umschreibt das „Buch der Wandlungen" als Wesen jeder Offenbarungsmöglichkeit das *Yang* durch einen ungebrochenen ▬▬▬▬ und das *Yin* durch einen unterbrochenen ▬▬ ▬▬ Strich, und drückt so wunderbar die Einheit und die Zweiheit, das Männliche und das Weibliche, das Gerade und das Ungerade, die ausdehnende und die zusammenziehende Bewegung, die kraftvolle Tätigkeit und das Erleiden aus. Indem sich die aktive Energie und die geschmeidige Weichheit umschlingen und vereinen, gehen daraus die acht Figuren mit den drei Strichen hervor, wobei sie zuerst die vier Figuren mit je zwei Strichen, die *Hsiang*, bilden:

▬▬▬▬
▬▬▬▬
DAS ALTE YANG
(oder „großes männliches Prinzip")

▬▬ ▬▬
▬▬▬▬
DAS JUNGE YANG
(oder „kleines männliches Prinzip")

▬▬ ▬▬
▬▬▬▬
DAS ALTE YIN
(oder „großes weibliches Prinzip")

▬▬▬▬
▬▬ ▬▬
DAS JUNGE YIN
(oder „kleines weibliches Prinzip")

Der doppelte ungebrochene Strich wird also das „alte Yang" genannt; das ist die äußerste Bejahung, die absolute und dauerhafte Kraft, die durch sich selbst bestätigt wird. Legt sich dann eine erste Anlage von Yin über das Yang, so wird das alte jung, die Weiblichkeit mildert es und bereitet es zur Verwandlung vor, das ist das „junge Yang". Durch die inneren Umformungen herrscht die Yin Kraft vor, und die Figur des doppelten unterbrochenen Strichs bezeichnet diesen Zustand äußerster Verneinung, geschmeidiger Weichheit, die sich selbst verneint; das ist das „alte Yin". Nun legt sich eine Yang Anlage über das Yin, und die Weiblichkeit wird hart und wird zur nächsten Wandlung bereit: das „junge Yin".

Stellen wir also bis jetzt fest, daß das „alte Yang" und das „alte Yin" sich nicht mehr bewegen, da sie feste, endgültige, äußerste Zustände sind (immer im Relativen der Offenbarung wohlverstanden), und daß das „junge Yang" und das „junge Yin" im wesentlichen Änderungs- und Umformungsfiguren sind, wobei das „junge Yang" „danach trachtet" durch das „alte Yin" und das „junge Yin" durch ein „altes Yang" ersetzt zu werden.

Die Hinzufügung eines Yin und eines Yang zu den vier Hsiang mit den zwei Strichen bildet eine neue Serie von acht möglichen Figuren mit drei Strichen, die die acht ursprünglichen Trigramme bilden, wie sie im Nachstehenden dargestellt sind:

DIE ACHT TRIGRAMME

(1)	(2)	(3)	(4)
KIÄN	TUI	LI	TSHEN
(S)	(SO)	(O)	(NO)

(5)	(6)	(7)	(8)
SUN	KHAN	KEN	KHUÄN
(SW)	(W)	(NW)	(N)

1. *Kiän* ist der Himmel, das Pferd, die Aktivität, der Kopf, der Vater, der Fürst, das Gold, das dunkle Rot, der Drache, das Runde, der Edelstein, die Kälte, das Eis, der trockene Baum.

2. *Tui* (ausgesprochen „Tüi") ist die Freude, der Widder, der Mund, der Sumpf, die kleinere Tochter, die Pflicht, die Entscheidung zur Vereinigung oder zur Trennung, die Härte, die Konkubine.

3. *Li* ist die Vereinigung oder die Trennung, der Fasan, das Auge, das Feuer, der Blitz, die Sonne, die Nachwelt, die Waffe des Soldaten, die Schildkröte, die im Sommer am Stiel hängende Frucht, die Folge, der vorspringende Bauch, die Schlangen.

4. *Tshen* ist die Bewegung, die Füße, die Unruhe, die Erschütterung, der Blitz, das dunkle Gelb, der älteste Sohn, der große Weg, die Rückkehr ins Leben, die Trommel, der Rabe, die Eile.

5. *Sun* (ausgesprochen „Süen") ist der Eintritt, das Huhn, der Schenkel, das Holz, der Wind, die erwachsene Tochter, die Arbeit, das Weiße, die Erhebung, das Vorrücken und Entsagen, Geruch, Baumart, ein naher Gewinn, das Schußgarn des Stoffs, die breite Stirne, das weiße Auge, die Hast.

6. *Khan* ist der Fall, das Schwein, das Ohr, das Wasser, der Graben voll Wasser, das Geheimnis, das Okkulte, die Decke des Wagens, die Bogensehne, eine Ursache von Schmerz, die Röte, die Schicksalsschläge, der Mond, der Dieb, der Innenraum, die Möglichkeit, der Fuchs, das Unbehagen des Herzens, das kranke Ohr.

7. *Ken* ist die Haft, der Fuchs, die Hand, das Gebirge, der rechte Pfad, der kleine Stein, das Schließen der Tür, der Mönch, der Daumen, die Nase, die Haltbarkeit.

8. *Khuän* ist das Passive, der Ochse, der Bauch, die Erde, die Mutter, das Beil, die Gleichheit, die Haushaltung, das Kind,

der Wagen, der Schein, die Menge, das Schwarze, die Dunkelheit, das Gelbe, der Rock, der Stoff, der Griff des Gegenstan-
des, das Viereck, der Sack, die Fliege.

Die symbolischen und beschwörenden Sinnsetzungen der acht
Trigramme können zunächst fremd, unzusammenhängend und
kindisch erscheinen; doch enthalten sie die ganze chinesische
Weisheit der Entsprechung. Man muß über diese Symbole medi-
tieren, die wechselweise Lage der Yin und Yang Striche sehen,
den Bildern nachdenken, die die Trigramme hervorrufen, und
ihr geheimer und wirklicher Sinn wird nach und nach aufgehen;
hier ist der ganze Schlüssel der Weissagung aus dem I GING.
Diese Tafel zu befragen ist für die Deutung der weissagenden
Hexagramme sehr wichtig.

GESCHLECHTERFOLGE DER ACHT
TRIGRAMME

Das Werden der acht Trigramme vollzieht sich auf folgende
Weise: *Kiän* ist der Vater, *Khuän* ist die Mutter. Aus ihrer Verbindung entsteht zuerst *Tshen*, der älteste Sohn, dann *Sun*, die
älteste Tochter; es folgt *Khan*, der jüngere Sohn, *Li*, die jüngere
Tochter, *Ken*, der jüngste Sohn, *Tui*, die jüngste Tochter. Das
ergibt folgende Figur (Seite 25 oben):
Dies Schema macht die Ergänzungen jedes Strichs für jede Gene-
ration deutlich. Die sechs Trigramme aus *Kiän* und *Khuän* werden oft „die sechs Kinder" genannt.
Schließlich ist es möglich eine Tafel der acht Trigramme nach
den Angaben des *Tuan Kuan* aufzustellen, die „Abhandlung
über den *Tuan*", in der der König *Uan* seine Kommentare zu
den Trigrammen gegeben und deren innere Ordnung dargestellt
hat. Diese Tafel der Trigramme des *Fu-schi* faßt die Angaben

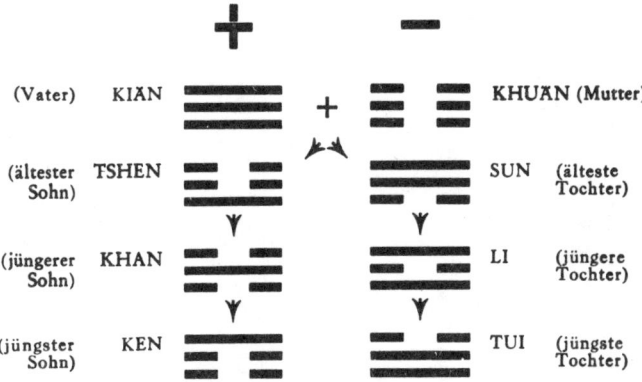

(Vater)	KIĂN			KHUĂN (Mutter)
(ältester Sohn)	TSHEN			SUN (älteste Tochter)
(jüngerer Sohn)	KHAN			LI (jüngere Tochter)
(jüngster Sohn)	KEN			TUI (jüngste Tochter)

jenes zusammen und wird infolgedessen für die vollständige Sinnsetzung der Hexagramme sehr nützlich. Die aus einem positiven und zwei negativen Strichen gebildeten Trigramme sind *positiv;* die aus einem negativen und zwei positiven Strichen gebildeten sind *negativ.*

Ordnet man die Trigramme nach der Himmelsrichtung, erhält man folgende magische Figur:

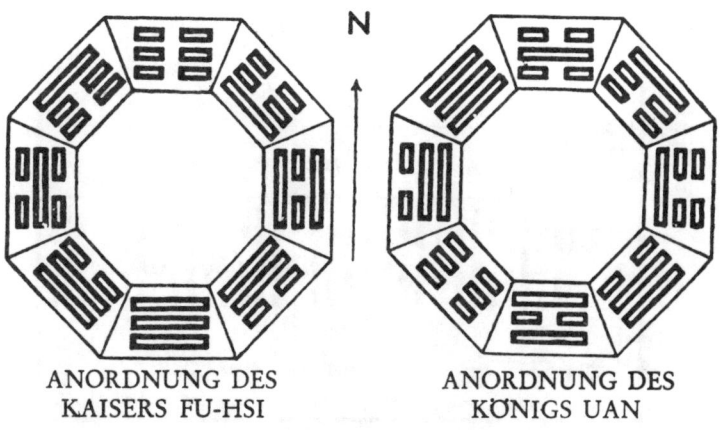

ANORDNUNG DES KAISERS FU-HSI

ANORDNUNG DES KÖNIGS UAN

ENTSTEHUNGSORDNUNG DER ACHT TRIGRAMME

NAME UND FORM DER TRIGRAMME	HIM. RTG.	NATÜRL. SYMBOLISCHE BEZIEHUNG		POLARE KRÄFTE, TUGEND UND BESCHAFFENHEIT	VERWANDT-SCHAFTS-GRAD
KIAN	S	Der Himmel	+	Unbesiegliche Kraft, Macht, Aufstieg	Der Vater
TUI	SO	Das stillstehende Wasser (See, Graben, Sumpf)	—	Vergnügen, Freude	Die jüngste Tochter
LI	O	Das Feuer ☉ (Die aufsteigende Flamme)	—	Schönheit, Eleganz, Klarheit des Verstandes	Die jüngere Tochter
TSHEN	NO	Der Blitz	+	Erregende Macht, Bewegende Kraft	Der älteste Sohn
SUN	SW	Der Wind (Das Holz)	—	Biegsamkeit, Durchdringung, Gehorsam, Unterwürfigkeit	Die älteste Tochter
KHAN	W	Das fließende Wasser ☽ Wolke, Quelle, Fluß	+	Gefahr, Schwierigkeit	Der jüngere Sohn
KEN	NW	Das Gebirge	+	Ruhe, Gefängnis	Der jüngste Sohn
KHUAN	N	Die Erde	—	Völlige Unterwerfung	Die Mutter

Die Anordnung des Königs *Uan,* die asymmetrisch ist, wird in der taoistischen zeremoniellen Magie gebraucht; die Weissagung benützt nur die Figur des Kaisers *Fu-hsi.* Eine etwas von der von Fu-hsi abweichende Anordnung wurde auch gegeben und befindet sich auf der Titelseite dieses Buches. Diese Anordnung entspricht dem Gebrauch bestimmter Ströme und ist ein hilfreiches Pantakel (das *Sien-Tien).*

DIE „TAFEL DES FLUSSES" UND DIE „GROSSE EBENE"

Nun soll ein anderes Element der Änderung der Figuren erörtert werden, ein Element, das die überlieferte chinesische Weissagung die „Tafel des Flusses" nennt. Der Text des I GING sagt, daß der Gelbe Fluß (der Ho) diese Tafel entstehen ließ, und die Überlieferung fügt hinzu, daß diese Tafel Fu-hsi als Modell diente, um die acht Trigramme aufzustellen. Konfuzius spricht in seinen *Annalen* davon (IX, 8); das „Buch der Riten" *(Li Ki)* erklärt, daß diese Tafel durch einen Genius in Pferdegestalt getragen wurde (8, IV, 16); die taoistische Überlieferung versichert, daß aus dem Gelben Fluß ein Drachen-Pferd gestiegen sei, das auf seinem Rücken geheimnisvolle Zeichen getragen habe, die Fu-hsi zur Errichtung der Trigramme dienten.

Die „Tafel des Flusses" ist lange geheim gehalten worden und bestimmte Einzelheiten sind noch nicht veröffentlicht; die übliche Figur davon ist folgende:

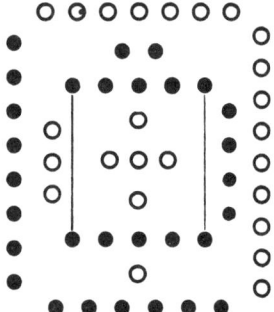

DIE „TAFEL DES FLUSSES"

Die schwarzen Punkte sind die geraden Zahlen und entsprechen der großen Dunkelheit *(Tai Yin)*, dem Mond, dem *Yin;* die weißen Kreise sind die ungeraden Zahlen und entsprechen der großen Klarheit *(Tai Yang)*, der Sonne, dem *Yang.*

Hier ist auch der Platz an eine andere überlieferte symbolische Figur zu erinnern: die „Große Ebene", die von der heiligen Schildkröte getragen aus dem Fluß Lo stieg.

Die Darstellung dieser Figur ist folgende:

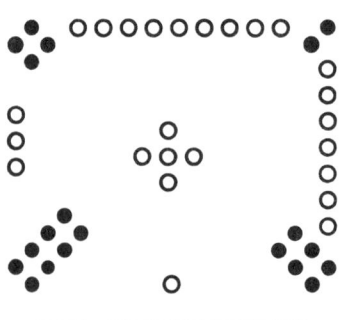

DIE „GROSSE EBENE"

Wenn man sie in europäische Zahlen überträgt, ergibt sich das „magische Quadrat" von 15

4	9	2
3	5	7
8	1	6

das man im Abendland das „Saturn-Quadrat" nennt.

ZAHLENLEHRE DES I GING

Hier soll nun der Text des Kommentars zum I GING über den Wert der Zahlen gegeben werden; ich möchte die notwendigen Erklärungen hier zufügen, die dieser dunkle Text erfordert:

„Der Himmel ist 1, 3, 5, 7, 9; die Erde ist 2, 4, 6, 8, 10. Das Positive ist die Einheit; das Negative ist die Zweiheit; das Erstere ist *Yang*, das Zweite ist *Yin*. Die heilige Tafel (die gegenüberstehende „Tafel des Flusses") gibt die Charakteristiken der Zahlen nach ihrem entsprechenden Platz: 1 und 6 sind unten, 2 und 7 oben, 3 und 8 links, 4 und 9 rechts, 5 und 10 in der Mitte. Die Zahl 5 der Mitte stellt die Vergrößerung dessen dar, der hervorbringt und schafft, die Zahl 10 (die nicht dargestellt ist, denn sie ist über der Ausdehnung oben im Raum) ist die Ausdehnung. 1, 2, 3, 4 stellen die Lagen der vier Symbole dar; 6, 7, 8, 9 sind die Zahlen, die diesen vier Symbolen entsprechen. Die zwei *älteren* Zahlen liegen im Nordwesten, die zwei *jüngeren* Zahlen im Südosten. Diese Zahlen sind ihrer Beschaffenheit entsprechend im Innern angeordnet."

Dieser Text wird durch die folgenden Kommentare erklärt: wenn wir die „Tafel des Flusses" in Zahlen übertragen, erhalten wir die folgende Figur:

Die zweimal fünf schwarzen Punkte im Norden und Süden der mittleren 5 sind die Spiegelungen der ganzen 10, die aus der Ebene der „Tafel des Flusses" strahlt. Die anderen Zahlen entsprechen wohl dem Text des überlieferten Kommentars. Dieser Text fügt hinzu, daß die alten Zahlen im Nordwesten sind; es

```
              7
              2
              5
   8 · 3      5      4 · 9
              5
              1
              6
```

gibt also keine Zahl in den Winkeln! Hier ergänzt die mündliche Überlieferung den niedergeschriebenen Text: man muß die
Figur drehen bis der Südost-Raum wirklich einen Nordwest-
Abschnitt besitzt. Man fin-
det dann, daß die Zahlen
1, 6, 4, 9 im Nordwe-
sten und also „alt" sind,
und daß die Zahlen 2, 7,
8, 3 im Südosten und
„jung" sind.

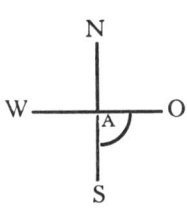

„Alt" und „jung", wovon? Wir haben schon von den alten
und jungen *Yang* und *Yin* gesprochen; die Verbindung der eigenen Beschaffenheit jeder Zahl ergibt also:

Himmel   —   Yang   =   1, 3, 5, 7, 9

Erde   —   Yin   =   2, 4, 6, 8......

Mit der Zuteilung von „Alter" und „Jugend" läßt sich endlich
folgende Tafel aufstellen:

        10

1 — 9   =   altes *Yang*   ———————

2 — 8   =   junges *Yin*   —— ——

3 — 7   =   junges *Yang*   ———————

4 — 6   =   altes *Yin*   —— ——

        5

Zur Unterscheidung der jungen von den alten Strichen werden
wir dicke und dünne Striche wie in der darüberstehenden Figur
verwenden. Der Text bedient sich oft auch des Ausdrucks
„Sechserstrich" und „Neunerstrich"; der Sechserstrich ist der
Yin Strich ▬▬ ▬▬ und der Neunerstrich ist der *Yang* Strich
▬▬▬▬▬ ; jeder der beiden wird so nach seiner Übereinstimmung mit den Zahlen 6 und 9 nach der darüberstehenden Ta-
belle genannt.

So ermöglicht uns die „Tafel des Flusses" mit dem Text des I GING den eigenen Wert jeder Zahl aufzustellen, wobei 5 und 10 ausgeschlossen sind, da sie Vergrößerungszahlen und außerhalb unserer Ebene sind, indem sie die Offenbarung der anderen ersten Zahlen umschließen. Wenn uns die Handhabung der Stäbchen Zahlen angeben, werden wir in der Lage sein, ihren symbolischen Wert zu erkennen und demnach die Figuren mit den sechs weissagenden Strichen aufzustellen, wobei jede Zahl einem vollen oder unterbrochenen Strich, sei er „jung" oder „alt", entspricht. Da die Operation sechsmal wiederholt wird, kann der Ratsuchende also ein vollkommenes Hexagramm aufstellen, das aus jungen und alten Strichen gebildet ist, was der Schlüssel deuten muß.

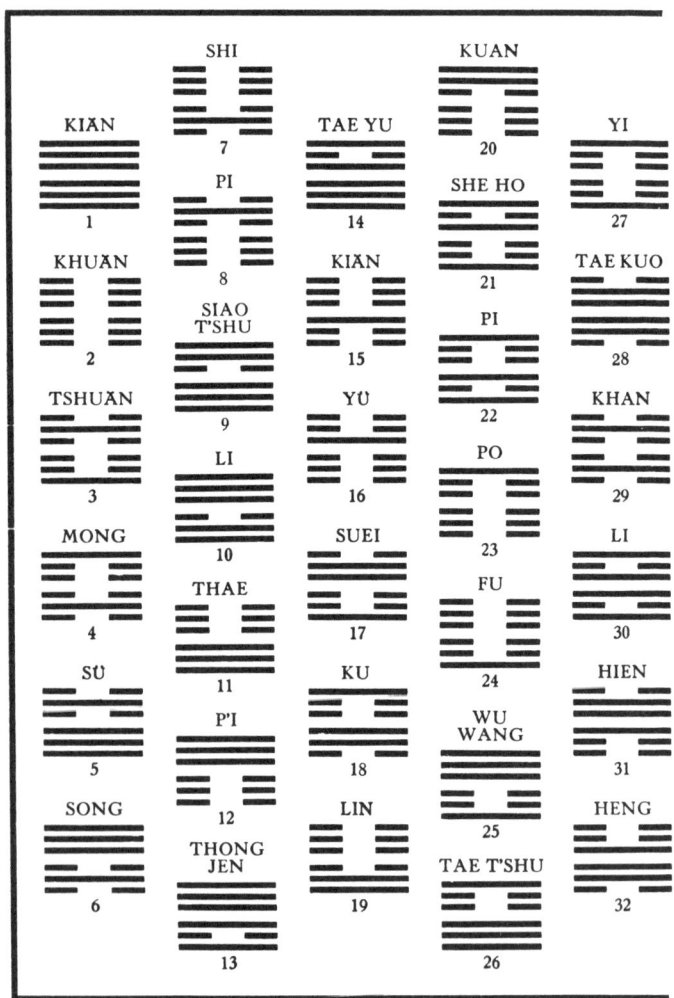

KIAN

KEN

THUAN

SHENG

HOAN

39

52

33

KIAE

TSIAN

59

46

40

TAE
TSHANG

KUAN

53

TSIE

SUAN

34

47

KUEI MEI

60

TSIN

41

TSING

54

TSHONG FU

YI

35

48

FONG

61

MING YI

42

KO

55

SIAO KUO

KUA

36

49

LU

62

KIA JEN

43

TING

56

KI TSI

KEU

37

50

SUN

63

KUEI

44

TSHEN

57

YI TSI

T'SUEI

38

51

TUI

64

45

58

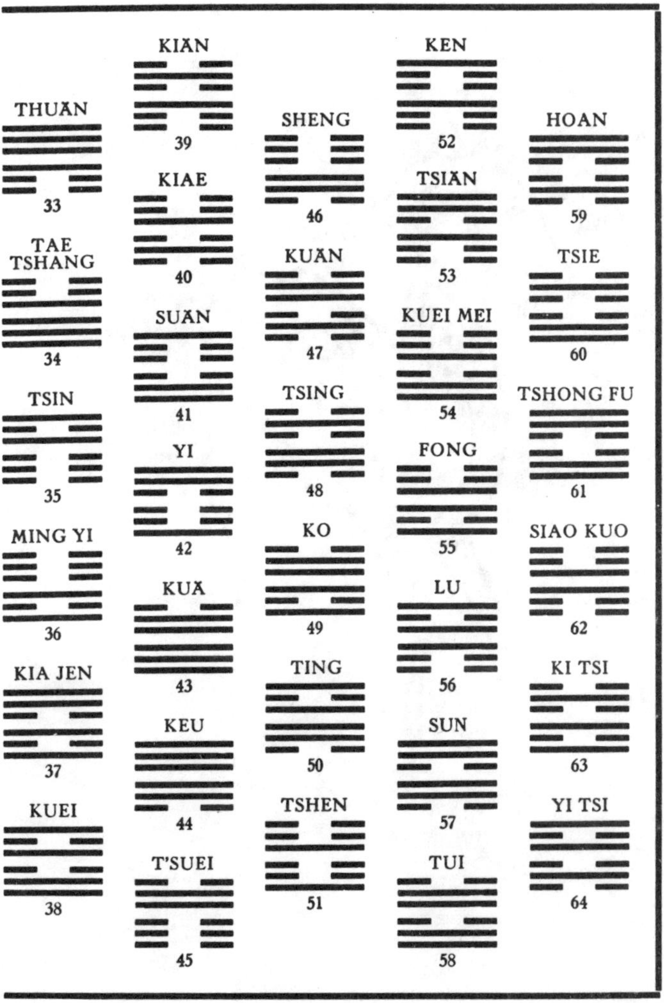

ZWEITES KAPITEL

DIE HEILIGEN HEXAGRAMME

DIE REIHE DER ACHT *KUA,* DIE WIR VORHER betrachteten, stellt in der fernöstlichen Überlieferung den Widerschein der offenbarten Welt dar; aber es ist ein „statischer", gewissermaßen kristallisierter Widerschein, mehr um die Welt der Archetypen, der formschaffenden Ideen (12). Damit Bewegung und Leben sei, müssen die acht göttlichen Trigramme miteinander „spielen", sich ineinanderschlingen, aufeinanderprallen, sich ausgleichen, sich vereinen, sich bekämpfen. So entsteht die Möglichkeit von acht mal acht = 64 Verbindungen, die alle Wurzeln des Möglichen bilden: die vierundsechzig heiligen Hexagramme. Die Überlieferung, wenn man hier *Ku Hsi* glaubt, schreibt sie dem Kaiser *Fu Hsi (Ku-Tze Khuan shu,* XXVI, 16) zu, was jederzeit verständlich macht, daß dieser „Kaiser" in Wahrheit den ursprünglichen Ordner einer der Reihen der TAO Offenbarungszyklen darstellt.

TAFEL DER HEXAGRAMME

Seite 32/33 zeigt die Tafel in der Folgeordnung des chinesischen Textes der heiligen vierundsechzig Hexagramme; diese Ordnung und die Numerierung der Kua sind überliefert und entsprechen einer Reihe aufeinanderfolgender Geschlechter, Offenbarungen, deren Liste am Ende des Textes des I GING gegeben ist. Außerdem gebe ich Seite 82 vor dem Text der 64 heiligen

Hexagramme eine Tafel der Kua nach der Zahl der gebrochenen Linien geordnet, um das Suchen zu erleichtern. Es genügt, die geraden *Yin* Striche zu zählen, um ein gegebenes Hexagramm in der Tafel der so geordneten Kua unmittelbar wiederzufinden. Überflüssig, darauf hinzuweisen, daß diese auf der Vorlage der chinesischen Wörterbücher errichtete Tafel nichts mit Tradition zu tun hat und lediglich zur Arbeitserleichterung für westliche Studierende angefertigt wurde.

GRUNDLAGEN ZUR ERRICHTUNG DER HEXAGRAMME

Jedes der 64 Kua entspricht einem bestimmten Symbol, die ich später eins nach dem anderen geben werde, und die der Weissagung als Grundlage dienen. Für den Augenblick muß man die Prinzipien und Hauptregeln beiseite lassen, die die Drehung und die Wandlung der heiligen Hexagramme nach ihrer Bildung und nach dem Sinn der von ihnen gebildeten Striche beherrschen.

Konfuzius schreibt in seinem Kommentar über den I GING, daß das Kua Kiän und das Kua Kuän „die Eintritt- oder Zugangspforte" zum Weissagebuch sind, der Schlüssel zu seinem Verständnis. Die Überlieferung behauptet, daß jedes einfache Kua (Trigramm) in jedem seiner drei Striche einen besonderen Sinn berge: der *unterste Strich,* oder Strich des ersten Ranges, bezeichnet die niedere Lage, die aufsteigende Bewegung; der *mittlere Strich,* Strich des zweiten Ranges, bezeichnet die Mitte, die Überlegenheit; der *obere Strich,* Strich des dritten Ranges, zeigt das Ende, die absteigende Bewegung, den Beginn der umgekehrten Handlung dessen, wonach die Frage geht. Hier muß der Studierende jenen fernöstlichen Scharfsinn erwerben, der ihm zeigen wird, daß der obere Strich nicht das Kua krönt, sondern im Gegenteil, daß er schon die Umkehr zur entgegengesetzten Kraft bedeutet, die sich in der Figur auswirkt. Jede chinesische Symbolik ist zyklisch und „rund": die Kua mit drei und mit sechs Strichen, obwohl geradlinig und vertikal auf dem Papier, müßten in Wirklichkeit als eine Spirale aufgezeichnet werden, die sich im Raum erhebt, wobei der obere Teil der Kua auf dem unteren Strich läge und sich dabei gleichzeitig ihm entgegensetzte.

Das sechsstrichige Kua, das heilige Hexagramm, bildet keineswegs ein völlig Unlösliches; man muß es immer als die Verbindung zweier dreistrichigen Trigramme ansehen, deren Eigenheiten, Tugenden und eigene Strebungen immer unterschieden bleiben. Vielmehr gibt es eine Entsprechung zwischen jedem Strich des „gleichen Ranges" zweier einfacher Kua, das heißt zwischen dem 1. und 4., dem 2. und 5., dem 3. und 6. Strich des Hexagramms. Das sechsstrichige Kua ist also eine zusammengesetzte Figur, die zwei entsprechende, sich ergänzende oder gegenüberliegende, aber wohl unterschiedene Tatbestände umschließt.

Die Entsprechung zwischen den beiden Phänomenen, die durch die beiden ein Hexagramm bildenden Trigramme ausgedrückt werden, ist übereinstimmend, harmonisch oder zwiespältig, unharmonisch, je nach der Eigenbeschaffenheit der beiden einfachen Kua.

Die Gesamtheit der Hexagramme bildet den I GING, das „Buch der Wandlungen". Konfuzius sagt in seinem Kommentar, daß „das, was ihn so unermeßlich und endgültig vollkommen macht, ist, daß er den vernunftgemäßen Weg des Himmels, den vernunftgemäßen Weg des Menschen, den vernunftgemäßen Weg der Erde enthält"! *Tschu Hi* fügt hinzu, daß „die

oberen Striche jedes Trigramms (der beiden einfachen das
Hexagramm bildenden Kua) als Stellvertreter des Himmels
und des himmlischen Willens betrachtet werden; die zwei mittleren Striche als Vertreter des Menschen, des menschlichen Willens, die beiden unteren Striche als Vertreter der Erde und der
Schicksalsmächte der unteren Welten" (13).

Das, was das „Leben" der 64 heiligen Hexagramme bildet, ist,
daß sie so bewundernswert den vernunftgemäßen Weg der
Offenbarung widerspiegeln. Dieser Weg wechselt fortwährend,
verwandelt sich und bewegt sich ohne auf der Stelle zu bleiben,
kreist und durchläuft die sechs leeren Räume des Offenbarten;
er steigt auf und ab, ohne einer ständigen Regel zu folgen. Die
kraftvolle Dauer, das *Yang,* und die passive Milde, das *Yin,*
bilden sich wechselweise. Die sechs Striche des Hexagramms
vermischen sich: sie drücken verborgen den Augenblick und das
Sein aus; deshalb versteht der eingeweihte Mensch, der „begabte Mensch" des heiligen Textes, durch den intuitiven Blick
des Hexagramms die Bedeutung der verschiedenen Kräfte,
welche in jedem Strich der Figur und ihren vielfältigen Wech-
selwirkungen offenkundig werden.

SYMBOLIK DER HEXAGRAMME

Wir haben gesehen, daß jedes der einfachen Kua ein natürliches Symbol ausdrückt; ihr Übereinanderstellen hat die Veränderung der Offenbarung zur Folge. Der I GING sagt hierzu: „Der Himmel und die Erde bestimmen die Situationen:
Gebirge und Sumpf mischen freimütig ihre Einflüsse; Blitz und
Wind regen sich an und treten miteinander in Beziehung;
Wasser und Feuer zerstören einander nicht". Den zweiten Teil
dieses Buches bildet eine erklärende Übersetzung des Textes des

I GING selbst, soweit er die 64 heiligen Hexagramme betrifft. Ich sage „erklärende Übersetzung", denn eine wörtliche Übersetzung wäre für Abendländer absolut unverständlich. Diese Übersetzung ist auf den weissagenden Text der Figuren des I GING ausgerichtet und läßt also die kosmographischen, philosophischen, magischen, mystischen und okkulten Sinnsetzungen außer Acht.

Es gibt zunächst eine tatsächliche Schwierigkeit, die Art zu verstehen, wie man ein heiliges Hexagramm „liest"; die oberflächliche Kenntnis der 64 weissagenden Figuren würde keineswegs genügen. Man hätte den Eindruck eines allzu primitiven, sehr einfachen und ziemlich bedeutungslosen Textes. Die Kunst, die Figuren des I GING zu deuten, ist äußerst heikel und verlangt selbst in China eine lange Praxis, was zeigt, wie schwer seine Erklärung ist. Hier mögen die großen Grundlagen folgen, auf denen das weissagende Lesen der Kua beruht.

Als absolut grundlegendes Prinzip haben wir schon hervorgehoben, daß das weissagende Hexagramm immer in zwei Trigramme geteilt ist; das Symbol wird durch den Sinn der beiden Substanzen der Trigramme, durch ihr symbolisches Bild und ihre wechselweise Lage bestimmt. „Die Trigramme versinnbildlichen die Ankündigungen", sagt der Text des I GING. Die Tafeln der Seite 22 und der Seite 26 sollten oft zu Rate gezogen werden. Man wird zunächst bemerken, daß jedes Trigramm ein sehr bestimmtes stoffliches Symbol hat: Berg, fliessendes Wasser, Blitz, Wind ... Das Übereinanderstellen zweier Trigramme schafft ein natürliches Bild, einen Tatbestand des Universums, der durch die ersten Zeilen des Textes der Hexagramme angedeutet wird; das Kua Nr. 14 etwa wird von den Trigrammen *Li* und *Kiän* gebildet, das Trigramm des Feuers auf dem Trigramm des Himmels; eine hoch in den Himmel erhobene Klarheit, Licht, das in die Ferne strahlt und alle Wesen erleuchtet. Bemerken wir gleichzeitig, daß jedes Hexagramm eine Tiefe, eine Höhe, ein Unten, ein Oben hat; die tiefe untere oder 1. Linie ist die Tiefe, das Unten; und das Hexagramm erhebt sich, „steigt" durch vier Linien bis zur 6. oder der Linie des Oben, der Höhe des Hexagramms. Das Kua 20 etwa wird von den Trigrammen des Windes über der Erde gebildet; der Wind holt alles ein und ist das symbolische Bild des Blicks, der alles um sich erfaßt.

Die fernöstliche Symbolik ist von der unseren offensichtlich sehr verschieden, und ihre „Vernunftschlüsse" liegen augenscheinlich denen des Westens sehr fern. Um so mehr muß man die Intuition aufrufen, um die Feinsinnigkeit Chinas zu verstehen. Schließlich ist zu bemerken, daß manchmal *das gleiche Trigramm über sich selbst gestellt wird*, Erde über Erde, Wasser über Wasser, Berg über Berg, usw. . . . Das Hexagramm nimmt dann den Eigennamen des Trigramms an, und die symbolische Idee des letzteren wird einfach durch diese doppelte Bestätigung verstärkt. Dies bildet offenbar keinerlei Schwierigkeit.

Das Lesen der Tafel auf Seite 22 ist für die Deutung sehr wesentlich, denn sie läßt auf genaue Fragen antworten, den Gegenstand, das Symbol, die Beschaffenheit, das Tier, die Farbe, die Form zu finden, die dem heiligen Hexagramm der Antwort entspricht. Die scheinbare Zusammenhanglosigkeit dieser Listen verschwindet mit ein wenig Gewohnheit schnell, und man ist überrascht von den tiefen Entsprechungen, die zwischen den Tatsachen, den Beständen, Beschaffenheiten, Gefühlen, Gegenständen so verschiedener Erscheinungen bestehen. Von hier aus ist das weissagende Hexagramm nach der im folgenden Kapitel dargestellten Art konstruiert worden; die Richtung der beiden

Trigramme, ihre Beschaffenheit, ihre Natur, ihre Symbolik, ihre Merkmale müssen schriftlich dargestellt werden, um sich daran zu gewöhnen, die Beziehungen der Merkmale zwischen ihnen zu lesen. Die Tafel Seite 26 zeigt schließlich, daß es positive und negative Trigramme gibt; man muß feststellen, daß die positiven Trigramme sich gewöhnlich auf den *vernunftgemäßen Weg des begabten Menschen,* und die negativen sich auf den *vernunftgemäßen Weg des schwachen Menschen* beziehen.

METAPHYSIK DER DEUTUNG

Hier einige chinesische Ausdrücke, die wir mit einigen anderen erklären müssen; jede Offenbarung, sei sie „gut" oder „böse", folgt einem ihr eigenen Weg, der der tiefen Natur der Dinge entspricht, und der ihr „vernunftgemäßer Weg" ist. Es gibt einen *vernunftgemäßen Weg* des Glücks und des Unglücks, der Erhebung und des Falls. Der fallende Stein folgt seinem vernunftgemäßen Weg, der ihn von der Schwerkraft angezogen werden und bei der Berührung mit dem Boden zersplittern läßt. Das entgegengesetzte Phänomen wäre unmöglich, da es dem „vernunftgemäßen Weg des fallenden Steins" entgegengesetzt wäre. Jedes Wesen, jedes Ding hat also seinen eigenen vernunftgemäßen Weg; jeder Mensch hat den seinen als das normale Ergebnis seines Betragens, der Folge seiner Handlungen, seines Temperaments und der Umstände, die er um sich hervorgerufen hat; das ist die Schicksalslinie seines Lebens.

Der I GING verwendet oft den Ausdruck „der begabte Mensch" im Gegensatz zum „schwachen Menschen" und vergleicht ihn mit dem „weisen Menschen". Der *begabte Mensch* entspricht in der taoistischen Metaphysik der Vorstellung vom Erleuchteten, von dem, der selbst teilweise die überlieferten

Lehren verwirklicht hat; über ihm ist der *weise Mensch,* der sich in der Fülle der Verwirklichung befindet, und der, nach taoistischer Auffassung, außerhalb des Zyklus des Offenbarten stehend, „ohne Tatmotiv handelt". Im Gegensatz zu ihm befindet sich der *schwache Mensch,* der, der nicht weiß, der sich unter der Herrschaft der Leidenschaften und der Begierde zu leben und zu sein, bewegt. Der *schwache Mensch* ist die unwissende, brutale und materialistische Masse, die von unüberlegten Leidenschaften und blindem Haß angetrieben wird. Auch das von Hochmut, Geiz, Lüsternheit, Wollust erfüllte Wesen bildet den Gegensatz zum *begabten Menschen,* in dem es instinktiv einen Feind von einer anderen „Beschaffenheit" fühlt. Dieser Begriff findet sich in den gnostischen Lehren der „Hyliker" und „Pneumatiker" wieder. Selbstverständlich handelt es sich hierbei keineswegs um irgendwelche künstliche menschliche Klassifizierungen, sondern um die tiefe Beschaffenheit der Wesen, ihre natürliche Hierarchie in der von der Hindu-Vorstellung der *Kasten* erkannten Offenbarung, ihren eigenen „Zustand". Demnach hat der *begabte Mensch* seinen vernunftgemäßen Weg und der *schwache Mensch* den seinen, der von dem des ersteren wesentlich unterschieden ist (14). „Der schwache Mensch" hat das Bestreben, in der sozialen Hierarchie durch Kraft, Hinterlist, Ungerechtigkeit und Gewalttätigkeit aufzusteigen: das ist sein vernunftgemäßer Weg, und das ist nicht erstaunlicher als zu fragen, warum der Tiger seine Beute verschlingt, nachdem er sie angefallen und zerrissen hat. Jedes Wesen, jedes Ding hat sein vernünftiges Leben in der Offenbarung, und vom Gesichtspunkt des „weisen Menschen" aus ist alles notwendig und hat alles seinen tiefen Seinsgrund, denn *alles ist ausgeglichen.* Ich kann mich über diesen Aspekt der taoistischen Metaphysik nicht weiter verbreiten;

aber die Fragen der „Moral", von „gut und böse" haben im fernen Osten und im Abendland nicht in allem die gleiche Bedeutung.

Damit das Licht sichtbar sei, muß Schatten sein, damit das Leben sich fortsetze, bedarf es des Todes.

Der Text des I GING verwendet oft die Begriffe „Geradheit" und „Gerechtigkeit", ja, indem er manchmal sogar von „Geradheit ohne Gerechtigkeit" und umgekehrt spricht. Die *Gerechtigkeit* ist der feste und dauernde Wille, jedem das Seine zu geben und mit einer Person übereinzustimmen in dem, was sie gerechterweise erlangt. Die *Geradheit* ist eine Reinheit der Absicht und des Strebens, die der Tugend Form und Vollendung verleiht, eine Geradheit von Geist und Herz, die in allem das Wahre suchen läßt. Die Geradheit unterscheidet sich von der Gerechtigkeit darin, daß sie einen individuelleren und weniger sozialen Charakter hat; der gerade Mensch ist in seiner Haltung ohne irgendwelche Parteilichkeit geschlossen und nichts kann ihn von seinem Weg abbringen; der gerechte Mensch sucht immer das Hauptinteresse; er überschreitet nicht den Punkt, den er erreichen muß und bleibt nicht diesseits desselben.

SYMBOLISCHER WERT DER LINIEN DES HEXAGRAMMS

Die bisherigen Erklärungen veranlassen mich jetzt, mich dem symbolischen Wert der sechs Linien des heiligen Hexagramms zuzuwenden und die Art, sie zu lesen, genau zu beschreiben. Der Text sagt: „Das, was das ‚Buch der Wandlungen' ausmacht, was es so ungeheuerlich und absolut vollkommen macht, ist, daß es den vernunftgemäßen Weg des Himmels, den vernunftgemäßen Weg des Menschen und den vernunftgemäßen Weg der Erde enthält. Es vereinigt gleichzeitig die drei wirkenden Ursachen und verdoppelt jede von ihnen, womit es die sechs Striche schafft: die beiden oberen Striche symbolisieren den Himmel, die beiden mittleren den Menschen und die beiden unteren die Erde." Selbstverständlich handelt es sich hierbei um die Striche jedes der beiden das Hexagramm bildenden Trigramme: der Himmel ist also dargestellt durch die Striche 3 und 6, der Mensch durch 2 und 5 und die Erde durch 1 und 4.

Die Striche, *hiao,* der Hexagramme sind positiv oder negativ, lang oder gebrochen; die positiven versinnbildlichen die *Yang*-Kraft, die „kraftvolle Festigkeit" des Textes; die negativen die *Yin*-Kraft, die „geschmeidige Weichheit" (15) die Ergebenheit. Sie haben also ihre eigene Beschaffenheit; dem wird die Stellung zugefügt, die sie in sechs Rängen auf der Leiter des heiligen Hexagramms einnehmen. Der 1., 3. und 5. sind Ränge der „Festigkeit", *Yang,* ungerade; 2, 4 und 6 sind Ränge der „Ergebenheit", der „Weichheit", *Yin,* gerade. Ein *Yang*-Strich in einem *Yang*-Rang wird seine Kraft verdoppelt sehen, seine „kraftvolle Festigkeit" wird erhärtet, und man deutet dies gewöhnlich als ein Übermaß von Festigkeit. Ein *Yin*-Strich in einem *Yin*-Rang wird seine „geschmeidige Weichheit" zu einer negativen Weichlichkeit werden sehen. Dagegen bezeichnet eine positive Linie auf einem negativen Rang und umgekehrt den „Besitz der Geradheit".

Dieses Hauptstreben wird indessen durch die Lage der Linien gegeneinander, sei es durch ihre eigene Beschaffenheit (positiv oder negativ), sei es in ihrer wechselseitigen Lage auf der Leiter des Hexagramms stark verändert.

Gemäß ihrer eigenen Beschaffenheit kann man im Fall einer

positiven und mehrerer negativen Linien als Hauptregel aufstellen:

Wenn die positive ungebrochene Linie über negativen gebrochenen Linien steht, so ist dies das symbolische Bild der Haft;

wenn die positive Linie in der Mitte von negativen Linien ist,
bedeutet es Sturz;

wenn die positive Linie unter negativen Linien ist, ergibt sich
das Bild der Bewegung, der Erschütterung.

Und umgekehrt im Fall einer negativen gebrochenen und mehrerer positiven Linien:

Wenn die negative Linie über positiven Linien liegt, versinnbildet es die Verführung, Genugtuung;

wenn die negative Linie in der Mitte von positiven Linien ist,
so ergibt sich das Bild der Beiordnung, der Annäherung.

Wenn die negative Linie unter positiven Linien ist, bildet sie
das Bild der Unterwürfigkeit (16).

Ein genaues Beispiel ist das Kua Nr. 29 *Khan,* das
des Falls, doppelte Wiederholung des einfachen
Trigramms *Khan,* schon durch sich selbst Symbol der
Gefahr. Die positive *Yang* Linie ist zwischen zwei
negativen *Yin* Linien, oben wie unten; also das
Bild eines tiefen Falls. Der höchste Steigerungsgrad wird im
Chinesischen durch die Wiederholung des Eigenschaftsworts
ausgedrückt.

BEZIEHUNG DER LINIEN DES HEXAGRAMMS
UNTEREINANDER

Nach ihrem jeweiligen Platz im Hexagramm werden die Linien
untereinander verändert, sie „reißen einander fort", stoßen sich
ab, ziehen sich an, bekämpfen sich. Es gibt eine dauernde Beziehung zwischen den ersten und vierten Linien; wenn die

eine positiv, die andere negativ ist, ergibt sich daraus eine mustergültige und rechtmäßige Neigung; die Linien kommen indessen einander mit einer Art von „Achtung" entgegen, derart, daß die erste Linie auf einem unteren Rang liegt und mit einer Art von „Gönnerschaft" derart, daß die 4. Linie im oberen Trigramm, nahe der 5. Linie liegt, die gewöhnlich das Haupt, den Fürsten, den Meister, den Herrn, den Gemahl, den Leiter versinnbildet.

Ebenso ist die „sympathische Beziehung" der 2. und 5. Linie hauptsächlich ein gutes Vorzeichen; wenn diese zwei Ränge von einer positiven und einer negativen Linie besetzt sind, entsteht daraus Übereinstimmung zwischen ihnen, ungeachtet der individuellen Lage, die ungünstig sein kann, so daß eine negative Linie im zweiten Rang (negativer Rang) schmiegsame, unsichere, negative Weichheit bezeichnet. Die positive Linie des 5. Ranges (positiver Rang) bringt durch das Übermaß seines *Yang*, seiner kraftvollen Festigkeit, das Gesamt wieder ins Gleichgewicht. Nehmen wir etwa das Kua Nr. 61, *Tshong Fu;* die 4. negative *Yin* Linie steht auf einem geraden Rang; die erste *Yang* Linie in einem ungeraden; jede hat also ein „Übermaß" in ihrem eigenen Rang, aber sie stimmen untereinander vollkommen überein und man deutet es gewöhnlich als ein Zeichen großer Geradheit. Aber die 3. Linie eines negativen Ranges über positiven Linien ergibt einen Sinn von Verführung, lustbereiter Schmiegsamkeit, tiefer Unbeständigkeit, unaufhörlicher Unruhe. Man beachte, daß der Wert des eigenen Platzes der *Yin* Linie Nr. 3 durchaus ausgewogen ist durch ihre Lage hinsichtlich der anderen *Yang* Linien 1 und 2 im unteren Trigramm.

Schließlich soll noch als eine weitere feste Regel gelten: die Besetzung des 2. Ranges durch eine positive *Yang* Linie wird

als die Tat betrachtet, in der Milde zu verharren und nicht
die der positiven Kraft einwohnende kraftvolle Festigkeit zu
mißbrauchen. Wenn der 3. und 5. Rang von einer negativen *Yin* Linie, die die schmiegsame Weichheit symbolisiert,
besetzt ist, so entsteht damit immer die Ankündigung einer
Gefahr; wenn eine gutgestellte positive Eigenschaft sich im
Hexagramm findet, kann sie augenscheinlich diese Gefahr überwinden (17).

DURCH WIEDERHOLUNG DESSELBEN TRIGRAMMS GEBILDETE HEXAGRAMME

KIÄN	TUI	LI	TSHEN
1	58	30	51

SUN	KHAN	KEN	KHUÄN
57	29	52	2

Weiter vorne sprach ich von Hexagrammen, die aus dem Übereinanderlegen zweier gleicher Trigramme gebildet werden, deren
Zahl acht ist, so daß es acht derart geschaffene Kua gibt.
Hier die Hauptcharakteristiken: Mit dem Trigramm *Kiän* wird
das ganz und völlig aktive Hexagramm Nr. 1, *Kiän*, gebildet;
— mit *Tui*, der Freude, wird das Kua Nr. 58 geschaffen, das
denselben Namen trägt, die erneuerte Freude, die Schmeichelei;
es versinnbildet die Wechselseitigkeit in der Freundschaft und
den wechselseitigen Einfluß, den wechselseitigen Vorteil, den

man aus diesem Austausch zieht; — mit *Li* wird das Kua
Nr. 30 gebildet, das Licht, die Einsichten folgen rasch aufeinander und verstärken sich; — mit *Tshen* wird das Kua
Nr. 51, *Tshen,* geschaffen, die Herrschaft und Macht, die erschüttert einander folgen; — mit *Sun* entsteht das Kua Nr. 57,
Sun, die Gelehrigkeit in der Handlung, die sich wiederholt;
— mit *Khan* entsteht das Kua Nr. 29, *Khan,* die Gefahr wird
gesammelt und wiederholt sich; — mit *Ken* entsteht das Kua
Nr. 52, *Ken,* die Haft ist vollkommen, ebenso im innern wie
im äußern; — schließlich wird mit *Khuän* das Kua Nr. 2,
Khuän, die leidende und vollkommene Unterwerfung geschaffen.

BEZIEHUNGEN DER HEXAGRAMME
UNTEREINANDER

Die Hexagramme stehen gleicherweise untereinander in genauen
Beziehungen: in weissagender Hinsicht gibt es zunächst die Beziehung die zwischen dem durch das Spiel der Stäbchen ge-
schaffenen Kua und demjenigen, das durch die Umwandlung
des ersteren aus „jungen" zu „alten Linien" geworden ist, wie
wir in der Folge sehen werden. Die Beziehung zwischen diesen
beiden ist sehr tief und die weissagende Sinnsetzung kann unmittelbar gebraucht werden. Es gibt eine dem Konfuzius zu-
geschriebene „Ordnung der Kua", die für das Weissagestudium
des I GING ohne Interesse ist; ebenso eine auf ihren Hauptsinn gegründete „Gegenüberstellung der Kua". Diese besteht
darin, daß das Kua 1 dem Kua 2 gegenüber liegt; die Aktivität steht also der Passivität gegenüber, das Kua 8 befindet
sich gegenüber dem Kua 7, die Freude dem Elend. Ich be-
trachte es als überflüssig, die Liste davon zu geben; ihre Stu-
dien, die durch die ganze taoistische Metaphysik gehen, und

diese Spekulationen haben unmittelbar nichts mit der Weissage-
praxis der Kua zu tun.

Interessant sind ebenso die „natürliche Umformung" genannten
Beziehungen, die es oft zwischen Kua gibt. Zum Beispiel ist
das Kua 53, *Tsien*, nach der Überlieferung durch
Veränderung des Kua 59, *Hoan*, entstanden, in
dem die positive *Yang* Linie des 2. Ranges weiter-
schreitet, um den 3. Rang einzunehmen. Es ist ebenso dem Kua 19, *Lin*, verbunden, in dem die positive

TSIEN

Linie des 2. Ranges aufsteigt um den 5. Rang zu
besetzen, und diese Umwandlung bestätigt, wie sehr
die Geradheit in der Behauptung einer Situation
nötig ist. Da die weissagenden Sinnsetzungen jedes
Kua möglichst vollkommen im zweiten Teil dieses

HOAN

Werkes gegeben sind, scheint es mir überflüssig,
all die „technischen" Gründe für die Mehrzahl der
natürlichen Verwandlungen zu geben; es genügt,
daß der Leser das Ergebnis daraus kennt. Er
könnte sich in der Vereinzelung dieser vielfältigen

LIN

Veränderungen der Kua verlieren, die oft sehr schwer zu verstehen sind. Es genügt zu wissen, daß es sie gibt und daß sie
eine nennenswerte Rolle in der Aufstellung der von weither
begründeten Weissageformeln spielen.

DIE VIER AUF DIE SEXUELLE VERBINDUNG
BEZOGENEN KUA

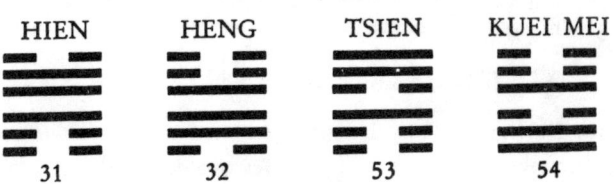

HIEN	HENG	TSIEN	KUEI MEI
31	32	53	54

Schließlich noch ein Wort zu den vier Kua über die sexuelle Verbindung oder deren verschiedene Aspekte; es sind die Kua: 31, *Hien;* — 32, *Heng;* — 53, *Tsien* und 54, *Kuei Mei.* Das Kua 31 zeigt, daß der Mann sich vor der Frau, dem dauernden Einfluß, dem von Behagen gefolgten Stillhalten, der Entsprechung des Vergnügens, dem Weg der Verlobten erniedrigt; das Kua 32 ist die Dauer, die harte Ordnung der sexuellen Beziehungen, Gemahl und Gemahlin in ihrem vernunftgemäßen Weg; das Kua 53 zeigt die junge Tochter beim Eintritt in das Haus des Gatten, der vernunftgemäße Weg der jungen Vermählten; das Kua 54 ist das einzige durch das Vergnügen in einer unnormalen Lage durch den Trieb hervorgerufene Behagen der Jugend, und der Weg ist gefährlich, da er der der sexuellen Vergnügungen ist. Vergleicht man damit die Kua 31 (Hien) und 32 (Heng), so sieht man, daß in 31 die übereinandergelegten Trigramme *Tui* auf *Ken* sind, die junge Tochter über dem jungen Sohn (Reihe der Verwandtschaft in der Tafel Seite 26) 32 enthält die beiden Trigramme *Tshen* über *Sun,* den ältesten Sohn über der ältesten Tochter, den Mann über der Gattin. Im ersten Kua, 31, macht der Verlobte den Hof, erniedrigt sich vor ihren Wünschen und ihre Sympathie ist groß; im 2. Kua, 32, ist der Mann im Heim Herr geworden, indem er dem Familienleben seinen Einfluß verleiht. Die Kua 53 und 54 werden die gleichen Beobachtungen ermöglichen und bei aufmerksamem Studium wird der Studierende die tiefe Umkehr sehen können, die sie bei ihrem Vergleich einander gegenüberstellt.

WIE EIN HEXAGRAMM „GELESEN" WIRD

Nach Darlegung dieser Hauptregeln wird es jetzt leichter sein zu verstehen, wie ein heiliges Hexagramm „gelesen" wird;

zuerst muß sein Hauptsinn studiert werden, die verschiedenen Symbole der beiden Trigramme, die es zur gestellten Frage in Beziehung setzen. Daraus wird man schnell bereits eine Hauptorientierung gewinnen, ein glückliches oder unglückliches Vorzeichen, eine erste Antwort, die übrigens dem genügen könnte, der nur einen allgemeinen Bericht erwartet. Es wird sich zeigen, daß dies erste Hexagramm fast immer die Entstehung zu einem „umgewandelten Kua" bildet, ein zweites durch die Umwandlung einiger seiner Linien aus dem ersten hervorgegangenes Hexagramm. Diese Linien, die sich verändern, werden „in Bewegung" genannt, durch Gegenüberstellung zu anderen „alt" genannten Linien, die als „in Ruhe" betrachtet werden. Diese Bewegungen entsprechen genau dem Hin- und Widerfließen der *Yin* und *Yang* Kräfte, die die Angelegenheit oder den Gegenstand, für den man sich interessiert, leiten.

Tatsächlich sagt der I GING, „die glücklichen und unglücklichen Voraussagen ziehen immer diese Bewegungen der Linien nach sich, einerseits positiv, *Yang*, kraftvoll, andererseits negativ, *Yin,* weich und schmiegsam. Die Bewegungen der Linien zeigen dann an, ob die Angelegenheit und ihre Folgen, die Person und ihr Schicksal in Übereinstimmung mit ihrem Seinsgrund sind — eine glückliche Voraussage — oder mit ihrem Seinsgrund, ihrem vernunftgemäßen Weg nicht in Übereinstimmung sind — eine unglückliche Voraussage. Der Wille der Menschen kann diesen vernunftgemäßen Weg der Dinge und der offenbarten Wesen tatsächlich verderben und dieser „Fehler" birgt immer ungünstige Folgen, denn die Natur trachtet heftig ihr Kräftegleichgewicht wieder zu erlangen.

Die einmal aufgezeichneten Linien, die sich umwandeln, muß man in ihrem Rang, in ihrer Beschaffenheit, in ihrer Beziehung untereinander erforschen. An sich bedeutet ein positiver oder negativer Zug nichts; seine Lage im Hexagramm ist alles. Hier einige zufällige Beispiele: Das Kua Nr. 9, *Siao T'shu*, hat Zusammenbringen als Sinn. Die beiden es bildenden Trigramme sind *Sun,* der Wind, die Beweglichkeit, die gehorsame Demut, und *Kiän,* der Himmel, die kraftvolle Tatkraft; die wirkende Tatkraft unter der gehorsamen Demut ist behindert und die so behinderten Dinge werden zusammengebracht. Aber die Demut, das Wesen des Trigramms *Sun,* ist negativ, also aus schmiegsamer Weichheit geschaffen und das Bild ist das der Demut, die mächtig genug ist, um die Kraft zu binden. Welchen Aspekt stellt dieses Kua dar? Fünf positive *Yang* Linien, kraftvolle Festigkeit, und eine negative *Yin* Linie von schmiegsamer Weichheit. Der Text des I GING kann also von „der Schar der Bejahung der *Yang* Linien" sprechen, die von der *Yin* Linie gehalten ist. Umsomehr, dieser negative Zug besetzt einen geraden positiven Rang, den vierten; er entspricht also seiner Lage und seinem Verdienst, ist erfüllt von Geradheit, und das macht seine Kraft aus. Wenn man ihn als ersten unteren Zug nimmt, ist er positiv, *Yang,* und gehört einem kraftvollen Trigramm an, das zur Höhe des Kua „aufzusteigen" scheint und das durch das obere negative Trigramm behindert wird. Diese erste in sich selbst positive Linie gehört einer Gruppe von aufsteigendem Streben an, und ihr vernunftgemäßer Weg wird also der sein, sich zu erheben, und da sie dies tut, wird es niemals schlecht ausgehen. Die 4. Linie, als einzige negative des Kua, verhindert den Aufstieg der positiven Kräfte, und es bedarf für sie einer großen Mühe und einer wirklichen Vorstellung, es zu tun. Aber sie stimmt überein mit der Rechten (ihre Entsprechung, die 2. Linie, ist positiv), erfüllt vom Wesen der Demut (des Trigramms Sun, dessen Mitte sie besetzt) und zwei positive Linien leisten ihr Beistand; sie hat also in den ersten (und blutigen, sagt der Text) Kämpfen, die sie umgeben, Hilfe.

Für den Anfänger ist das Studium der Kua 23 und 24, *Po* und *Fu,* charakteristisch und interessant; das eine, das Kua 23, stellt eine Schar von Verneinungen dar, buchstäblich im Ansturm gegen eine einzige Bejahung der 6. Linie, die sie schwächt und auflöst: die Menge der *Yin* Linien wächst und entfaltet sich und das Bild stellt die Masse der „schwachen Menschen" dar, die den „begabten Menschen" vernichten. Dieser kann sich nur demütig verbergen und die natürliche Beruhigung des vernunftgemäßen Weges der schwachen Menschen abwarten. Das Kua 24 ist die Wiedergeburt der Bejahung, die Rückkehr der

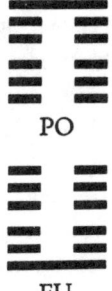

PO

FU

entgegengesetzten Kräfte; von oben her verdorben, wird die Bejahung von unten wieder geboren, und der „begabte Mensch" hat neuerdings den breiten Weg vor sich; er kann dann unternehmen und handeln, die Stunde der Verwirklichung seines vernunftgemäßen Weges ist gekommen.

DIE WEISSAGEFÄHIGKEIT

Ich beschließe hier meine Beispiele; es wird für den Lernenden genügen, die im zweiten Teil dieses Buches erklärten Kua wieder aufzunehmen und über sie zu arbeiten wie ich, wenn ich weiter unten dazu komme. Alle Hexagramme, Spiegelungen oder Offenbarungen, haben ihren tiefen Seinsgrund und entsprechen Wirklichkeiten. Wenn der Schüler über sie meditiert und die Figuren errichtet, indem er mit Ruhe den Weissagetext überdenkt, der sie begleitet, wird er sich in „harmonische Verbindung" mit den „Kräften" bringen, die die ihn beschäftigende

Sache leiten, und es werden in ihm die Möglichkeiten erwachen, diese Kräfte zu „fühlen", die Entwicklung, den Weg, ja selbst das Ende des Problems vorauszusehen, das ihn interessiert. Der verehrungswürdige Meister Yüan-Kuang sagte mir, es sei für den Schüler, wie für den, der einen die Küste beherrschenden Felsen besteigt; in der Ferne zeigt sich ein Schauer über dem Meer, der die Woge ankündigt. Durch das Studium der früheren Wogen, durch die Form des Ufers, durch die Tiefe des Meeres, durch die Richtung des Windes, kann der Spaziergänger die Form der künftigen Woge, ihre Gewalt, ihre Haltung, ihren Umfang, die Kraft, welche in ihr herrscht, berechnen. Die weissagenden Formeln des I GING sind diese Elemente, die in der befriedeten Intuition des Schülers den Sinn der genauen Bedeutung des zukünftig angezeigten Schicksals wachrufen.

Wie schließlich ist die weissagende Übereinstimmung möglich, die ein solches Vorwissen erlaubt? Der verehrungswürdige Meister hat mir erklärt, daß die Handhabung der Stäbchen — die wir danach erlernen wollen —, wie sie aus alter Überlieferung gelehrt ist, den Ratsuchenden in innige Verbindung mit den feinen Strömen bringt, die das Ereignis „tragen", an das er intensiv denkt. Die fernöstliche Überlieferung hat immer behauptet, daß es eine innige Entsprechung zwischen den Ereignissen und, dank ihres eigenen Rhytmus', der Haltung der Menschen gibt. Der drei- und vierfache Rhytmus der Handhabung der Weissagestäbchen stellt ein inniges Band, eine nach dem chinesischen Ausdruck „natürliche Verbindung" zwischen dem Ratsuchenden und den Kräften des *Feng-Shui* her, die das künftige Ereignis herbeiführen. Daraus ergeben sich aus der Weissagung hervorgegangene Zahlen, deren Aufeinanderfolge, wie wir sehen werden, die aufeinanderfolgenden Linien des Hexagramms bilden, das irgendwie das angekündigte Ereignis

„kristallisiert", und nach den Schriften die feinen Kräfte trägt, die es lenken, und so dem Ratsuchenden erlaubt, davon Gebrauch zu machen und die Ratschläge des „weisen Menschen" zu hören.

Denn hier — ich erörtere diesen Gegenstand mit äußerster Vorsicht — ist es ebenfalls nötig zu wissen (für diejenigen, die Ohren haben und hören können…), daß die geheime fernöstliche Überlieferung bestimmt behauptet, daß die heiligen Hexagramme „lebendige Dinge" sind, die erlauben, mit höheren und göttlichen Ebenen in Verbindung zu treten, wo die Weisen, die Genien und der „Herr, der den Drachen reitet", auch der „Heilige Mensch" genannt, herrschen (18). Der Schüler, der die Hexagramme hervorbringt und sie bearbeitet, tritt damit in Berührung mit Strömen von außerordentlich mächtiger Gewalt und setzt sich so in Beziehung mit Ebenen und Wesen aus Licht und Weisheit. Ist er dazu würdig, so kann er von ihnen Ratschläge, Hilfe und Schutz erhalten; aber er muß bereit sein sie anzunehmen. Die weissagenden Möglichkeiten des I GING sind demnach für jene, die das Gute wollen, unübertroffen. Der Schüler möge die tiefe Lehre des Lao-Tse im *Tao-Te-King* betrachten: „Nicht besitzen wollen um ganz zu besitzen — geben um zu empfangen — weichen um zu herrschen — sich opfern um zu verwirklichen"; dann wird er in gewisse Ströme eintreten, die ihm helfen und ihn mächtig tragen werden. Aber nun habe ich genug zu diesem Gegenstand gesagt.

GENGIS-KHAN BEFRÄGT DIE ZUKUNFT MITTELS
DER WEISSAGESTÄBCHEN
(Nach einem alten chinesischen Holzschnitt)

DRITTES KAPITEL

DIE HANDHABUNG DER WEISSAGE-STÄBCHEN

WIR HABEN SCHON MEHRMALS ERWÄHNT, daß das weissagende Hexagramm durch die Handhabung der Stäbchen „hervorgebracht" wird. Tatsächlich beruht die Weissagung durch den I GING auf einer bestimmten Zahl Kräuterhälmchen oder Holzstäbchen, die der Studierende nach einer bestimmten Art teilt, wodurch er eine Aufeinanderfolge von Zahlen erhält.

Nach der Überlieferung war die für die Weissagung benützte Pflanze die Schafgarbe (Achillea) oder Tausendblatt, die in fast allen Teilen der Erde sehr häufig vorkommt und deren starker aromatischer Duft, deren kältevertreibender und bitterer Geschmack ihre magische und gleichzeitig heilkräftige Wirkung ausmachen. Der einmal von seinen Blättern und Seitentrieben befreite, getrocknete Stengel dieser ausdauernden Pflanze ergibt ein rundes und dünnes schuppiges Stäbchen, das, in Hitze glänzend gedörrt, in China als Weissageinstrument dient. Heute verwendet man oft reich geschnitzte und geschmückte Stäbchen aus feinem Holz, Elfenbein, Silber oder Gold.

ÜBERLIEFERTER TEXT
DES KOMMENTARS ZUM I GING

Zunächst der überlieferte Text des Kommentars zum I GING: „Das Gesamt der ‚großen Summe' ist fünfzig; davon benützt man nur neunundvierzig. Man teilt sie und macht daraus zwei

Teile, um die beiden Prinzipien anzudeuten. Man legt ein Stäbchen unter den kleinen Finger der linken Hand, um die drei wirkenden Kräfte (den Menschen) zu versinnbildlichen. Man zählt sie je nach vieren, um die vier Augenblicke (Jahreszeiten) anzudeuten. Den Rest nimmt man zwischen Zeigefinger und Mittelfinger der linken Hand, um die Komplementär-Ichs darzustellen. In fünf Jahren gibt es zwei Komplementär-Ichs; man wiederholt demnach das Werk mit dem Rest, indem man immer je vier ausscheidet, und legt davon wieder eins unter den kleinen Finger. Die auf das Kua *Kiän* bezüglichen Kräuterstäbchen haben die Zahl 216; die auf das Kua *Khuän* bezogenen die Zahl 144; das macht insgesamt 360, die Tageszahl eines Sonnenumlaufs. Die Halme, die den beiden Teilen des I GING entsprechen, sind 11.520 an Zahlen (19). Also getrennt ausscheiden, teilen und wegnehmen. Der Rest ist das, was bleibt, nachdem man vier mal vier abgezählt hat. Fasse in den beiden Zwischenräumen des Mittelfingers in der linken Hand zusammen. Nach beendetem Vorgehen wiederholt man das Ganze, bringt wieder die Weissagestäbchen zusammen; und man trennt sie, wie nach dem ersten Mal, derart, daß man in den beiden Händen die gleiche Zusammenstellung vereinigt und die gleiche Handhabung wieder beginnt. Vier Ausführungen vollenden eine Veränderung; achtzehn Veränderungen vervollständigen ein Kua. „Vier Ausführungen" versinnbildet Teilung der Stäbchen in zwei Gruppen, Wegnehmen eines Stäbchens, Ausscheiden nach vieren, Sammeln des Restes. Wandlung, Veränderung: eine Verwandlung. Drei Veränderungen bestimmen eine Linienform; achtzehn Änderungen entsprechen den sechs Linien des Kua. Die Einheit ist rings umgeben von 3, die Zweiheit ist im Viereck von 4 umgeben, 3 verwendet die Ganzheit, 4 verwendet die Hälfte. Indem man das Ganze wieder zusammenfaßt und es rechnet, ergibt dies 6, 7, 8, 9 und nach drei Ausscheidungen findet sich das Ganze wieder vereint. Bleiben drei Einheiten im Rest, so ergibt das dreimal wiederholt 9; die Ausscheidungen sind so 9, und die Weissage-Kräuterstäbchen sind also an Zahl 4 mal 9 = 36. Das ist, was als äußerste Möglichkeit, die in der 1 herrscht, betrachtet wird. Wenn zwei Einheiten mit einer Zweiheit im Rest bleiben, so macht dies 8, was bedingt, daß die Kräuterstäbchen an Zahl 4 mal 8 = 32 sind, das junge, in der 2 herrschende Negative bildend. Wenn zwei Zweiheiten und eine Einheit im Rest bleiben, so macht dies 7, und die Ausscheidungen sind an Zahl 7, was macht, daß die Kräuter an Zahl 4 mal 7 = 28 sind, was das junge, in der 3 herrschende Positive bildet. Wenn drei Zweiheiten im Rest bleiben, so macht dies 6, und die Ausscheidungen sind an Zahl 6, die Kräuter sind also an Zahl 4 mal 6 = 24 und bilden das alte, in der 4 herrschende Negative."

PRAKTISCHE ART DER BEFRAGUNG DURCH DIE WEISSAGESTÄBCHEN

Dieser Text, der der Schlüssel zum Ziehen der Weissagestäbchen ist, erfordert eine Erklärung und einen Kommentar, den ich jetzt geben werde, und der eine genaue Anleitung der praktischen Methode ist, um die schöpferischen Kua-Zahlen durch die Handhabung der Stäbchen zu ziehen.

1. — Der Fragende hat 50 Stäbchen (die „Große Summe" des I GING) in Händen und muß eines davon zunächst auf die Seite legen, das das ursprüngliche Eine, außer der Manifestation Seiende darstellt, das an den Veränderungen der Offenbarung nicht teilnimmt. Der Schüler hat also in der linken Hand praktisch ein Bündel von 49 Stäbchen.

2. — Nachdem er demütig um die Unterstützung des Himmels und der wohltätigen Kräfte der Welt gebeten hat, indem er den oberen Rand des in der linken Hand gehaltenen Bündels auf die Stirn legt, stellt der Fragende geistig und klar die Frage, für welche er das Schicksal um Rat anruft. Der verehrungswürdige Meister hat mir gesagt, daß eine Art Kälte, ein Gefühl von Kraft, Fluidum den Körper des Fragenden durchströmt und ihm anzeigt, daß er „in den Strom eingetreten" ist und in ihm fortfahren kann. Das Zimmer soll sauber, mit Weihrauch geräuchert, die innere Haltung schweigend und gesammelt, der Tisch wenn möglich mit einem roten Tuch bedeckt, die Figur der *Pa Kua* dem Handelnden gegenüber sein (20).

3. — Der Fragende greift mit seinem linken Daumen in das Bündel, das er in der linken Hand hält und teilt es willkürlich in zwei Teile, wobei ihm die gestellte Frage immer bewußt ist. Er erhält so zwei ungleiche Bündel, die er vor sich hinlegt, das eine zu seiner Linken, das andere zu seiner Rechten.

4. — Er nimmt das linke Bündel und zieht daraus ein Stäbchen, das er in seiner Mitte zwischen kleinen Finger und Ringfinger seiner linken Hand steckt.

5. — Dieses Stäbchen dauernd zwischen den beiden letzten Fingern seiner linken Hand, teilt er dieses linke Bündel jeweils durch 4, bis ihm ein Rest von 1, 2, 3 oder 4 bleibt; dieser Rest, der zwischen 1 und 4 Stäbchen liegt, wird zwischen Ring- und Mittelfinger der linken Hand gesteckt.

6. — Der Handelnde nimmt dann das rechte Bündel und teilt es ebenso durch 4, bis er einen Rest von 1 bis 4 erhält. Der Rest wird dann zwischen Mittel- und Zeigefinger der linken Hand gesteckt.

7. — Der Handelnde hat dann in den drei Zwischenräumen der Finger der linken Hand drei Stäbchenbündel, die zusammen höchstens 9 und mindestens 3 Stäbchen bilden können. Er schreibt diese Summe der Reste auf ein Blatt Papier. Diese Stäbchen werden „der erste Rest" genannt.

8. — Der Handelnde legt die Stäbchen der drei Bündel, die er aus der Linken wegnimmt, und die als „erster Rest" betrachtet werden, auf die Seite.

9. — Er nimmt dann die anderen vorher durch 4 geteilten Stäbchen zusammen und vereint sie wieder in einem einzigen Bündel. Er vollzieht mit diesem Bündel genau die gleichen von 3 bis 7 beschriebenen Vorgänge.

10. — So erhält er eine andere Summe, „den zweiten Rest", gebildet aus den zwischen den Fingern der linken Hand gehaltenen Teilresten. Diese Zahl wird unter die erste geschrieben und die Stäbchen, die so gehalten worden sind, werden zusammen mit dem „ersten Rest" auf die Seite gelegt.

11. — Der Handelnde nimmt wiederum die Stäbchen, die er in dieser zweiten Handlung bei der Viererteilung ausgeschieden hat und vereinigt sie erneut zu einem Bündel. Er vollzieht ein drittes Mal die gleichen von 3 bis 7 beschriebenen Vorgänge.

12. — Er erhält so einen „dritten Rest" einer Zahl, gebildet aus den in der linken Hand erhaltenen Resten nach Ausscheidung der durch 4 geteilten Stäbchen.

13. — Der Handelnde nimmt die drei Zahlen der drei „Reste" und addiert sie; dieses Gesamt stellt die Summe der Stäbchen dar, die im Laufe der drei aufeinander folgenden Handlungen ausgeschieden worden sind. Nach einem mathematischen Gesetz kann diese Summe nur 12 — 17 — 21 — 25 sein. Der Weissage-Text gibt die folgenden Entsprechungen, die ich in einer Tafel zusammenfasse:

Summe der Ausscheidungen	Summe der übrigen Stäbchen	Weissagezahlen	Entsprechende Linien	Wandlungswert
13	36	9 — 1	————————	Altes *Yang*
17	32	8 — 2	—— ——	Junges *Yin*
21	28	7 — 3	————————	Junges *Yang*
25	24	6 — 4	—— ——	Altes *Yin*

Der Handelnde kann also nach der dritten Handlung mit den Weissagestäbchen die erste untere Linie des heiligen Hexagramms (dieses wird immer mit dem Beginn von unten gezeichnet), die Linie, die der Gesamtzahl der Ausscheidungen entspricht, geben.

Um die fünf anderen Linien zu zeichnen, muß der Handelnde alle Handlungen von 3 bis 13 wiederholen, um jedesmal die Schlußzahl zu erhalten, die ihm erlaubt, die gebrochene oder ungebrochene, „junge" oder „alte" Linie zu zeichnen, deren Gesamt das weissagende Hexagramm ergeben wird. Am Ende von sechs Handlungen, deren jede aus drei Ausscheidungen gebildet ist, erhält er also die sechs Linien, die ein Kua ausmachen.

DAS „GEHEIMNIS DER WANDLUNG"

Bleibt schließlich das „Geheimnis der Wandlung", eine Operation, die von den Taoisten immer sehr geheim gehalten wurde, und die bis jetzt keinem Abendländer bekannt war. Der Handelnde hat also ein Kua vor sich, das die „Antwort" auf seine Frage ist, oder genauer, die Kristallisation der Kräfte, die sich für die „Tat" oder das angezeigte „Ereignis" bewegen. Aber dies Ereignis dreht sich, diese Tat wandelt sich in dem ewigen „Werden" aller Dinge. Elemente wandeln sich, andere bleiben bestehen; welche sind es?

Der zu merkende Grundsatz ist, daß *eine „alte" Linie immer gleich bleibt, während eine „junge" Linie danach strebt, die entgegengesetzte „alte" Linie zu werden.* So wird ein junges Yin ▬ ▬ zu einem alten *Yang* ————; und ein junges *Yang* ▬▬▬▬ wird ein altes *Yin* ——— ———. Deshalb muß der Handelnde, der ein aus „jungen" und „alten" Linien gebildetes Hexagramm vor sich hat, ihre Wandlung durchführen, das „Werden" des Hexagramms durch die einzig notwendige Änderung der „jungen" Linien bilden.

Erhält er zum Beispiel die ursprüngliche Figur [1], die das

Kua 14 *(Tae Yu)* sein soll, so wird dieses das „umgewandelte" Kua [2], Kua 53 (Tsien).

Man sieht an diesem Beispiel, und das ist wichtig, daß die „alten" Linien dieselben geblieben sind (3. und 6. Linie), und daß die „jungen" Linien durch Umkehrung des symbolischen Wertes „alte" geworden sind (1., 2., 4. und 5. Linie).

[1] TAE YU

[2] TSIEN

Das Weissagestadium des ersten Kua, Nr. 14, unseres obigen Beispiels bezeichnet das Studium des gegenwärtigen Augenblicks, der gegenwärtigen Möglichkeiten, des angezeigten „Ereignisses", und das Kua Nr. 53 stellt das Ende, die zukünftigen Möglichkeiten, die entscheidende Entwicklung desselben „Ereignisses" dar. Der Handelnde muß bemerken, daß diese Entwicklung, dieser „Gang" des Ereignisses besonders durch die 1., 2., 4. und 5.

Linie ausgedrückt ist, die genau die sind, die sich im vergangenen aus dem Kua 14 in das Kua 53 verwandeln. Jedes Kua im Text des I GING erfordert das besondere Studium jeder der sechs Linien, die es bilden, mit dem Ziel, den eigenen Weissagewert in jeder dieser Linien genau zu kennen. Der Handelnde wird in dem oben stehenden Beispiel für eine gestellte Frage das Kua 14 in seinem Gesamt studieren, dann das Kua 53 in seiner Gesamtheit, um den gegenwärtigen und zukünftigen Hauptsinn der Kräfte zu sehen, die die Frage, die ihn beschäftigt, verbergen. Dann wird er die Linien 1., 2., 4. und 5. im Kua 14 und Kua 53 betrachten und die Sinnsetzungen bemerken die sie tragen, die Veränderungen die sie anzeigen, die Ratschläge, die in ihnen beschlossen sind. Nach und nach wird der weissagende Sinn der beiden Figuren und der Verbindungen, die sie vereinen, in der Intuition des Handelnden sich wahrnehmen lassen; und er wird ehrfürchtig und demütig die Vorausschau, die Ratschläge und Eingebungen des „Heiligen Mannes" empfangen.

PRAKTISCHE DEUTUNGSBEISPIELE

Nehmen wir noch ein praktisches und konkretes Beispiel, indem wir die Operation noch einmal bis zu ihrem Ende durchgehen, um die Methode ganz klarzumachen. Nachdem der Fragende eine Frage über eine Angelegenheit, die ihn beschäftigt, gestellt hat, hat er die 50 Weissagestäbchen in die Hand genommen und davon eines auf die Seite gelegt, das bis zum Ende der Operation nicht mehr berührt wird. Er hat also in seiner linken Hand ein geschlossenes Bündel von 49 Stäbchen. Mit seinem linken Daumen teilt er dieses Bündel willkürlich und legt zwei Stäbchenhäufchen vor sich, eines zur Rechten,

eines zur Linken. Nehmen wir an, er hat die 49 Stäbchen in
zwei Teile von 26 und 23 Stäbchen geteilt:

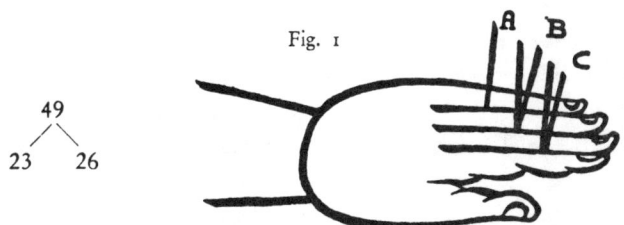

Fig. 1

49
23   26

Er nimmt das linke Häufchen mit 23 Stäbchen und scheidet
davon ein Stäbchen aus, das er zwischen seinen kleinen und
seinen Ringfinger steckt (A). Es bleiben ihm also 22 Stäbchen;
teilt er sie durch 4, so bleibt davon ein Rest von 2 Stäbchen,
die er zwischen Ring- und Mittelfinger steckt (B). Er nimmt
das rechte Bündel mit 26 Stäbchen, teilt sie durch 4 und erhält
nach sechs Ausscheidungen einen Rest von 2 Stäbchen, die er
zwischen Mittel- und Zeigefinger steckt (C). Die Summe der
zwischen den Fingern der linken Hand steckenden Stäbchen ist
also 5. Er schreibt diese Zahl auf ein Blatt Papier und legt
diese 5 Stäbchen sorgsam auf die Seite; sie bilden den „ersten
Rest" (Fig. 1).
Der Handelnde nimmt also nun wieder 49 — 5 = 44 Stäbchen
in die Hand. Er teilt diese in zwei Häufchen wie das erste Mal
und erhält etwa:

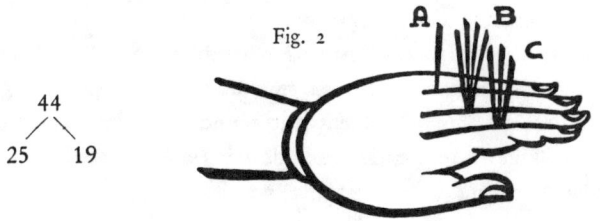

Fig. 2

44
25   19

Aus dem linken Bündelchen von 25 scheidet er 1 Stäbchen aus (A), teilt die restlichen 24 und erhält also einen Rest von 4 Stäbchen (nach 5 Ausscheidungen von je 4 Stäbchen) (B). Aus dem rechten Bündelchen ergibt ihm die Operation 19 : 4 = vier Ausscheidungen und 3 Reststäbchen (C). Die Addition dieses Restes ergibt: 1 + 4 + 3 = 8 Stäbchen (Fig. 2) („zweiter Rest"), die er zu den ersten fünf auf die Seite legt.

Der Handelnde hat also nun noch 44 — 8 = 36 Stäbchen in der Hand. Die Teilung in zwei Bündelchen ergibt etwa:

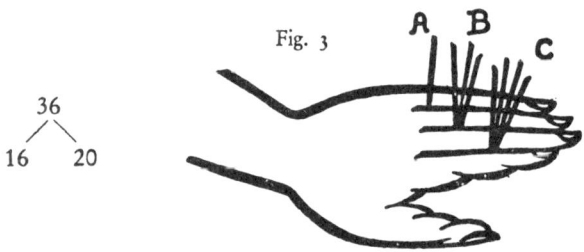

Fig. 3

36
16   20

Dem linken Bündelchen entnimmt er wieder 1 (A). Dann von 15 Stäbchen, 15 : 4 = 3 und 3 Stäbchen Rest (B). Das rechte Bündelchen, 20, läßt ihm einen Rest von 4 Stäbchen nach vier Ausscheidungen (C). Die Summe der ausgeschiedenen Stäbchen ergibt also für den dritten Rest 1 + 3 + 4 = 8 Stäbchen (Fig. 3), die er den 13 schon auf die Seite gelegten hinzufügt.

Der Handelnde nimmt das Bündel der ausgeschiedenen Stäbchen in die Hand und findet sich vor einer Summe von 5 + 8 + 8 = 21 ausgeschiedenen Stäbchen.

Wenn er die Tafel auf Seite 62 nachschlägt, wird der Handelnde sehen, daß die Zahl von einundzwanzig Ausscheidungen den Weissagezahlen 7—3 entspricht und der Linie ▬▬▬ ▬ die ein junges *Yang* ist. Diese Linie wird die erste des heiligen Hexagramms und die unterste der sechs Linien.

Nehmen wir an, daß nach fünf gleicherweise durchgeführten Operation der Handelnde das folgende Kua erhält:

　━━　━━　... 6. Linie = junges *Yin*
　━━━━━　... 5. Linie = junges *Yang*
　━━━━━　... 4. Linie = altes *Yang*
　━━━━━　... 3. Linie = altes *Yang*
　━━　━━　... 2. Linie = altes *Yin*
　━━━━━　... 1. Linie = junges *Yang*

er wird es alsbald als das Kua *Ko*, Nr. 49, erkennen.
Die Wandlung der veränderlichen Elemente (1., 5. und 6. Linie) wird ihm durch die Wandlung der 1. Linie: ━━━━━ (junges *Yang*) in ━━ ━━ (altes *Yin*), der 5. Linie ━━━━━ in ━━ ━━ und der 6. Linie: ━━ ━━ in ━━━━━ das neue heilige Hexagramm ergeben, das Kua Nr. 56, *Lu*. Man wird wohl bemerken, daß *nur die „jungen Linien" sich in ihre entgegengesetzten „alten Linien" verwandeln;* die „alten Linien" des ersten Kua wandeln sich nicht. Es bleibt dem Ratsuchenden also nur, den Weissagetext des Kua *Ko* und des Kua *Lû* zu lesen und sich im besonderen den Sinnsetzungen 1, 5 und 6, die ihm die möglichen Wandlungen angeben werden, die „Zukunft" der Angelegenheit, die ihn beschäftigt, zuzuwenden, wie dies schon oben angedeutet worden ist.

ÜBERLIEFERTER WERT DIESER WEISSAGETECHNIK

Vielleicht wundert sich jemand über die Langsamkeit des Weissagevorganges und wollte diese Operation vielleicht vereinfachen, was durchaus möglich ist, denn das mathematische System der Handhabung der Stäbchen ist sehr einfach. Wenn die chinesische Überlieferung während mehr denn fünfzig Jahrhunderten so gehandelt hat, so hatte sie und hat noch einige Vernunftgründe, so zu handeln. Der verehrungswürdige Meister hat mir hierzu gesagt, daß die mehrfachen Wiederholungen und Operationen wegen der Verpflichtung notwendig waren, in die feinen Ströme gut einzudringen, die das zukünftige Ereignis „tragen", und daß die dreifache Operation für jede Linie die „Verbindungs"-möglichkeiten des Handelnden mit diesen „Kräften" vervielfachen. Mit ein wenig Übung geht die Handhabung der Stäbchen übrigens äußerst rasch und wird geradezu automatisch „eingegeben", wie dies diejenigen, die mit einem *tao-che* geübt haben, werden besonders haben bemerken können.

SCHUTZMASSNAHMEN DES HANDELNDEN WÄHREND DER BEFRAGUNGEN DURCH DEN I GING

Ich möchte dies Kapitel durch gewisse Hinweise auf Vorsichtsmaßnahmen bei der Handhabung des I GING beschließen. Die Taoisten behaupten, daß das einfache Aufschreiben eines heiligen Hexagramms auf ein Papier denjenigen, der es gezogen hat, in Verbindung bringt mit all den Ebenen, denen dieses Hexagramm entspricht, und daß derjenige, der die Stäbchen des I GING handhabt und die weissagende Kraft der Hexagramme anruft, in Berührung mit mächtigen Gewalten gelangt. Die große Unwissenheit der Abendländer hinsichtlich der feinstofflichen Ebenen, die sie umgeben, ist äußerst gefährlich, überhaupt wenn diese gleichen Abendländer den Anspruch erheben, mit gewissen Wesenheiten dieser Ebenen in Berührung zu gelangen. Ich denke ganz besonders an die, die sogenannte „spiritistische" Versuche machen, und die sich so die meiste Zeit bösen und besitzheischenden Mächten ausliefern.

Nicht, daß es in China und im fernen Osten nicht „Geister"-Sitzungen gäbe; man kennt dort sehr wohl die „Medien" und die „Anrufungen"; aber derartige „Sitzungen" werden absolut verschieden von denen gehandhabt, die man im Westen abzuhalten sich gewöhnt hat. Vorsichtsmaßnahmen werden ergriffen; Weihrauch glimmt im Zimmer, dessen eines Fenster immer offen ist, und der Leiter der nekromantischen Operation macht gewisse Schutzzeichen mit den Händen, um das „Medium" zu schützen und nur wohlwollende Wesenheiten anzurufen (21).

Da die weissagende Handhabung des I GING sehr mächtige Kräfte bewegt, und den Handelnden mit östlichen okkulten Ebenen in Berührung bringt, die gefährlich sein können, ist es empfehlenswert, den Weissage-Ritus nur in einem abgelegenen, durch rituelle Räucherungen „gereinigten" und durch gewisse mystische Zeichen oder „Mudras" geschützten Raum zu vollziehen.

DIE RÄUCHERUNGEN

Die Räucherungen werden durch Verbrennen pflanzlicher Harze oder aromatischer Hölzer über glühende Kohlen verrichtet: reiner Weihrauch in *Körnchen*, vorzüglich erst kurz pulverisiertes, zitronenfarbenes Sandelholz. In aller Strenge, und mangels wirklichen Olibans, könnte man, aber in sehr kleinen Mengen: Benzoe aus Siam, oder in Ermangelung dessen Benzoe aus Sumatra; Myrrhe guter Qualität, Storax, Aloe-Holz und (in ganz besonderen Fällen) sehr geringe Mengen von Mutterharz verwenden.

Jedes „abendländische", also jedes „synthetische" Parfum muß streng ausgeschlossen sein.

Diese Räucherungen werden mit Hilfe *reiner* aromatischer

Harze oder duftender Hölzer in allen Religionen und Riten des Fernen Ostens als Hilfen oder „Träger" des anrufenden Gebets, der Meditation, der Weissagung vorgenommen — als Schutzelemente in den magischen Zeremonien — oder als therapeutische Mittel, und dies gemäß eines peinlich genauen Rituals nach Regeln einer sehr ausgedehnten Wissenschaft und einer unendlichen Feinheit, von denen unsere Physiologen, unsere Psychologen und unglücklicherweise auch unsere abendländischen Priester auch nicht die geringste Ahnung haben (22).

DIE „SIEGEL" ODER „MUDRAS"

Der verehrungswürdige Meister *Yüan-Kuang* hat mir erlaubt, einige einfache, aber wirksame „Schutz"-Zeichen bekanntzumachen. Sie sollen zu Beginn und am Ende der Befragung nach nachstehenden Anweisungen ausgeführt werden.

In der okkulten taoistischen Lehre versinnbildet die rechte Hand die „Welt der Götter", die linke Hand die „Welt der Menschen". Jeder Finger hat einen symbolischen Wert: der Daumen bezeichnet das erste Element oder den Äther; der Zeigefinger ist die Luft, der Mittelfinger das Feuer, der Ringfinger das Wasser, der kleine Finger die Erde.

Die Kenntnis der heiligen, durch Überlieferung übermittelten Zeichen, ist eine der geheimsten Lehren taoistischer Klöster. Diese, auch „Siegel" genannten Zeichen begleiten gewöhnlich die „wahren Worte", welche die Hindu-Überlieferung *Mantra* nennt. Diese Zeichen der Hand (in Indien unter dem Namen *Mudra* bekannt) werden manchmal ohne irgendwelche Anrufungen ausgeführt, da *ihre Wirkung in ihnen selbst ruht*. Sie müssen entweder mit einer oder mit beiden Händen ausgeführt und während zehn Sekunden beibehalten werden, damit der wohltätige Einfluß weitschichtig wirkt. Nach jedem „Siegel" ist es gut die Hände flach aufeinander zu legen, die Handflächen nach außen gerichtet. Der Vollziehende muß sich aufrecht halten, das Gesicht auf den vorbereiteten Tisch gerichtet, wobei der Raum von Weihrauch duften soll.

— Er beginnt mit dem „Siegel der Austreibung der Dämonen" *(Tchou Tsong mo Khin Keou Yin):* Die linke Hand ist zum Gürtel erhoben mit aufgerichtetem Zeige-, Mittel- und Ringfinger, den kleinen Finger gegen den Daumen heruntergezogen. Dieses Siegel stellt den reinigenden Blitz dar (23), und der Handelnde führt seine Hand vor sich her von rechts nach links. (Figur 1, Seite 72.)

Er fährt fort mit dem „Siegel, welches den Hüter der Zwischenwelten vertreibt" *(Khien Tchou Pi Na Ye Kia).* Es wird von beiden Händen ausgeführt, deren Daumen von den drei übrigen letzten Fingern festgehalten sind; die Zeigefinger berühren sich an der Spitze, da sie die Finger des Elements „Luft" sind. Die Einheit der beiden so verbundenen Hände wird nach rechts, nach links und vor dem Handelnden dargestellt. (Figur II, Seite 72.)

— Das „Siegel der Reinigung der Drei" *(Tsing San Ye),* ist bestimmt, die Handlungen des Körpers, des Denkens und des Mundes des Handelnden zu reinigen. Es wird ausgeführt, indem man die offenen Hände gegeneinander wendet mit ein wenig Zwischenraum zwischen ihnen, wobei sich die Finger an ihren Enden berühren, außer den beiden Mittelfingern, die ein wenig voneinander getrennt bleiben. Man nennt diese Figur auch „Lotusknospe". (Figur III, Seite 72.)

— Das „Siegel der Erweckung" *(King Kio)* dient dazu, die „Kräfte" des I GING zu erwecken. Diese heilige Geste besteht für die beiden Hände darin, den Mittelfinger und Ringfinger

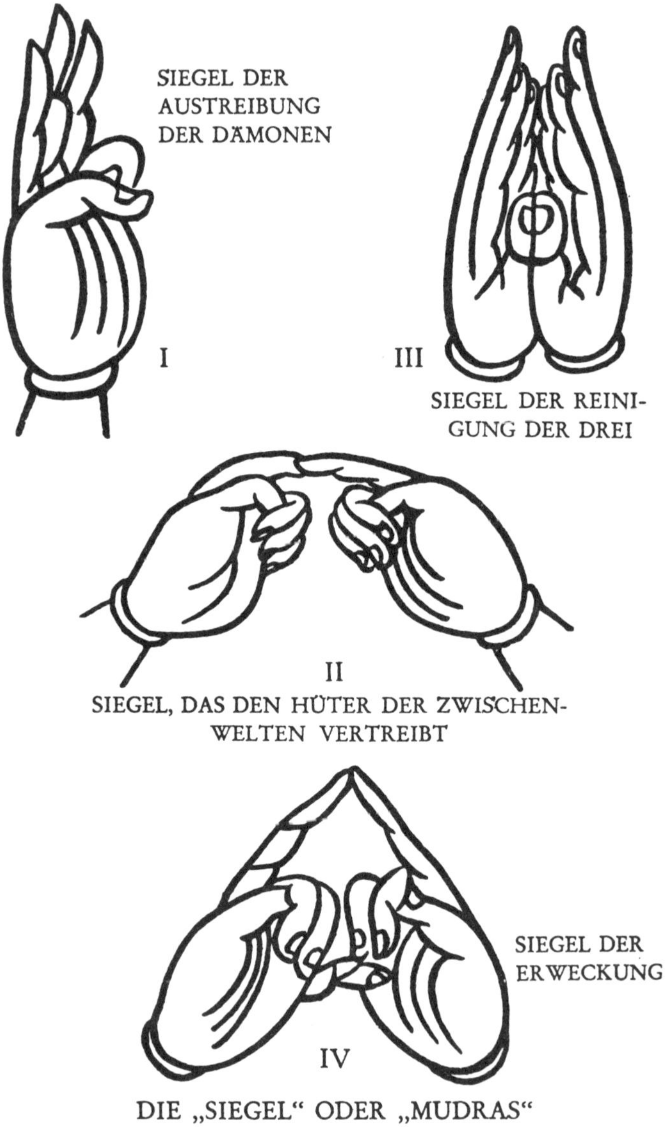

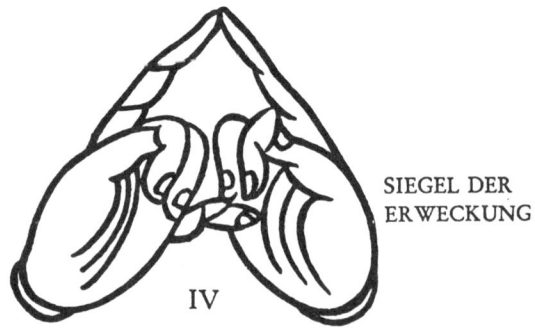

SIEGEL DER
AUSTREIBUNG
DER DÄMONEN

I

III

SIEGEL DER REINI-
GUNG DER DREI

II

SIEGEL, DAS DEN HÜTER DER ZWISCHEN-
WELTEN VERTREIBT

SIEGEL DER
ERWECKUNG

IV

DIE „SIEGEL" ODER „MUDRAS"

über dem Daumen zusammenzulegen und den Zeigefinger zu erheben, und die beiden Hände durch die gefalteten kleinen Finger festzuhalten. Die Spitzen der beiden Zeigefinger müssen sich berühren. Das Gesamt der beiden Hände soll man langsam von links nach rechts bewegen. (Figur IV, Seite 72.)

— Das „Schutz-Siegel" (Pei Kia), das ein feines Feuer hervorbringt, das den Handelnden während der ganzen Operation mit den Weissagestäbchen umgeben soll. Dies magische Siegel wird mit den vereinten Händen ausgeführt, die beiden letzten Finger gefaltet und durch die Daumen bedeckt, wobei sich die gestreckten Mittelfinger mit den Spitzen die an den äußeren Rand der Mittelfinger angelegten Zeigefingern berühren. Er dreht sie über sich selbst langsam von links nach rechts, wie um sich mit einem Schutzkreis zu umgeben. (Figur V, Seite 75.)

Er kann dann mit der Handhabung der Stäbchen beginnen.

Hat man die Befragung beendet, so ist es gut, nicht hart mit den Ebenen, mit denen man in Berührung war, zu brechen. Dazu dienen folgende Zeichen:

— „Siegel der Zerstörung des Rings" (Kiai Kiai), das die durch das „Schutzsiegel" errichtete Flammenmauer zerbricht und beruhigt. Der Handelnde legt den Rücken seiner rechten Hand auf die Handfläche seiner linken Hand, die eine über die andere gekreuzt, indem er so eine Art Dreieck bildet; die Daumen müssen wie zwei Hörner zur Seite gestreckt werden. Der Handelnde soll sich langsam von rechts nach links drehen, indem er die Hände in Brusthöhe hält. (Figur VI, Seite 75.)

— „Siegel der Trennung" (Fong Song), bestimmt, die während der Operation angesammelten Kräfte freizusetzen. Es wird gemacht, indem man die Finger im Innern der gegeneinander gelegten Hände kreuzt; die Daumen sind dreimal von der Hand zu entfernen. (Figur VII, Seite 75.)

Ich möchte schließlich empfehlen, zu vermeiden, daß andere Personen als der gewöhnlich mit ihnen Umgehende die Stäbchen berühren, und wenn möglich allein und in der Stille zu arbeiten. Es ist selten, daß das „Weissagebuch" des I GING klar „antwortet", wenn mehrere Personen mit den gleichen Stäbchen und über die gleiche Frage arbeiten; Durchkreuzungen finden statt und verwirren begreiflicherweise die Operation.

V.
Schutzsiegel

VI.
Siegel der Zerstörung des Rings

VII.
Siegel der Trennung

DIE „SIEGEL" ODER „MUDRAS" (FOLGE)

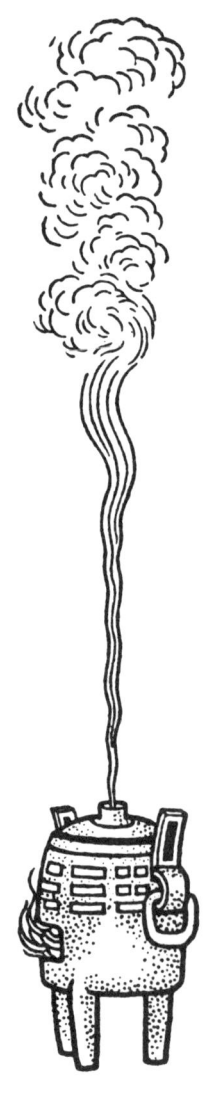

VIERTES KAPITEL

DER HEILIGE WEISSAGE-TEXT

NACHSTEHEND GEBE ICH DIE LISTE DER vierundsechzig heiligen Hexagramme mit ihrem Hauptsinn und der Deutung jeder der sechs Linien, die sich nach den oben beschriebenen Operationen bilden. Wie stellt sich nun der eigentliche chinesische Text dar?

Zunächst die *Kua,* oder die aus sechs ganzen oder gebrochenen übereinandergelegten parallelen Linien gebildeten Figuren. Jedes Hexagramm hat einen chinesischen Charakter, der es „bezeichnet", der es irgendwie identifiziert. Dann folgt eine Reihe sehr kurzer chinesischer Sätze in Form kleiner Lehrhinweise, oft von einem oder zwei kaum übersetzbaren Charakteren, wenn man hierzu nicht die mündliche Überlieferung besitzt, und die die Verzweiflung einiger Abendländer bildeten, die sie zu übersetzen versuchten.

Die folgenden Texte begleiten im allgemeinen die Kua: zunächst der erste Kommentar in zwei Teilen, betitelt *Tuan,* angelegt in zwei oder mehreren Zeilen, die unmittelbar dem Text des I GING folgen; dann der zweite Kommentar, ebenso in zwei Teilen, betitelt *Siang.* Der Kommentar *Wen Yen* begleitet die beiden ersten Hexagramme und enthält davon die wichtigsten Sinnsetzungen. Folgen dann: das *Hi-Tze Chuen,* „philosophischer Kommentar des Textes", geteilt in zwei Teile; das *Shouo Kua Chuen,* „Erörterung der Diagramme", und das *Sü Kua Chuen,* „die Ordnung der Kua"; und schließlich das *Tsa Kua Chuen,* „verschiedene Gespräche über die Kua" (24).

Die Zuteilung der verschiedenen Kommentare ist selbst in China sehr umstritten: die Taoisten stimmen allgemein darin überein, das *Tuan* dem König *Wen,* und das *Siang* seinem Sohn, dem Herzog von Chow, zuzuschreiben; die anderen Texte sollen von Konfuzius und seinem Schüler Shang Kiu stammen. Nicht weniger als neunzehn Meister bedeutenden Rufs, die ihr Leben damit verbracht haben, den I GING zu kommentieren, haben ihre Ehrentafeln in dem berühmten Konfuzius-Tempel. Die berühmtesten sind *Ch'eng-I,* der von 1033 bis 1107 lebte, und der der Verfasser eines großen Kommentars ist, und vor allem *Tsai Tsing* (1453—1508), der Verfasser des berühmten, 1529 gedruckten *I GING Meng Yn,* das noch eine der klassischen Arbeiten über das Weissagebuch ist. Es wäre ungerecht, *Ts'ai Yuen-Ting* (1135—1198), nicht zu erwähnen, berühmt durch seine Gelehrsamkeit und durch seine großen Arbeiten über den I GING. Seine Tafel wird im Tempel der „wie Weise gerühmten" Ahnen neben der des Konfuzius verehrt.

Es kann nicht darum gehen, hier die wörtliche Übersetzung all dieser Texte zu geben, die, wie ich schon angedeutet habe, in drei verschiedenen Sinnsetzungen für das gleiche Hexagramm angewandt werden: rein kosmologisch, andere einfach politisch. Ich habe alle Anmerkungen, die ich zu Füßen des Meisters *Yüan Kuang* erhalten habe, vereinigt, die wesentlich praktisch und für die Weissagung aus dem I GING bestimmt sind. Ich habe die Texte mit den überlieferten Kommentaren verglichen, die mir der verehrungswürdige Meister *Tchou-Hua* übersetzt und erklärt hat; und ebenso habe ich die bereits erschienenen abendländischen Versionen benützt. Diese sind indessen nur nebensächlich zu Rate gezogen worden.

Man könnte vielleicht über die beachtlichen Übersetzungs- und Darbietungsunterschiede dieses Textes des I GING im Vergleich mit den bereits erschienenen erstaunt sein. Man darf nicht vergessen, daß ich immer die überlieferte und mündliche Erklärung des taoistischen Meisters den bereits erschienenen europäischen Texten, im Zweifelsfall selbstverständlich das lebendige und mit Erfahrung erfüllte Wort des chinesischen Meisters den mühsamen und oft künstlichen Versuchen der Europäer vorgezogen habe. Darüber hinaus wollte ich hiermit keineswegs ein im europäischen Sinn „wissenschaftliches" Werk, sondern den Schülern und Suchern eine praktische, auf überlieferte fernöstliche Techniken gegründete Weissageart geben. Man darf in dieser Arbeit überhaupt nicht eine wörtliche Übersetzung der chinesischen Texte, die den I GING und seine Kommentare bilden, sehen. Eine derartige Übertragung wäre für Europäer unlesbar; es würde genügen, die Essays von Philastre, Legge und Harlez zu lesen, um sich darüber Rechenschaft zu geben. Dies ist ein wesentlich praktisches *Vade-Mecum*, entstanden aus der mündlichen Lehre und dem Weissagetext des I GING. Dieser hat, wie ich schon andeutete, verschiedene Sinnsetzungen, und die taoistischen Mönche kommentieren ihn von durchaus verschiedenen Gesichtspunkten: metaphysischen, politischen, kosmologischen, magischen usw. Ich habe hier nur den Weissagesinn gegeben, der übrigens einer der untersten des heiligen chinesischen Textes ist. Erhellt durch die mündliche Lehre des Meisters Yüan Kuang, erläutert von meinem taoistischen Freund, Meister Tchou-Hua, wird die weissagende Sinnsetzung des I GING in kurzen, sinnbeladenen Sätzen, in raschen, manchmal schneidenden, mit Weisheit erfüllten Formeln herausgeschält, indem der chinesische Text oft wörtlich wiedergegeben, manchmal zusammengefaßt, zur Weissagung beziehungslose Stellen des

Textes ausgelassen werden. Gewiß, die französische Sprache ist in ihrer äußersten Genauigkeit begrenzt und macht es schwierig, die Tiefe der chinesischen Sprache in ihren so vielfältigen Klängen, in ihren mit so viel stillschweigender Voraussetzung erfüllten Anspielungen wiederzugeben. Meister Tchou-Hua, der das Französische vollkommen beherrscht, konnte oft glücklich die so charakteristische Form der chinesischen Phrase wiedergeben.

TAFEL

DER

HEILIGEN HEXAGRAMME

(KUA)

GEORDNET NACH DER ZAHL IHRER GERADEN
(GEBROCHENEN) LINIEN

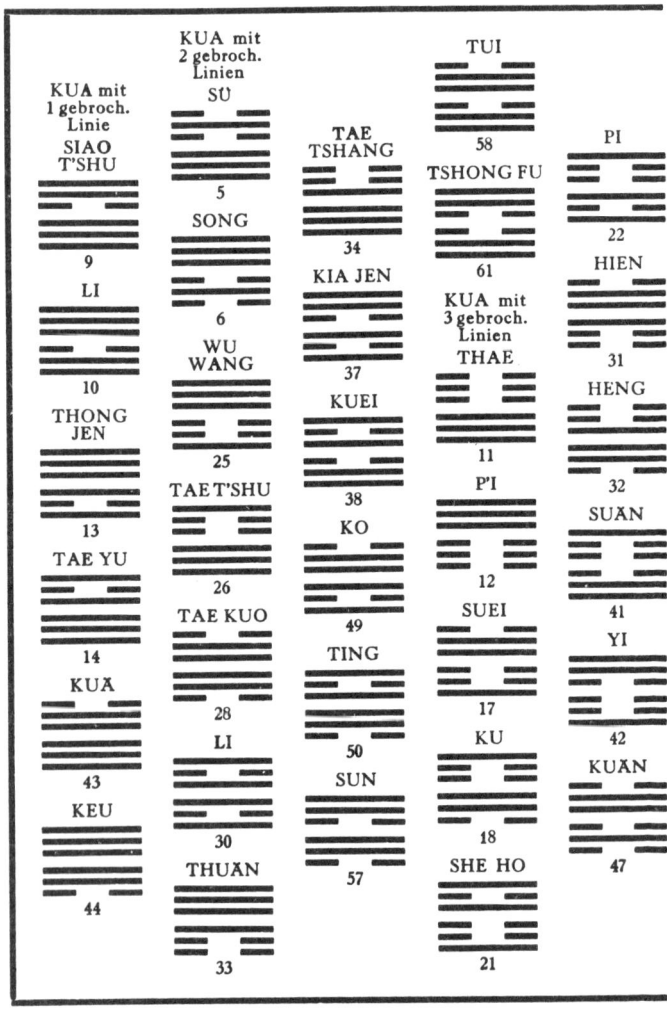

HEILIGEN HEXAGRAMME
GERADEN (GEBROCHENEN) LINIEN

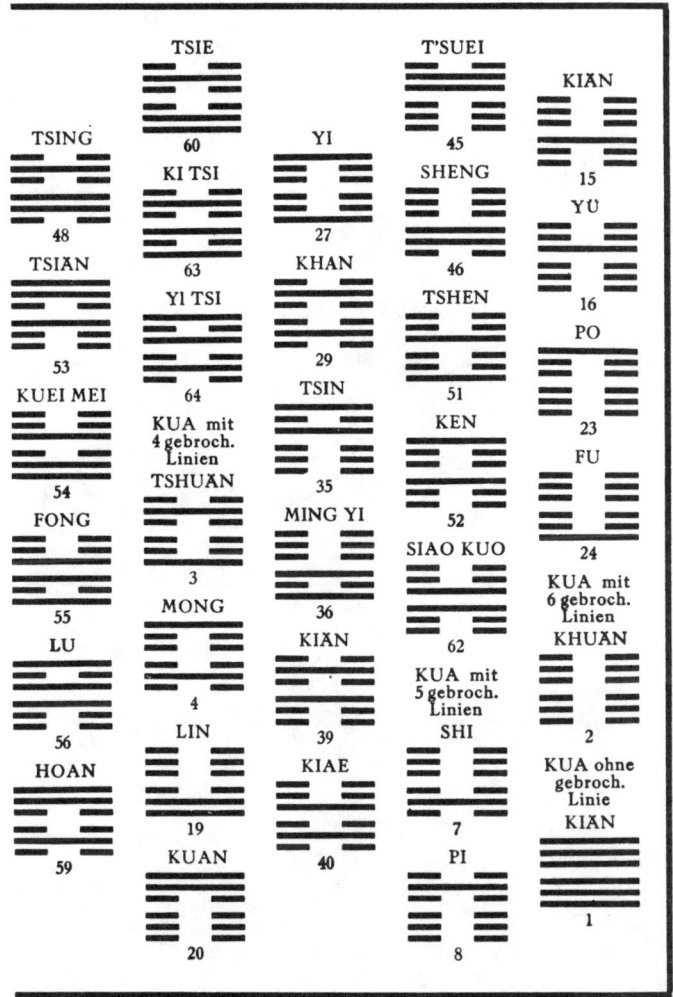

太上老君

LAO-TSE
VOR IHM DER ALCHYMISTISCHE OFEN (ATHANOR),
GESCHMÜCKT MIT FIGUREN DER PA-KUA UND DIE
BEIDEN KÜRBISFLASCHEN, GEFÜLLT MIT
UNSTERBLICHKEITSPILLEN

WEISSAGETEXT DES I GING

BESORGT DURCH DEN MEISTER

YÜAN-KUANG

1

KIÄN

Hauptbedeutung. — Das vollkommene Kua, die beiden Kiän Trigramme übereinander, das absolute Gute, der Himmel. Jeder der vom Drachen (der weise Mensch) verfolgten Wege, das heißt, die sechs Linien sind übereinstimmend mit dem Willen des Himmels, und jedes Ding erfolgt zu seiner Zeit, indem es genau nach seiner Natur und seiner Bestimmung gebildet wird. Jedesmal, wenn ein Hexagramm durch die Wiederholung eines gleichen Trigramms gebildet wird, wird der dem einfachen dreilinigen Kua zugeteilte Sinn immer wiederholt. Hier gibt es eine stetige Wiederholung, eine dauernde positive Anstrengung, und der Weissagesinn ist, daß der Weg gut ist, aber daß man seine eigenen Bemühungen nicht einstellen darf. Der Hauptsinn ist der einer großen wohlwollenden Aktivität, die er erhalten muß, dann ist er in Übereinstimmung mit dem Weg des Himmels; die kraftvolle Festigkeit und die Beharrlichkeit sind erforderlich (25).

Erste Linie. — Es handelt sich um die erste untere Linie, die in jedem ursprünglichen Weissage-Hexagramm eine junge *Yang Linie* sein kann, und die also im zweiten gewandelten Hexagramm zum alten *Yin* wird. In diesem Fall soll der Ratsuchende wissen, daß „der Drache noch verborgen ist", was heißt, daß er noch nicht aus sich selbst handeln soll. Es geziemt ihm sich im Schatten zu entwickeln, indem er den gün-

stigen Moment erwartet. Also nicht handeln, denn der Rat-
fragende ist noch in einer unsicheren Lage. Der Kommentar
fügt hinzu, daß diese Linie dem Ratfragenden anzeigt, nicht
nach der Laune der Leute zu wechseln, nicht auf Ruf erpicht
zu sein, die Welt noch fliehen, nicht danach trachten, von anderen geschätzt zu werden und sich darüber nicht grämen. Die
Freiheitsbedeutung dieser Linie zeigt, daß man tun kann, was
man will; der „verborgene Drache" ist ausdauernd, widersteht
den Sorgen und der Entmutigung, gibt nicht auf; er wartet.

Zweite Linie. — Der „Drache" ist über dem Reisfeld sichtbar;
er ist schon herausgetreten und zeigt sich. Für den Ratsuchenden ist es vorteilhaft, einen großen Menschen zu sehen um sich
helfen zu lassen und seinen wohltuenden Einfluß in sich aufzunehmen. Es bedarf indessen noch viel Umsicht und Klugheit,
um gegen die Lüge auf der Hut zu sein. Da es sich nur noch um
ungewichtige Worte und belanglose Taten handelt, muß er
seine Worte in Acht nehmen und umsichtig sein.

Dritte Linie. — Der Ratsuchende hat noch nicht eine relativ
niedrige Lage verlassen im Hinblick darauf, was er in Wahrheit will; aber er ist voreingenommen von Furcht und, obwohl
er furchtsam ist, muß er weise sein, um Irrtum und Fehler zu
vermeiden. Indessen trachtet man danach, zu ihm zu gelangen,
die Menschen suchen ihn zu sehen und sich ihm zu nähern, und
er muß klug sein. Obwohl auf einen gefahrvollen Platz gestellt, begeht er keine Fehler, wenn er seine ruhige Sorgfalt und
seine Umsicht bewahrt.

Vierte Linie. — Der „Drache" springt in den Abgrund; es gibt
also einen Gedanken an Wechsel, Verbesserung, einen Augenblick von Ungewißheit über die Zweckmäßigkeit vorzugehen
oder zurückzuweichen. Wenn man die Zweckmäßigkeit und An-
gemessenheit des Augenblicks kennt, wird es keinerlei Schuld

oder Straffälligkeit geben. Der Ratsuchende muß also schließlich den günstigen Augenblick, zu handeln, abschätzen. Es besteht die *Möglichkeit*, aufzusteigen, ohne daß die *Notwendigkeit* dazu bestünde.

Fünfte Linie. — Der „Drache" fliegt in den Himmel, was besagen will, daß wenn die Lage des Ratsuchenden gehoben ist, es indessen immer von Vorteil für ihn sein wird, sich Rat zu holen; aber die Entsprechung mit der 2. Linie wird hier im gleichen Rat erhärtet. Wenn der Ratsuchende durch die 2. Linie des Kua Kiän interessiert danach trachtet, einen größeren Menschen (dargestellt durch die 5. Linie) zu befragen, hat der durch die 5. Linie interessierte Ratsuchende jeden Gewinn, einen bedeutenden und weisen, aber in einem unteren Rang entsprechenden Menschen zu befragen. Denn jede höhere Anleitung birgt Gefahren von Ungerechtigkeit, und allein der Rat eines begabten, aber auf den Ebenen derjenigen, die man leitet, gestellten Menschen kann den erleuchten, der eine hohe Stellung einnimmt.

Sechste Linie. — Die äußerste Grenze ist überschritten, denn die 5. Linie ist die höchste im mystischen Gleichgewicht des Hexagramms; Es geht also schon zurück, denn es gibt Übermaß an Erhebung. Allein der Weise weiß vorzugehen und zurückzuweichen, zu bleiben und zu verschwinden, ohne jemals in seinen Handlungen sich Überschreitungen zuschulden kommen zu lassen. Was völlig beendet ist, kann nicht lange dauern und muß sich notwendig ändern. Der Mächtige und Blinde ist zu voreingenommen von sich selbst, als daß man ihm helfen und beistehen wollte; außerdem ist sein tragisches Ende nahe.

2

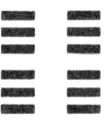

KHUÄN

Hauptbedeutung. — Beginn, Entfaltung. Die Umkehrung des
Kua Kiän, das Kua Khuän, weist darauf hin, daß die Vollendung in der Passivität, der schmiegsamen Weichheit liegt.
Der Text des I GING vergleicht die Tugend, die dieses Hexagramm auslöst, einer sanften und folgsamen Stute, die indessen
aber mit einer ganz positiven und starken Kraft ausschreitet.
Man empfiehlt in die Richtung Südwest zu gehen, denn dort
gibt es Möglichkeiten für Freundschaften; es ist dagegen zu
fürchten, daß die Freunde im Nordosten uns verlassen. Der
Ratsuchende muß sich vor allem in gehorsamer Tatkraft be-
weisen; jagt er den Ereignissen voraus, wird er blind; folgt er
ihnen, indem er sich ihnen passiv anpaßt, wird er Erfolg haben.
Begnügt er sich damit, aufrecht zu sein, wird er sicher Glück
haben. Sucht er Friede, Eintracht, Übereinstimmung mit allem,
wird er erfolgreich sein.
Erste Linie. — Gleich wie der haftende Frühreif aus hartem,
festem Eis wird, ebenso gerinnt das Negative unter der Einwir-
kung der positiven Kraft und wird hart. Ein Mensch in einer
schwachen oder erniedrigten Lage muß sich durch Wiederholung
daran gewöhnen, seine Entwicklung zu vollenden. Man gewöhnt sich durch Wiederholung, indem man einem Antrieb
folgt und diesen gegen schlechte Angewohnheiten schützt (26).
Der Ratsuchende muß immer das Ende voraussehen, und die

2

notwendigen Wiederholungen zu einer Entwicklung leiten, indem er sorgfältig die Folgen erforscht.

Zweite Linie. — Man befragt die Regelmäßigkeit und die Lauterkeit, aber wenn die Tugend und der Gehorsam gegenüber der Gerechtigkeit nicht im Herzen des Ratsuchenden sind, wird er sie draußen nicht finden. Das äußerste Unglück entsteht immer aus der Wiederholung von in sich verketteten Ursachen. Der Ratsuchende muß wissen, daß das, was nach und nach wächst, sich entwickeln muß, indem es größer wird, sowohl im Bösen wie im Guten. Achte also auf die *Absicht,* die das Ereignis trägt! Die zukünftige Regel heißt also: man muß sich ausschließlich mit den Ursachen befassen, solange sie noch klein sind.

Dritte Linie. — Diese Linie ist die oberste des unteren Kua: diejenige, die die Lage beherrscht. Der Ratsuchende muß schweigen, sein Verdienst und seine Begabungen verbergen. Tut er irgend etwas Gutes, muß er es auf seinen Vorgesetzten beziehen, um sich dauernd zu behaupten; wer sagt, daß das Gute von heute dasjenige von morgen sein wird! Der Obere wird so keinen Verdacht haben. Die Linie zeigt eine Vollendungsmöglichkeit, eine Möglichkeit, sich mit einer völligen Sicherheit und Dauer zu behaupten, an. Sich keinerlei ausschließliche Autorität anmaßen, aber sich einzig und allein mit der Ausführung beschäftigen, um das Ende zu bewahren. Die Pflichten seines Rangs beachten, um die Angelegenheiten zu ihrem Ziel zu führen. Der Ratsuchende muß besonders streng die Gesetze seiner eigenen Lage beachten. Manchmal verläßt er seine Zurückgezogenheit, beschäftigt sich mit Angelegenheiten des Vorgesetzten und erlangt so Autorität. Sich nicht das Verdienst zuschreiben, heißt nach dem Augenblick handeln: der unwissende Mensch möchte alle von dem, was er Gutes tut, in

Kenntnis setzen; der weise Mensch denkt über die Folgen nach.

Vierte Linie. — Der Vorgesetzte und der Untergebene sind getrennt und nicht in Übereinstimmung; also gefährlicher und zweifelhafter Boden. Der Ratsuchende muß sein Wissen verbergen, als ob „er einen Sack verschlösse" und nichts nach außen offenbaren; andernfalls wird ihn das Unglück einholen. Indem er sein Wissen verbirgt, wird er naturgemäß Lob empfangen. Der Ratsuchende muß diese Dinge mit viel Klugheit und Verschwiegenheit tun und muß sich verbergen, indem er sich abseits hält.

Fünfte Linie. — Bewahrt der Ratsuchende die Gerechtigkeit und bleibt fest in einer untergeordneten Lage, wird er glücklich sein; die Ergreifung einer höheren Lage wird ungünstig sein. In dieser Linie liegt eine glückliche Vorhersage von Größe und Güte. Wenn die angezeigte Angelegenheit nicht mit dem Guten übereinstimmt, wird sie nicht zu ihrer äußersten Entfaltung gelangen können, und es bleibt immer gefährlich, den I GING in ungesunden Angelegenheiten um Rat zu fragen. Sonst ist alles gut.

Sechste Linie. — „Die Drachen kämpfen in der Wüste und ihr Blut ist schwarz und gelb" (27) sagt der Text. Das *Yin* gelangt an die äußerste Grenze des Hexagramms und begegnet dem *Yang;* es gibt Kämpfe und wechselseitige Verwundungen. Die ungünstige Vorhersage ist hier offenbar, denn der Weg ist zu Ende.

TSHUÄN

Hauptbedeutung. — Anfang und Geburt der Wesen, Tatkraft, Fleiß. Gemäß der beiden Trigramme ist es die Wolke, die den Blitz übersteigt, aber die wohltuende Wirkung dieser Vereinigung, das Gewitter, der Regen ist noch nicht fühlbar geworden. Die Bedeutung des Hexagramms ist in seiner Gesamtheit günstig, aber der Ratsuchende muß viel Sicherheit haben, denn er hat eine Zeit an Mühe und Hindernis. Während des Beginns dieser Hindernisse gibt es nichts zu unternehmen, und er muß sich an Fremde um Hilfe und Beistand wenden. Er hat dabei Bewegungsmöglichkeit in der Gefahr und darf nicht frühzeitig vorgehen; keine Übereilung. Aber anderer Hilfe wird ihn nicht von der wachsamen Beschäftigung mit jedem Furcht- und Schreckensmotiv entbinden, ohne sich vor der Zeit der Gelassenheit der Ruhe hinzugeben. Der Ratsuchende darf nicht vergessen, daß die Zeiten von Hindernissen und Schwierigkeiten die Augenblicke zum Handeln sind; durch Tatkraft, aber eine sorgsam überwachte Tatkraft, wird er dabei Erfolg haben.

Erste Linie. — Die erste positive Linie ist unten, sie stellt jenen dar, der mit den Fähigkeiten der Verstandes- und Tatkraft während einer Zeit der Schwierigkeiten sich in einer untergeordneten Lage befindet. Daß er diesen Schwierigkeiten nicht abhelfe; es ist noch nicht Zeit dazu, und der I GING rät ihm, stark und unbeweglich wie ein Steinmal zu bleiben (28). Würde er vor der Zeit aufsteigen, würde er die Schwierigkeiten herausfordern. Er beschäftige sich lieber damit, Hilfe und Beistand um sich herum zu suchen; denn der Augenblick ist einstweilen noch nicht günstig.

Zweite Linie. — Als Sechserlinie versinnbildet sie die Güte und die Geschmeidigkeit, um sich während der Zeit der Schwierigkeiten und Hindernisse zu halten; sie entspricht gleichgestimmt einer oberen Linie, ist aber auch von der kraftvollen Festigkeit der ersten Linie angezogen, woraus Unentschlossenheit, Wirrnis und Ratlosigkeit entstehen. Er möchte dem Gleichgestimmten folgen, mit dem er aber nicht aufsteigen kann. Da die schmiegsame Weichheit mit einer Zeit von Schwierigkeiten handgemein ist, ist sie unfähig, sie selbst auszugleichen. Der I GING spricht von zehn Jahren; wenn er seinen reinen Willen, ohne zu schwanken, während dieser Zeit fest bewahrt, wird die Hinderung an ihre äußerste Grenze gelangen und der Handlungsfreiheit Platz machen.

Dritte Linie. — Diese Sechserlinie mit ihrer schmiegsamen Weichheit nimmt einen Rang ein, der die kraftvolle Festigkeit zuläßt. Ist die Weichheit nicht geeignet, die Schwierigkeiten zu glätten, da sie diesen Rang einnimmt, wird sie beiläufig schlecht behandelt werden. Obwohl sie leidenschaftlich das Erstrebte zu erhalten wünscht, da sie von sich aus nun einmal nicht fähig ist, die Dinge in Ordnung zu bringen, kann sie die Schwierigkeiten nicht ausgleichen, und verhält sich wie der Mensch, „der die Hirsche führerlos in einen Wald jagt"; er wird nur Irrtümer begehen. Er würde also besser verzichten und der Verfolgung weichen; würde man etwas unternehmen, würde man nur den Ursachen von Elend und Unglück entgegengehen. Es ist besser, zu verzichten, sagt der I GING.

Vierte Linie. — Der Ratsuchende hat ungenügende Fähigkeiten die Schwierigkeiten auszugleichen, so daß er bei seinem Willen, aufzusteigen, trotzdem auf dem gleichen Platz bleibt. Er muß dann den Weisen um seine Hilfe anrufen, die kraftvolle Festigkeit der ersten Linie, die diesen Weisen darstellt. Es gibt Schwierigkeiten durch ein undurchdringliches Hindernis; der Ratsuchende muß sich an den Ratgeber wenden und vorsichtig vorgehen, indem er seine eigene Unzulänglichkeit erkennt. Eine bedeutende Lage einnehmen, selbst unfähig sein und nur seiner eigenen Art zu sehen vertrauen, ist das Übermaß der Blindheit.

Fünfte Linie. — Es wird schwierig; hat er einen Weisen zur Hilfe, so könnte ein mit Tat- und Verstandeskraft begabter Mensch die Schwierigkeiten überwinden. Der Ratsuchende darf überhaupt nur ohne Gewaltsamkeit handeln, indem er die Dinge nach und nach langsam durch Überzeugung zurechtrückt. Wer das Schicksal befragt und sich mit unwesentlicheren Dingen beschäftigt, könnte noch daraus eine glückliche Vorhersage gewinnen; beschäftigt er sich aber mit einschneidenden Dingen, Staatsangelegenheiten, wird er dem Unglück nicht entgehen.

Sechste Linie. — Übermaß der Gefahr, ohne zustimmende noch freundliche Entsprechung. Bleibt er am Platz, wird er daraus keinen Frieden gewinnen; bewegt er sich, hat er nichts, wohin er sich wenden könnte. Das ist das Äußerste des Unglücks in der Gefahr; der Text sagt, daß er „von Heulen trieft und blutige Tränen vergießt". Der letzte Grad der Schwierigkeit! Der Ratsuchende darf, obwohl ernst gewarnt, nicht verzweifeln; besitzt er aktive Tatkraft der Bejahung und hat er Hilfe, so wird er, da das Unglück auf seinem Gipfel ist, fähig sein, dem abzuhelfen und sich daraus zu befreien.

MONG

Hauptbedeutung. — Mangel an Licht, Blindheit, Fehlen von Unterscheidungsvermögen, nicht entwickelter Verstand. Die beiden Trigramme versinnbilden das Wasser unter dem Gebirge, die Gefahr vor dem Widerstand; man weiß kaum, wo gehen, es gibt Blindheit, Unwissenheit, Unsicherheit, wie die Jugend, die von Unterscheidungsvermögen entblößt ist. Aber es gibt auch Freiheit zur Ausdehnung für den Ratsuchenden. Wenn der, der das Schicksal befragt, eine aufgeklärte Person ist, die ihre Angelegenheit kennt, so erklärt der I GING, daß die Ausdehnungsfreiheit für diese letztere Person sei; wenn der, der das Schicksal befragt, noch in Düsternissen der Unwissenheit steckt, so muß er selbst irgend etwas von anderen zu erlangen suchen, und die Freiheit wird für ihn selbst sein. Man weiß noch nicht, was es zu tun gibt, und der begabte Mensch muß in seinen Handlungen die Entscheidung treffen und die Fähigkeiten seines Verstandes entwickeln, denn die Quelle liegt zu Füßen des Gebirges und kann noch nicht frei strömen.

Erste Linie. — Der Ratsuchende hat Interesse, die Strafgesetze zu kennen, um das unwissende Volk zu lehren und zu führen und die Blindheit aufzuheben. Er muß seine Autorität fühlen lassen, um die Gefahren der Unwissenheit und Blindheit beiseite zu schaffen. Aber das Schicksal warnt vor einem schmerzhaften, von augenblicklicher Verlassenheit gefolgten Sturz des

Menschen in sich selbst, um die erhaltenen Ergebnisse zu sehen. Der verlassene Mensch darf nicht dauernd sich selbst überlassen bleiben, denn das gäbe Verwirrungen und unangenehme Folgen. Also kraftvoll die Grenzen setzen.

Zweite Linie. — Es gibt eine Zeitlang Blindheit, und der Ratsuchende muß großes Mitleid und Nachsicht für diejenigen haben, die schwerfälliger und ohne Unterweisung sind. Die Vorhersage ist glücklich. Aber man darf nicht allein seinem Verstand vertrauen und sich nur auf seine eigene Autorität stützen. Selbst wenn es sich um eine zarte und weiblich schmiegsame Unwissenheit handelt, sollte man begreifen, was sie an Gutem hat, um seine Verstandeskräfte zu vermehren. Der Ratsuchende kann ertragen und sich eingehend erkundigen, um die Dinge in Ordnung zu bringen: es gibt eine wiederholte Anzeige von Duldsamkeit und Erkundigung bei einer Frau.

Dritte Linie. — Die negative Schmiegsamkeit ist in die Blindheit und Dunkelheit gelegt; sie kann der oberen Linie, die ihr entspricht, nicht folgen und wird von der zweiten Linie angezogen, die die ganz auf den gegenwärtigen Augenblick bezogene relative Vollendung besitzt. Ein liederlich handelndes Mädchen, das auf seine Herzensneigungen verzichtet, um einem Mann, vor allem wegen seiner Reichtümer, zu folgen. Nichts kann vollendet werden, das vorteilhaft sein könnte: symbolisches Bild des Mädchens, das den Reichtum seines zukünftigen Gemahls im Auge hat, und dessen Person man nicht besitzen kann.

Vierte Linie. — Es gibt weder Beistand, noch Hilfe, noch irgendein Mittel, um seine eigene Blindheit durch sich selbst zu zerstreuen; welch unglückliche Blindheit, und die Ahnung eines zukünftigen Übels ist sehr sicher. Wenn der Ratsuchende die Tugenden der Tat- und Verstandeskräfte anruft und sich dem nähern kann, der sie besitzt, wird er sich den Folgen der Warnung des Schicksals entziehen können.

Fünfte Linie. — Eine gute Entsprechung der fünften Linie mit der zweiten (die eine negativ, die andere positiv), eine glückliche Vorhersage. Die Blindheit ist noch nicht beseitigt, aber sie empfängt indessen die Unterweisung anderer, wie ein kleines Kind, das noch blind ist, aber andere hören kann. Der Ratsuchende muß sich demütig unterwerfen wie dieses kleine Kind und muß von sich selbst absehen, um den Ratschlägen anderer zu folgen. Sein eigenes Urteil schmälern, und den um Rat fragen, der niedriger steht, wird empfohlen und stimmt mit dem Weg des Menschen überein.

Sechste Linie. — Diese Linie ist die Höhe der Blindheit ohne Gerechtigkeit; durch Gewalt zu handeln bringt keinerlei Vorteil. Das ist die Tat, den Unwissenden zu täuschen, den diese Linie versinnbildet, aber es gibt die Vorstellung von Unmaß; die mildernde Handlung ist zu streng, und das Ergebnis wäre abträglich. Bei Anwendung von Tatkraft muß man allein die Gewalt unterdrücken.

SÜ

Hauptbedeutung. — Dieses Kua drückt zunächst den Sinn des „Trinkens und Essens" aus, dann Widerstand gegen das Böse; das einfache obere Kua bedeutet die Wolke, das untere Kua ist der Himmel. Die Wolke steigt vom Himmel herab und verdichtet sich zum Regen. Der Regen läßt die Wesen wachsen; woraus die Idee von Notwendigkeit (körperlicher und seelischer), die das Kua Sü wesentlich umschließt. Das einfache Kua Kiän bedeutet Aktivität, und seiner eigenen Natur obliegt es, vorwärts zu schreiten; das Kua Khan stellt die Gefahr dar. Die Gefahr bietet also ein Hindernis, derart, daß der Sinn zuerst der einer Erwartung ist um dann vorwärts zu schreiten. Der Ratsuchende ist in der Notwendigkeit zu warten; die Vorhersage ist indessen doch glücklich. Der I GING zeigt an, daß es von Vorteil sein wird, einen großen Flußlauf zu überqueren. Wenn der, der das Schicksal befragt, irgend etwas zu erwarten hat und Vertrauen bewahrt, wird sich daraus für ihn eine große Handlungsfreiheit ergeben. Aber zu warten wissen und sich nicht vorzeitig vom Wunsch treiben zu lassen, wird empfohlen. Warten heißt nicht endgültig ohne vorwärts zu schreiten bleiben; es ist wesentlich, sich in der Wirklichkeit zu halten und bei der Begegnung einer Gefahr zu warten, um dann vorwärts zu schreiten. Diese Freiheit, die Wirklichkeit zu verstehen, darf nicht zur übermütigen Zufriedenheit mit sich selbst führen: es bedarf der Achtung und der Umsicht, um zum guten Ende zu gelangen. Das Warten wird nicht vergeblich sein, denn sich leicht bewegen, heißt in Gefahr fallen. Ruhig beobachtet der begabte Mensch die steigende Wolke, die am Himmel wartet und endlich den Regen bringt; auch bleibt er im Frieden, erhält seine stoffliche Substanz durch Trinken und Essen, Arbeit und Vergnügen, indem er gemächlich sein Schicksal erwartet, das heißt, wartet, daß das Ereignis von selbst eintritt.

Erste Linie. — Die von der Gefahr am entferntesten liegende Linie, man sagt, daß sie „das Warten in der Ebene" ausdrückt. In einem einsamen und entfernten Platz gelegen, besteht der Vorteil darin, die gewöhnlichen Pflichten zu beobachten und keinerlei Fehler zu begehen. Weiß man nicht, sich mit einer gewöhnlichen Lage zu bescheiden, gibt es Hast in der Bewegung, und man wird tollkühn der Gefahr trotzen. Dort verbleiben, wohin man sich gestellt findet, sich mit seiner Lage abfinden, ohne der gewöhnlichen Regeln zu ermangeln, so erwartet der Begabte also seine Stunde, indem er beobachtet und sich in Frieden und ruhig hält.

Zweite Linie. — Die Linie ist „das Warten im Sand"; die Gefahr ist allmählich näher. Indem er die Gerechtigkeit und Hochherzigkeit bewahrt, wartet er. Die Gefahr berührt ihn noch nicht, obwohl er schon einige Worte erträgt. Unter der Bedingung, daß er zu warten weiß, gelangt er schließlich zum Glück.

Dritte Linie. — Hier ist er „im Schlamm", beim Wasser, und Gefahr ist nahe. Die 3. Linie ist kraftvoll, aber ohne Gerechtigkeit; sie besetzt den oberen Rang im Kua der Aktivität und stellt das Symbol des Vorwärtsschreitens dar. Der I GING selbst gebraucht hier das Wort „Kriminalität". Wenn er nicht mit Umsicht begabt ist, wird er bis zu ihrem Verlust fortschreiten. Der Ratsuchende muß indessen wissen, daß das Verhängnis „vor ihm" ist, „über ihm"; die Verwirrung ist also noch vermeidbar. Er muß fürchten, blind auf diesem Weg fortzufahren! Keineswegs darf er sich absperren; aber der Ratsuchende muß sich bewegen, indem er sich wesentlich Rechenschaft über die Gunst des Augenblicks gibt.

Vierte Linie. — Diese Sechserlinie von negativer Schmiegsamkeit ist in das Verderben gestellt, und unter ihr steht man im Angesicht der aus drei Möglichkeiten aufsteigenden Bewegung. Sie stellt den dar, der von der Gefahr ergriffen und verwundet ist, „wartend im Blut". Man muß die Lage absolut verlassen, „aus der Höhle gehen". Aber das vorhergesagte Unglück ist nicht unvermeidbar; da sie eine sanfte und passive Linie ist, bezeichnet sie den, der sich passiv den Notwendigkeiten des Augenblicks unterwirft, ohne gegen die Schwierigkeiten zu kämpfen; es wird nicht zu dem Unglück kommen, das ihn bedroht. Die Linie stimmt mit der Geradheit (ungerade Linie im ersten Rang des oberen Kua) überein. Der Ratsuchende wird, wenn er in einem Ort des Leidens ist, Erfolg haben und daraus hervorgehen, wenn er gehorcht, indem er hört.

Fünfte Linie. — Er wartet inmitten von „Trinken und Essen" und muß notwendig dahin gelangen, den Gegenstand seiner Wünsche zu besitzen. Er besitzt die Vollendung der Geradheit, und das, was er erwartet, muß sich verwirklichen: glückliche Vorhersage.

Sechste Linie. — Diese obere Sechserlinie steht am Rand der Gefahr; sie läßt also notwendig eine Veränderung zu. Das Warten hat lange gedauert, es ist an seiner äußersten Grenze und das erwünschte Ergebnis wird erreicht, es läßt „in die Höhle eintreten", die ein Ort der Ruhe ist. Da das Warten an seiner Grenze ist, schreiten alle vorwärts und steigen, aber nicht von sich selbst aufgefordert: der, der durch die drei unteren Neunerlinien versinnbildet ist. Wenn der Ratsuchende keinerlei Gefühl von Mißtrauen, Abneigung, Zorn hat, wenn er diese „nicht geladenen Gäste" mit Achtung und Ernst empfängt, wird er keinerlei Unglück haben, und sie werden nicht tyrannisch sein. Der Sinn ist also eine Möglichkeit von Gefahr, aber wenn er „neue Ankömmlinge" im Gegenstand des Ereignisses achtet, wird er das Glück erreichen.

6

SONG

Hauptbedeutung. — Das Kua drückt die Vorstellung von „Hader" und Zuflucht zur Gerechtigkeit aus. Es wird gebildet aus den Trigrammen Kiän oben und Khan unten; der Himmel ist oben, das Wasser unten. Die Natur des einen ist der des anderen entgegengesetzt, was den Hader hervorruft. Oben die kraftvolle Festigkeit, unten die Gefahr: Gutgläubiges und gehemmtes Wesen bringt den Hader hervor. Im Besitz von Gerechtigkeit, Recht, wird die Vorhersage günstig sein, aber die Angelegenheit bis zu ihrer äußersten Grenze treiben, bedeutet eine unglückliche Vorhersage. Dabei besteht das Interesse, einen mächtigen Menschen zu sehen. Der I GING sagt, daß es nicht von Vorteil sei, einen großen Flußlauf zu überqueren. Es wird eine strittige Frage zu schlichten geben und je nach der Art, in der sie vom Fragenden gestellt wird, wird die Vorhersage glücklich oder unglücklich sein. In einen Augenblick des Zwiespalts, obwohl gutgläubig, gestellt, wird er notwendig Hemmnisse und Schwierigkeiten erleiden; er wird gehindert, durch Widerstände in seiner Freiheit gehemmt, unruhig sein und Furcht haben. Er wird die Tatkraft haben, seinen Hader zu ertragen, aber er darf die Sache nicht bis zu ihren letzten Konsequenzen treiben, denn dann gäbe es eine unglückliche Vorhersage. Mehr noch, wer in Zwistigkeiten ist, muß sich persönlich auf einen sicheren und ruhigen Boden stellen, „er muß in ein tiefes Wasser gehen". In jedem Unternehmen muß der begabte Mensch immer von vornherein warten und berechnen, denn er wird die zukünftigen Zwiespälte vermeiden; die Ernsthaftigkeit und die Umsicht sind besonders zu erstreben, um den Mißstimmungswurzeln aus dem Weg zu gehen (28). Mäßige Furcht ist gut; übertrieben, ist sie schlecht.

Erste Linie. — Der die Wirrnis nicht unendlich bis zu ihrer äußersten Grenze forttreiben kann, und der, so handelnd, eine glückliche Vorhersage haben wird. Die Linie ist negativ und zeigt, auf eine untere Lage gestellt, die Fähigkeiten einer negativen Schmiegsamkeit an; unter diesen Bedingungen einen Zwist unterhalten, kann niemals eine glückliche Angelegenheit reifen lassen. Er wird über sich einer sympathischen Unterstützung begegnen; obwohl ihm einige mündliche Vorhaltungen gemacht werden, wird er schließlich das Glück erreichen.

Zweite Linie. — Da diese und die fünfte Linie beide positiv und kraftvoll sind, können sie den Zwist nicht verstehen und hervorrufen. Nun, die fünfte Linie ist mächtig und gefürchtet; es wird also unmöglich sein, ihn in Zwiespalt hereinzureißen. Man muß also nach hinten gelangen, ausweichen, sich unterstellen; dann wird man nicht unter Mißgeschicken leiden. Man muß also die Rolle des Widersachers aufgeben und sich überhaupt demütig unter die Leute der unteren Natur stellen. In der Tat, hart und kraftvoll *(Yang* Linie), besetzt er einen Rang, der die Milde und Schmiegsamkeit zuläßt; weil er die Gerechtigkeit der Leute untergeordneter Natur besitzt (das untere Trigramm), wird er erhoben, um der fünften kraftvollen Linie zu entsprechen, die eine hervorragende Lage innehat und die Kraft der Dinge stellt sich dem entgegen, der sich als Gegner aufstellt; das heißt „das Unglück mit der Hand sammeln".

Dritte Linie. — Diese *Yin* Linie, an einer Stelle die die kraftvolle Festigkeit zuläßt, dient der Abgrenzung zwischen zwei kraftvollen Festigkeiten: er ist in Gefahr, fürchtet und unternimmt keine Zwistigkeiten. Es ist möglich, sich in einer gemäßigten und einfachen Lage zu halten, indem man beobachtet und sich dabei mit einer dauerhaften Festigkeit mäßigt. Die Vorhersage ist glücklich, aber er darf nichts zu erhalten suchen, dem Oberen folgen und gehorchen und ihm die Leitung der Angelegenheit überlassen. Er darf sich nie auf sein Verdienst verlassen und sich die Leitung anmaßen; er muß seine gewöhnliche Position bewahren und dieselbe nicht verlassen. Handelt er so, wird er sich wohl befinden.

Vierte Linie. — Es gibt keine mögliche Zwistigkeit; der Ratsuchende muß seine Zorn- und Kraftgefühle beherrschen, ebenso wie seinen Wunsch nach Zwistigkeit, zurückkommen auf seine Bestimmung, sein Herz reinigen, seine Sinne beruhigen, vollkommen und ruhig werden; dann gibt es eine glückliche Vorhersage. Sich der Bestimmung unterwerfen, die der genaue Seinsgrund aller Dinge ist, wird hier „die Rückkehr" genannt; er wird dann mit seinem Schicksal zufrieden und rein sein.

Fünfte Linie. — Sie besitzt die Gerechtigkeit und die Geradheit und nimmt eine hervorragende Stellung ein; sie regelt die Zwistigkeiten: eine große glückliche Vorhersage, vollkommen groß, erfüllt von Glück. Wer diese Linie hält, wird, wenn er einen Prozeß hat, sicher die Wiedergutmachung seiner Nachteile erlangen.

Sechste Linie. — Das ist der Gipfel der kraftvollen Aktivität und der Aktivität in der Handlung: er treibt die Zwistigkeiten bis zu ihrer äußersten Grenze und zieht so das Unglück an und scheitert. Man muß aufzuhören wissen; er erlangt gewisse zeitliche Vorteile, aber am nächsten Tag reißt man sie ihm wieder aus den Händen. Einen Zwist unbegrenzt ohne Vernunft von seiner Seite weitertreiben, heißt vielleicht in der Folge zum Erfolg gelangen, aber schließlich wird alles wieder verloren werden.

7

SHI

Hauptbedeutung. — Die Aufwiegelung der Menge. Es setzt
sich aus dem oberen Trigramm Khuän und dem unteren Trigramm Khan zusammen; die Erde ist über dem Wasser, die
Menge versammelt sich; die Gefahr liegt unter der Unterwerfung, es ist ein gefährlicher Weg, auf dem man nach Befehl wie die Armee in den Krieg zieht. Dieses Kua bietet nur
eine *Yang Linie*, und von dieser einzigen Möglichkeit hängt
die Menge der sie umgebenden *Yin* ab: Bild der Zusammen-
ballung der Befehlsgewalt über die Menge: das ist der Heerführer, denn die positive Linie befindet sich im unteren
Kua (29). Das Volk folgt nicht dem Aufwiegler und vertreibt
ihn mit Macht; der militärische Befehlshaber muß ein gewisses
„Alter" (einen ernsten und bedeutsamen Charakter) haben,
dann gibt es eine glückliche Vorhersage. Es genügt, daß der
Führer von der Menge gefürchtet wird und daß sie sich auf
Grund seiner Fähigkeiten, seines Scharfsinns und seiner List
unterwirft. Der Ratsuchende muß sich mit bejahrten und vollkommenen Menschen umgeben und ihnen die Führung seiner
Handlungen anvertrauen. Im Gesamt ist die Vorhersage günstig,
denn es wird sicher Sieg und Erfolg und nichts von Straffällig-
keit geben.
Erste Linie. — Die Aushebung der Armee wird, wenn sie in
Übereinstimmung mit Pflicht und Vernunft erfolgt, um der

Gewalt und den Wirren Einhalt zu tun, glücklich sein; wenn nicht, unglückliche Vorhersage. Es ist zulässig, sie zum Kampf zu führen. In Ermangelung der Gesetzmäßigkeit, unglückliche Vorhersage. Umsichtig sein beim Beginn einer Handlung.

Zweite Linie. — Das ist der Heerführer, der die ausschließliche Leitung der Handlung hat. Sich nicht nach dem Weg der Gerechtigkeit richten, seiner ausschließlichen Autorität vertrauen, sich auf diese stützen, heißt das Unglück vorbereiten. Der Ratsuchende muß mit der Gerechtigkeit übereinstimmen, indem er sich in einer gerechten Umgebung hält: der Führer muß die äußerste Autorität und Milde gleicherweise haben. Warnung, nicht die ausschließliche Leitung der Angelegenheiten an sich zu nehmen (unbeschadet derer, die außerhalb der Grenzen des Staates wären). Insgesamt ist die Vorhersage glücklich, denn er empfängt die Gnadenbeweise des Himmels.

Dritte Linie. — Gelangt es dahin, daß mehrere Personen an der Führung der Handlung beteiligt sind, so ist es eine unglückliche Vorhersage. Die Autorität muß in den Händen ein- und derselben Person zusammengefaßt sein. Sie hat auch die Bedeutung des Ansichreißens von Funktionen der aufrührerischen und zerstreuten Armee: großer Mißerfolg.

Vierte Linie. — Die Linie ist nicht fähig, die Vorteile zu erlangen und den Sieg davonzutragen. Die Armee kehrt um und gibt auf. Die Zweckmäßigkeit des Vor- oder Zurückgehens beurteilen, ist das, was entspricht; es ist vorzuziehen, sich mit einer in Ordnung befindlichen Armee zurückzuziehen, als sie in die Flucht mit sich zu ziehen. Von der Gunst des Augenblicks gewinnen: rückwärts gehen und entsagen, ist kein Fehler.

Fünfte Linie. — Wenn der Fluß mit Wild angefüllt ist, gilt es niederzureißen, zu jagen und zu fangen: die Armeen unter entsprechenden Bedingungen zu bewegen, ist kein Fehler. Das

Schicksal wendet den Ratsuchenden zum Gegenstand der absoluten Notwendigkeit, seine Amtsgewalt zu übertragen. Wenn man einem begabten Menschen die Pflicht aufbürdet, eine Angelegenheit zu leiten, und wenn man gleichzeitig einigen untergeordneten Menschen aufträgt, an der Leitung teilzuhaben, wird dies heißen, die Befehlsgewalt zu vervielfachen und diese untergeordneten Menschen zu verpflichten, rückwärts zu gehen. Es wird unmöglich sein, das Unglück zu vermeiden. Man muß die mit der Befehlsgewalt bekleiden, die ihrer würdig sind. Die Vorhersage ist insgesamt unglücklich.

Sechste Linie. — Der Augenblick, in dem das Werk vollendet ist: der Fürst belohnt die, die ihm gedient haben. Die untergeordneten Menschen (30) müssen, obwohl sie Verdienst erworben haben, nicht verwendet werden, denn sie werden leicht hochmütig und anmaßend. Die Linie hat eine Bedeutung von großer Unterwerfung, der Gipfel der passiven Unterwerfung (negativer Rang, negative Linie). Der nicht auf seinen Platz gestellte, untergeordnete Mensch bringt Verwirrung in die Lage, in die er außerhalb des natürlichen Wegs der Dinge gestellt ist.

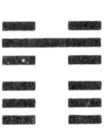

8

PI

Hauptbedeutung. — Diese Kua bedeutet übereinstimmen, sich gegenseitig unterstützen, sich vereinigen. Die beiden Trigramme, die es bilden, sind, oben Khan, das Wasser, unten Khuän, die Erde. Das Wasser fließt in innigster Vereinigung auf die Erde, ohne auch nur den geringsten Zwischenraum zuzulassen. Alle Linien des Kua sind *Yin,* außer der fünften, die positiv ist und die Situation des Oberhaupts innehat. Um sie häuft und drängt sich die Masse der Negativen. Die Vereinigung ist ein natürlicher Glücksweg, aber alles hängt von dem ab, um den herum die Vereinigung stattfindet. In einem wenig friedvollen Augenblick wird man sich also beeilen und demütig aneinander rücken; wenn er für sich bleibt und auf seine eigene Kraft vertraut, wenn sein Streben, einen Stützpunkt zu suchen, nicht unmittelbar ist, wenn er, obwohl stark, zögert, so gibt es eine unglückliche Vorhersage. Um wieviel mehr, wenn er schwach und hinfällig ist! Der Ratsuchende kann auch zum Stützpunkt werden, um den sich Menschen scharen werden, um einander beizustehen: in diesem Fall aber muß er noch das Schicksal befragen, und die Verwandlung der Linien sorgfältigst erforschen. Andernfalls muß der Untergeordnete gehorchen und passiv folgen. Es kann notwendig sein, sich in einer Verbindung zusammenzufinden, um das Leben leicht zu genießen; kommt diese Vereinigung aber zu spät, wird sie nicht mehr zustande gebracht werden können. Vor allem muß Frieden gesucht werden.

Erste Linie. — Der Anfang der auf Ernst und Vertrauen gegründeten Vereinigung muß das Herz erfüllen wie „das Wasser ein Gefäß ausfüllt". Dieses Gefäß ist nicht geschmückt, sagt der Text; es ist also unnütz, äußeren Schmuck zu verwenden um die Vereinigung schmackhaft zu machen. Sie muß auf das Vertrauen gegründet sein.

Zweite Linie. — Man soll sich nicht vor der Zeit eilen, indem man sich zu verbinden versucht, denn dies ist nicht der vernunftgemäße Weg, und man vergibt sich dabei nur selbst etwas. Die Linie ist ein logischer Glücksweg, denn sie entspricht sympathisch der fünften Neunerlinie; die Vorhersage ist glücklich. Ihr Wesen ist passive Unterwerfung: man muß sich beobachten, indem man den Anruf von oben erwartet, um sich nicht auf einen Weg zu begeben, der schließlich ins Unglück führt.

Dritte Linie. — Hier gibt es weder Gerechtigkeit noch Recht, und die, mit denen der Ratsuchende sich verbindet, sind ohne Gerechtigkeit und Recht; es sind unwürdige Menschen. Die Unannehmlichkeiten sind augenscheinlich und das künftige Unglück sicher. Sehr ungünstige Vorhersage.

Vierte Linie. — Die Vorhersage ist glücklich: sich gemeinsam verbinden, indem man sich gegenseitig liebt, ist günstig und glücklich. Sich dem Weisen und Oberen nähern ist das Gerade in der Verbindung; der sanfte und negative Mensch wird sich mit einem energischen Menschen verbinden und daraus nur Gutes gewinnen, mit der Bedingung, einem geraden und gesetzmäßigen Weg zu folgen.

Fünfte Linie. — Der Fürst, der König, der das Gute auf dem vernunftgemäßen Weg der Verbindung ausschöpft. Die Verantwortung des Oberhaupts ist groß; er hüllt die, die zu ihm kommen mit seiner Liebe und Fürsorge ein, denn er bedarf eines vollkommenen Freiseins von Egoismus und einer äußersten Uninteressiertheit. Man muß sich selbst ändern und den Ernst seiner Eingebungen in den Beziehungen mit den andern bezeugen. Gesucht und geliebt zu werden, hängt nicht von ihm selbst, sondern von dem Fühlen der andern ab. Die kommen, sind keine Verfolgten, die davon gehen, sind nicht unruhig. Glückliche Vorhersage, denn die Verbindung ist bedeutend. Man muß seinem Schicksal gehorchen und gehen, wenn man muß. Wer kommt ist geschützt, wer flieht indessen nicht verfolgt.

Sechste Linie. — Der Anfang ist ohne Ergebnis; diese Linie ist geschmeidig, verneinend und ohne Gerechtigkeit, auf dem Gipfel der Gefahr; der, der ein Ergebnis nicht erwarten kann; Prinzipmangel, die Vorhersage ist unglücklich, das Ergebnis unmöglich. Es gibt keinen Führer, keinen Kopf, keine Leitung.

9

SIAO T'SHU

Hauptbedeutung. — Die Sammlung durch das Verhindern der Wiedergruppierung, die kleine Versammlung. Es wird aus dem oberen Trigramm Sun, der Wind, die Biegsamkeit, und aus dem unteren Trigramm Kiän, der Himmel, gebildet; die gehorsame Demut hindert die Aktivität an kraftvoller Härte, aber diese Hinderung wird nicht durch die Kraft vollzogen. Die Hauptbedeutung ist die Verhinderung dessen, was groß ist, durch das, was klein ist; der Herr dieser Verhinderung ist die vierte negative Linie, die von allen anderen positiven Linien umgeben ist. Innen Aktivität, außen Demut. Es muß dabei Ausdehnung und Handlungsfreiheit geben. Denn fünf *Yang* durch ein einziges *Yin* hindern ist möglich, hat aber keine Dauer und die Verhinderung ist nur vorübergehend. Die Milde entspricht der Lage und die Verhinderung der Bejahung geschieht durch die Milde und die Demut; die mögliche Freiheit geht aus der kraftvollen Energie der Gerechtigkeit hervor. In der Verhinderung muß man sammeln und überhaupt seine Handlungen und Fähigkeiten verbessern.

Erste Linie. — Streben, aufsteigend vorwärts zu kommen mit einem Sinn der Rückläufigkeit zu seinem eigenen Weg, von dem man ausgegangen ist; die Vorhersage ist also günstig. Es gibt Fähigkeiten positiver kraftvoller Festigkeit, durch den eigenen Weg, den man zurückkommt.

Zweite Linie. — In ihrer Entsprechung mit der fünften Linie haben alle beide bejahende Eigenschaften und behaupten sich inmitten des Wesens ihres einfachen Kua; sie halten sich in der Gerechtigkeit, sind aber durch die Negativität verhindert und wollen auf ihre erhöhten Ebenen zurückkommen. Die Vorhersage ist günstig. Der, der in der Gerechtigkeit bleibt und sich nach dem Recht richtet; der mit Kraft oder Sanftmut handelt, der fortschreitet oder zaudert; niemals verliert er den Weg der Gerechtigkeit, aber seine Rückkehr kann, da es sich um eine positive Linie handelt, gewaltsam sein.

Dritte Linie. — Die obere Negativität hindert sie aufzusteigen, denn sie ist über dieser Linie; sie ist wie „ein Wagen, dem man die Achse weggerissen hat". Das Weniger beherrscht das Mehr, die Frau beherrscht den Mann. Diese dritte Linie will auch vorwärtskommen, indem sie steigt, aber sie begegnet der vierten *Yin* Linie und preßt sich gegen sie. Da ihr Streben kraftvoll ist, bleibt sie nicht im Frieden und kämpft gegen ihre Hemmnisse. Der Ratsuchende wird nicht vorwärts gelangen können und wird Streit haben.

Vierte Linie. — Die einzige negative und geschmeidige Linie des Kua; alles Streben der anderen Bejahungen wird durch sie verhindert. Wenn diese unbesonnen die Kraft anwenden will um es zu verhindern und zurückzuhalten, wird, indem sich das *Yin* aller *Yang* Kraft beraubt entgegenstellt, daraus notwendig Unglück hervorgehen. Der Ratsuchende muß das Vertrauen und den Ernst ausschöpfen, um mit diesen positiven Eigenschaften übereinzustimmen, um sie seinen Einfluß fühlen zu lassen; die Gefahr wird dann abgewendet sein. Aber es gibt viel Beunruhigungen. Die beiden positiven Eigenschaften, die ihn umgeben, unterstützen ihn, während das Blut fließt und die Sorgen ihn überwältigen.

Fünfte Linie. — Er wendet die Gerechtigkeit an, um die hervorragende Lage zu erreichen und er hat Vertrauen und Zuversicht: diejenigen, die mit ihm sind, entsprechen ihm auf sympathische Weise und sind ihm sehr zugetan. Der Ratsuchende muß sie also aufnehmen, um sich wechselseitig beizustehen und „durch die Nachbarschaft reich" zu werden. Durch die der Besetzung der hervorragenden Lage innewohnende natürliche Kraft ist er wie der Reiche, der die Wohltat seiner Reichtümer vergrößert und sie mit seiner Umgebung zusammenlegt. Der begabte Mensch ist unglücklich geworden durch den schwachen Menschen; der untadlige Mensch ist in Gefahr geraten durch die Menge der Bösen. Wer in der Niedrigkeit ist, muß sich dem Höheren anschließen und ihm folgen, um sich zur gleichen Zeit mit ihm zu erheben. Der Höhere muß den Schwachen aufnehmen und führen, und er wird aus dem Wettstreit der Schwachen Gewinn ziehen, um seine Kraft zu vervollkommnen. Das ist auch die Verbindung zwischen Nachbarn, die Beistands- und Wettstreitidee. Man muß einen unerschütterlichen, hinreißenden Glauben haben.

Sechste Linie. — Diese Linie verwendet das Übermaß an Unterwürfigkeit; der Ratsuchende erliegt dem Hindernis und bleibt unbeweglich. Jede Sache ist schon an ihrem Platz und alles ist gesperrt. Aber an dieser Grenze beginnt es einen Auflösungssinn zu geben. Handelt es sich um eine wenig bedeutsame Angelegenheit, kann das Ergebnis, wenn es erwartet wird, von Dauer sein; handelt es sich um eine ernste Sache, so wird das Ergebnis überholt sein. Es gibt Anzeichen von einer Frau, die den Zustand der Dinge erhält und es ergibt sich daraus ein Weg von unmittelbarer und möglicher Gefahr: der Vollmond ist in Opposition zur Sonne. Durch die Sanftmut und Demut wird das Streben erhalten und die Kraft wird es niemals beherrschen können; hört aber die Wirkung nie auf, dann geht die negative Eigenschaft in die positive Eigenschaft über und die Vorhersage wird unglücklich. Wenn der begabte Mensch sich bewegt, sagt er Unglück voraus, denn er ist das Positive; es ist in seinem Interesse, nicht zu handeln, zu zweifeln, zu überlegen, denn er wird dem Negativen begegnen, das der schwache Mensch ist. Mißtrauen, fürchten, sich in Verteidigung begeben, das sind die Ratschläge des „Weisen Menschen".

10

LI

Hauptbedeutung. — Diejenige der rituellen Regeln von Übereinkommen und Schicklichkeit, Regeln, denen der Mensch in
seinen Handlungen folgt und die seine Schritte bestimmen.
Oben ist das Trigramm des Himmels, Kiän; unten das des ru-
henden Wassers, des Sumpfs, Tui. So ist das Obere wohl vom
Unteren unterschieden in einem tiefen Gleichgewichtszustand,
dem Seinsgrund der Dinge. Das Obere und das Untere richtet
sich jedes nach seinen Pflichten; das ist die Unterordnung in
allen Dingen. Die Schritte der Menschen sind geregelt und sie
können einen ungewöhnlich gefährlichen Boden betreten, „auf
dem Schwanz des Tigers gehen", es wird ihnen keinerlei Böses
widerfahren und sie werden eine völlige Handlungsfreiheit
haben. Der Ratsuchende wird in Gefahr sein und wird keinerlei
Gefahr davon haben. Es besteht die Möglichkeit mit einem
großen Auftritt während einer hinreichend langen Dauer eine
hohe Stellung einzunehmen, aber er muß dabei die natürliche
Ordnung der Dinge, die wirkliche Hierarchie und das Innere
der Menschen, die ihn umgeben, wohl beachten, damit er jeden
gemäß seiner Anlage verwenden kann.
Erste Linie. — Die Bedeutung ist die, zu gehen, nicht auf der
Stelle zu bleiben; mit Einfachheit findet er sich in eine untergeordnete Lage; dank seiner Eigenschaft von kraftvoller Festigkeit wird er aufsteigen können unter der Bedingung, daß er die

Einfachheit seiner untergeordneten bescheidenen Position bewahrt. Er vermeide den Hochmut und die Leidenschaften, denn er wird dann Fehler begehen; er fühle seinen Willen und schreite einfach und freudig vorwärts, indem er nur um des Guten willen handelt, ohne unbesonnen sich dem Gewinn zu verschreiben; den unersättlichen Ehrgeiz vermeiden.

Zweite Linie. — Obwohl der Weg leicht, einfach und eben ist, muß der Ratsuchende doch ruhig, friedlich, nüchtern und schweigsam sein; dann wird auch die Vorhersage glücklich sein. Aber der I GING gibt eine Warnung zur Verschwiegenheit, zum Schweigen und zur Zurückgezogenheit. Man soll sich aber selbst nicht beunruhigen; die Vollendung liegt im Menschen der unbekannt bleibt. Ruhe, Sammlung, sein Verhalten wird durch die Seelengröße geordnet und sein Weg wird einfach sein; er soll noch äußere Vorteile vermeiden.

Dritte Linie. — Er verwendet das Negative und besetzt einen positiven Rang; sein Streben trägt ihn gegen die kraftvolle Festigkeit und sein Wesen ist die schmiegsame Weichheit. Auch kann er sich nicht mit Sicherheit auf dem Weg halten, den er geht; er ist wie „ein Mensch, der Sehstörungen hat und der sehen will, wie ein Lahmer der einen weiten Weg gehen will". Seine Begabungen sind ungenügend, und er geht unberechtigt und auf eine unpassende Art. Er betritt gefährlichen Boden und „er tritt auf den Schwanz des Tigers"; eine unglückliche Vorhersage. Der Text spricht von einem gewaltsamen Menschen, einem Tyrann, der an Stelle des Fürsten, des Oberhauptes steht; ein aufbrausender und gewalttätiger Mensch auf einem solchen Platz läßt seiner Gewalttätigkeit die Zügel schießen, ohne sich um was immer zu kümmern; er kann nicht sehr weit gelangen. Er braucht die kraftvolle Festigkeit und Hast und rennt in sein Unglück. Daraus entstehen Unzuträglichkeiten

und Leiden. Einer solchen Stellung ist der, der sie innehat, nicht
würdig. Seine Fähigkeiten sind ungenügend und er gibt sich
unbedacht der kraftvollen Festigkeit hin.

Vierte Linie. — Die kraftvolle Festigkeit nimmt ihn hinweg.
Er steht nahe beim Oberhaupt, in der Nähe des Vorgesetzten
und an einem Ort, wo er viel zu fürchten hat. Es gibt in der
Entscheidung Ausschreitungen von kraftvoller Festigkeit; „er
tritt auf den Schwanz des Tigers", aber im Gegensatz zur
dritten Linie, ist er aufmerksam, umsichtig, beunruhigt durch
die Angst, und die Endvorhersage ist glücklich. Seine natürlichen Neigungen sind die Weichheit und die Charakterschwäche
und, obwohl nahe der vierten Linie (der höchste Rang) steht
er sich dabei nicht glücklich. Indem er sich auf seine Stellung
stützt, entzieht er sich der Gefahr, obwohl seine Neigungen ihn
zur Tat drängen und er nicht auf seinem Platz bleibt.

Fünfte Linie. — Die Linie hat eine unter allen hervorragende
Lage inne, durch die Entscheidung, die Kraft und Dauerhaftig-
keit in ihren Entschlüssen. Er ist in der unmittelbaren und un-
bestimmten Gefahr, aber er muß die Ansichten und Ratschläge
sammeln und muß um sich herum beobachten. Andernfalls be-
gibt er sich, obwohl er selbst mit Geradheit handelt, trotzdem
auf einen gefährlichen Weg und kann sich nicht lange in Sicherheit halten. Es gibt Gefahr; die Warnung ist ernst. Die ein-
genommene Lage ist die, der man würdig ist. Aber man stütze
sich nicht unbedacht auf die einem absoluten Vermögen innewohnende Kraft, man benehme sich umsichtig. Es gibt Gefahr
und man schadet sich auf einem Stützpunkt.

Sechste Linie. — Am Ende des Unternehmens muß der Ratsuchende die Handlungen und den eingeschlagenen Weg prüfen,
die Ergebnisse gründlich untersuchen, das Gute und das Schlechte,
die sich daraus ergeben können. Die Vorhersage ist glückhaft.

Der Horizontumfang ist weit, und er umfaßt die äußerste Grenze des Guten. Glück und Unglück hängen absolut von seinem Betragen ab und er muß die Vorhersagen dazu genau prüfen. Der Ratsuchende untersuche zunächst den Boden, von dem er ausgeht und den Weg, dem er folgt, denn noch nichts ist bestimmt. Die Vorhersage ist indessen glücklich und es gibt Fülle von Glück. Aber er prüfe die durchgeführten Schritte, denn die menschlichen Handlungen sind nur durch ihr Ergebnis groß.

11

THAE

Hauptbedeutung — Der Friede, die freie Entfaltung; oben ist das Trigramm Khuän, unten Kiän: das Negative über dem Positiven; der Himmel und die Erde vereinen sich und stimmen miteinander überein. Die Wesen entwickeln sich normal. Die Herrschaft ist glücklich, die Angelegenheit geht gut. Der begabte Mensch nimmt die Stellung ein, die ihm entspricht und das Glück der Freiheit beherrscht alle Wesen. Wenn der Ratsuchende die Tugenden der positiven kraftvollen Festigkeit besitzt, wird die Vorhersage glücklich sein. Das Negative vergeht, das Große kommt. Es gibt eine harmonische Verbindung des Negativen und des Positiven. Leben und Existenz der Völker hängen von den Regeln und den durch die Oberhäupter und Oberen zu diesem Zweck aufgestellten Lehren ab. Man muß also bestimmen und erklären, um den möglichen Ausschreitungen zuvorzukommen und muß mitwirken und helfen, um die unvermeidlichen Lücken zu ersetzen. Die Dinge werden sich durch den beiderseitigen Scharfsinn gut entwickeln.

Erste Linie. — Diese Linie besitzt die Fähigkeiten der kraftvollen Festigkeit und der Intelligenz und befindet sich in einer untergeordneten Lage. Ihr Streben bringt den begabten Menschen dazu nach vorwärts zu gehen, indem er sich erhebt; es ist ein sich gegenseitiges Begeistern derjenigen, die von der gleichen Natur sind. Der Text vergleicht dies den unterirdischen Wurzeln, die alle einander entsprechen; reißt man eine aus, folgen alle anderen und lösen sich gemeinsam ab. Die Vorhersage ist glücklich, denn der Weise geht mit seinesgleichen vorwärts. Die Vorwärtsbewegung muß im Verein mit Gleichgearteten stattfinden; indem sie sich gegenseitig unterstützen, werden sie viel Gutes um sich verbreiten. Der einsam in sich abgeschlossene Mensch kann nichts. Wenn ein untergeordneter Mensch dabei ist, begleitet ihn seinesgleichen und daraus entsteht Böses.

Zweite Linie. — Diese Linie ist das kraftvolle „Subjekt", das mit der fünften Linie (dem Oberhaupt) korrespondiert, die die schmiegsame Weichheit anwendet. Auf Grund seiner kraftvollen Fähigkeiten erteilt der Obere seinem Untertanen ausschließliches Ansehen. Obgleich er die Lage eines Untergebenen einnimmt, hängt von ihm das Glück der Herrschaft oder der Angelegenheit ab. Um sich in die Glücksbedingungen zu stellen, muß der Ratsuchende „die Schmarotzerpflanzen ertragen", „sich dem Strom eines Flußes aussetzen", „nichts vernachlässigen" und „die Freunde zu vergessen wissen". Die Worte des chinesischen Textes bedeuten zunächst, daß, wenn alles regellos ist, der logische Weg der Wiedergutmachung ein rechtes Maß an Duldung „der Schmarotzerpflanzen" zulassen muß, damit die Handlung großherzig sei und die Menschen sich darein finden; wenn nicht, gibt es Zorn, Gewaltsamkeit die verwirrt und ermüdet, die naheliegende Gefahr beginnt dann. Dann bedeutet Kämpfen gegen die Bewahrungsgepflogenheit des gegenwärtigen Zustandes der Dinge Kraft und den Entschluß haben, den Strom zu durchteilen und die Gewohnheiten von Ruhe und Tatlosigkeit zu beseitigen. Man muß wissen, daß Duldung und entschiedene Kraft nicht gegensätzlich sind. Man darf nichts versäumen, um die im untergeordneten Dunkel verborgenen Begabungen zu suchen und muß schließlich alle vertraulichen, aus Anhänglichkeit entstandenen Bindungen beiseite zu setzen wissen und darf nicht fürchten, die Nahen und Verbündeten um des Wohlseins der großen Zahl zu verwunden. Dann wird der Weg groß sein.

Dritte Linie. — Die vollkommene Vollendung im Erfolg, aber man darf nicht vergessen, daß der Seinsgrund der Dinge wie die Umdrehung eines Rades ist, das was unten ist muß steigen und was oben ist muß fallen; der Abstieg folgt dem Erfolg! Also Achtung: Kein beständiger Erfolg! Keine beständige Bewegung in einem Sinn, ohne Umkehr; in einer Ebene gibt es immer eine Neigung. Der Ratsuchende erkenne die schicksalhafte Notwendigkeit des Seinsgrunds des Himmels und sehe die Gefahren und Schwierigkeiten in der Ruhe voraus; dadurch könnte er auf eine dauernde Weise seinen Erfolg und sein materielles Wohlbefinden verbürgen. Der Erfolg und die Größe sind immer vom Vergessen des moralischen Weges begleitet gewesen. Schon beginnt der Zerfall sichtbar zu werden. Der Ratsuchende bewahre seine Reinheit in der Gefahr und in Schwierigkeiten.

Vierte Linie. — Ein Negatives auf erhabenem Rang, das zu fallen droht; das Streben der beiden oberen negativen Linien stößt es ebenso wieder zu fallen, auf die untergeordneten Bezirke „herabzuflattern", denn die drei Verneinungen sind nicht an ihrem Platz. Ihr Streben stößt sie wieder in die Tiefe. Sie folgen sich wechselseitig. Schon der natürliche Weg will, daß es Wandlung gibt und die drei Verneinungen „machen ihren Flug", um wieder herunterzusteigen. Sie warten weder auf Warnungen noch Verweise und sind arglos. Der begabte Mensch sei gewarnt, denn die Formel bedeutet, daß die schwachen

Menschen sich vereinen, um die in Gebrauch befindlichen Regeln zu verletzen. Der Ratsuchende sei wachsam um sich!

Fünfte Linie. — Er wendet die schmiegsame Weichheit an und nimmt die Stellung des Oberhaupts oder des Meisters ein; er ist gleichgestimmt mit dem kraft- und vernunftbegabten Weisen (die zweite Neunerlinie). Die fünfte Linie kann einen schwächeren Weisen mit der Verantwortung einer Angelegenheit bedenken und seine Weisungen hören. Die Vorbedeutung ist absolut glücklich und das Glück sicher. Da er mild und gerecht ist, sieht er von seiner eigenen Person ab und ist natürlich gerecht, indem er seine Stimme der Gerechtigkeit anpaßt.

Sechste Linie. — Der an sein Ende gelangte Erfolg ist an dem Punkt wieder in Verfall zu geraten, wie „die Erde eines Erdwalls in den Graben stürzt und dahin zurückfällt". Es handelt sich um einen schwachen Menschen, der auf einem Posten und in eine Lage gestellt ist, die den Zerfall herbeizuführen strebt. Die Gefühle des Oberen und Unteren stimmen nicht mehr freiwillig überein und das Herz der Menge ist entfremdet. Das Oberhaupt kann nur Unordnung hervorrufen; er ruft dann seine Verwandten und vertraut ihnen Aufgaben an, aber es entsteht die Gefahr von Mißgriffen und Irrtümern. Der Ratsuchende kämpfe nicht mehr mit Kraft, beobachte sich aber und hüte sich! Obwohl rein, kann er in der Tat Irrtümer begehen. Rückkehr zum Zerfall, Unmöglichkeit den aufkommenden Veränderungen Grenzen zu setzen.

12

P'I

Hauptbedeutung. — Der Zerfall, der dem Höhepunkt folgt, der Gegensatz; der Himmel ist oben, die Erde unten; sie sind vollkommen getrennt, vereinigen sich nicht mehr freiwillig, was den Zerfall bildet. Es gibt keine immerwährende Dauer ohne Veränderung, und der Weg des Menschen ist diesem allgemeinen Gesetz unterworfen. Der begabte Mensch handelt im Zerfall nicht. Der Große geht weg, der Kleine kommt; der schwache Mensch wächst, der begabte sieht seinen Weg kleiner werden. Es gibt also keinen Vorteil für den natürlichen Weg des begabten Menschen, und er muß sich also draußen niederlassen, da der Schwache kommt, um drinnen seinen Platz einzunehmen. Der Weg des begabten Menschen ist in Gefahr, und der letztere muß also arbeiten, um mit seinen Kräften hauszuhalten und das Unglück und die Schwierigkeiten zu vermeiden. Er nehme also nicht mit Aufsehen eine amtlich bezahlte Stellung an, denn die Gefahren bedrängen hart seine Person. Er begebe sich in den Schatten und sei zufrieden, um die Gefahr zu vermeiden, die ihm der schwache Mensch bereiten kann.
Erste Linie. — Hier entsteht die Idee von einer Einheit aus unter sich verbundenen Verneinungen, die unter sich eins sind; in der Zerfallszeit Reinheit besitzen, wird die Freiheit nach sich ziehen. In diesem Kua versinnbildet die erste, die untere Linie

den begabten Menschen, der unter diesen Umständen in die Schwäche gestellt ist. In einer Zerfallszeit kann nur ein schwacher Mensch vorwärtskommen; der begabte Mensch berichtigt seinen moralischen Weg und begnügt sich damit, dem Unglück auszuweichen. Mit der Reinheit gibt es eine glückliche Vorhersage von Freiheit für den schwachen Menschen, der seine Gebrechen nicht offenbart, und der sich verwandelt. Sich im Untergeordneten halten, sich mit seiner Lage abfinden, das ist die dem Ratsuchenden gegebene Warnung.

Zweite Linie. — Der begabte Mensch verhält sich in Unglück und Zerfall gemäß seines moralischen Weges; gehorsam und fügsam gegenüber dem Oberen, gibt er sich damit zufrieden, sich vor dem ihn umgebenden Zerfall zu bewahren. Ist der Ratsuchende ein schwacher Mensch, so sei er dem Oberen fügsam und gehorsam: dies ist sein Weg, und er wird glücklich sein. Die Vorhersage ist günstig für ihn. Ein großer Mensch sei damit zufrieden, in der Widerwärtigkeit zu bleiben, denn später wird sein Weg frei. Er verwirre die Menge nicht und mische sich nicht unter die schwachen Menschen.

Dritte Linie. — Er befindet sich im Unglück und ist ohne Gerechtigkeit noch Geradheit. Er kann den moralischen Weg nicht bewahren und sich mit seinem Geschick abfinden und läuft schließlich in die Irre. Was der schwache Mensch ergrübelt und errechnet, stößt ihn in Irrtum und Schande. Das Streben des schwachen Menschen ist auf das Böse gerichtet, aber er begeht es noch nicht. Auch Anzeichen von unverdienter Lage.

Vierte Linie. — Er hat erworbene Fähigkeiten, um das Unglück durchzustehen und nimmt eine erhabene Stellung ein; aber in einem Zerfallsaugenblick kann er Unwillen hervorrufen. Der begabte Mensch vereine sich mit denen seiner Art, um dem Unglück abzuhelfen, das beginnt und das schon mehr als die Hälfte um sich gegriffen hat; es kann ihm Einhalt getan werden. Er treibe die Härte nicht auf ihre äußerste Spitze, denn er ist vorbestimmt und begeht keinerlei Fehler; die drei durch das Band ihres gemeinsamen Charakters verbundenen Bejahungen erreichen das Glück durch eine Art himmlischer Vorherbestimmung.

Fünfte Linie. — Er hat eine außergewöhnliche Lage und kann dem Zerfall eine Grenze setzen; die glückliche Vorbedeutung des großen Menschen. Dieser hält durch seine Lage inmitten seines moralischen Wegs den Zerfall auf und führt das Gelingen zurück; aber er ist noch nicht aus dem Unglück gezogen, und man warnt ihn vor einem möglichen Verlust. Er sei wachsam, sehe weit voraus und hüte sich vor einer Wiederkehr des Unglücks, andernfalls der Verlust! Der Verlust! Man muß einen Weg fest gesicherter Ruhe suchen, als ob „man ihn angebunden hätte an ein Maulbeerbaumgebüsch". Der begabte Mensch ist ruhig und vergißt nicht die Gefahr; er behauptet sich und vergißt nicht den Verlust; er läßt die Ordnung herrschen und vergißt nicht die Unordnung. Er verwende Kraft, Recht, Geradheit, Geschicklichkeit, um den Zerfall des Augenblicks zu hindern: die Handlung eines großen Menschen, er erinnere sich der Warnung.

Sechste Linie. — Das Ende des Unglücks, die Reaktion im entgegengesetzten Sinn, der Zerfall dem Gedeihen weichend, dafür umgekehrt werdend; die Freude entsteht, das Aufblühen erscheint. Um die Verwirrung in Ordnung zu wandeln, um nach der Gefahr den Frieden zurückzubringen, muß man die kraftvolle Festigkeit benützen; dazu könnte die sechste kraftvolle Linie das Unglück abwenden und es zurückweichen lassen.

13

THONG JEN

Hauptbedeutung. — Sie hat den Sinn der Vereinigung von Menschen, von Harmonie, von Zusammenstehen der Wesen, die ihre Kraft vereinen, um das Unglück abzuwenden. Der Himmel ist oben (Trigramm Kiän); das Feuer ist unten (Trigramm Li); das Wesen des Himmels und des Feuers ist zu steigen, das was dieses Kua die „Menschen-Ähnlichen" darstellen läßt, den Zusammenklang zwischen oben und unten. Die einzige Verneinung dieses Kua ist der Gegenstand der übereinstimmenden Wünsche, der Menge der Bejahungen, was noch den Sinn von „Wesens-Versammlungen" gibt. Diese Vereinigung bildet sich gemeinhin gemäß der Übereinstimmung der privaten und persönlichen Interessen; nur im äußersten Wunschverzicht könnte man sich „in einer Wüste" vereinigen, wie es übrigens gleicherweise einer großen Reinheit bedarf, um von egoistischen Gefühlen nicht hingerissen zu werden. Es bietet Vorteil, „einen großen Flußlauf zu durchqueren" (31), was symbolisch auch durch die Tatsache erklärt werden kann, daß der Ratsuchende bestimmte Gefahren wird bestehen können. Er wird daraus nur hervorgehen, wenn er sich mit den moralischen Wegen des Himmels in Übereinstimmung bringt. Der heilige Mensch beobachte Millionen Herzen der Menge und erblicke doch nur ein einziges Herz; er hat die Seinsvernunft der Unterscheidung und der Vervielfältigung durchschaut und verstanden. Nie verliere der Ratsuchende das Maß.

Erste Linie. — Diese Linie wird als die Tat des Ausdertürgehens betrachtet, um sich mit den Menschen zu vereinen. Die Übereinstimmung der Verbindung wird weit und uneigennützig sein und die Vorbedeutung ist glücklich. Noch gibt es weder Gesellschaften noch Klassen, noch gibt es weder Schuldhaftigkeit noch privaten Eigennutz.

Zweite Linie. — Sie gibt den Rat, sich mit denen seiner eigenen Natur zusammenzuschließen, aber ebenso einen Sinn Besorgnis zu haben, denn es gibt dabei Egoismus und Leute, die durch das eigene Interesse zurückgehalten werden. Die Klugheit ist notwendig.

Dritte Linie. — Ein kraftvoller und heftiger Mensch; er gehorcht nicht der Gerechtigkeit. Er wollte die negative Linie des Kua kraftvoll erheben, aber die Seinsvernunft der Dinge verbietet es ihm, die Pflicht hindert ihn daran und er muß seine Gefühle verbergen, wie „man Waffen im Dickicht des Waldes verbirgt". Er nährt schuldhafte Absichten und erleidet Besorgnisse. Dieser Zustand wird drei Jahre dauern, und am Ende dieser Zeit wird er nicht mehr wagen, sein Vorhaben durchzuführen. Die Vorhersage ist indessen nicht ungünstig, denn, da er nicht wagt, wird er auch nicht bis zum Unglück gelangen. Man rät, drei Jahre zu warten, nichts zu beginnen, mit Ruhe oder nicht zu handeln, wenn dies notwendig scheint.

Vierte Linie. — Die Vorbedeutung ist glücklich; ließe er seinen schuldhaften Wünschen freien Lauf, indem er kräftig angriffe, so würde dies schwierig sein. Aber diese Linie hat die kraftvolle Festigkeit auf einer Ebene, die die schmiegsame Weichheit zuläßt; es besteht also die Möglichkeit, zurückzufinden, sich verbessern zu können, und die Vorbedeutung ist gut. Er bereue und kehre zu den geregelten Grundsätzen zurück. Er wird glücklich sein.

Fünfte Linie. — Er ist beherrscht von der Pflicht und der harten Vernunft und duldet den frechen Dünkel, der ihn fesselt bis zu einem solchen Punkt „da er schreit und Tränen vergießt"; aber schließlich kann er sich mit der zweiten Linie vereinigen und dann „lacht er". Zu dieser Vereinigung muß er beide Bejahungen übersteigen, die sie durch die Anwendung „großer Heere" trennen; dies zeigt die Kraft und Gewalt der Bejahungen. Einzig von einem sympathischen Gefühl zur zweiten Linie bestimmt, verliert die fünfte Linie ihre Gerechtigkeitstugenden und ist von egoistischen Gefühlen bewegt. Dies bedeutet auch, daß zwei getrennte Menschen immer vereinigt werden, wenn sie die gleichen Gefühle haben, und diese Vereinigung ist stark genug, um „das Metall zu schneiden"; es gibt nichts, das sich ihr widersetzen könnte. Der Ratsuchende denke über diese Warnung des weisen Menschen nach!

Sechste Linie. — Diejenigen, die die Vereinigung suchen, müssen sich notwendig einander nähern und sich verbünden. Diese obere ist eine Neunerlinie; sie hat das Äußere inne und ist ohne sympathische Entsprechung; sie ist unbestimmt, ohne Vereinigung noch Verbindung. Da sie keine Vereinigung hat, kann sie auch keine Leiden haben, denn jede Vereinigung zieht oft Enttäuschung und Leid nach sich. Hier vereinigt sich kein Wesen mit ihr und sie ist wie „in einer unbebauten und wüsten Ebene". Ihr Streben wird also noch nicht genügend sein, so ist die Warnung des Schicksals, aber schließlich gibt es nichts zu bedauern, obwohl dies im ganzen keine gute Lage ist.

14

TAE YU

Hauptbedeutung. — Der Sinn der vollkommenen Vollendung
der Größe und der Reichtum des Besitzes. Die beiden Trigramme, die das Kua bilden, sind: Li oben und Kiän unten,
das Feuer über dem Himmel. Die erhöhte Lage des Feuers läßt
sein Licht weithin strahlen und keiner ist in der Menge, der
nicht davon erhellt wird und der es nicht sieht. Die einzige
schmiegsame Linie nimmt den hervorragenden Platz ein und
alle Bejahungen, die sie umgeben, entsprechen ihr ausnahms-
los. Die Freiheit ist absolut, denn dieses Kua ist vollkommen;
der Ratsuchende wird ein großes Gut und eine große Handlungsfreiheit haben. Er besitzt eine aktive und machtvolle
Kraft mit einer großen Klarheit um ihn; teilnahmsvolle Ergebenheit um ihn, Aktivität in der Handlung, absolute Freiheit, aber Sinn für die Beherrschung des Bösen und die Entwicklung von allem was das Gute bildet. Das Schlechte ist verbes-
sert, das Gute durch die Ergebung in den Willen des Himmels
erstarrt.

Erste Linie. — Seine Lage ist noch bescheiden; er hat noch nicht
die Fehler, die Eitelkeit und Hochmut geben, so daß er sich
noch nicht ins Unglück stürzt. Selten, daß Reichtum nicht von
Bösem begleitet ist; nicht durch sich selbst bildet der Reichtum
eine Schuldhaftigkeit, aber der Mensch der ihn besitzt begeht
Fehler. Hochmuts- und Anmaßungsgefühle entstehen in ihm

und dadurch wird er schuldhaft. Der Ratsuchende sei von Vorsicht erfüllt; er ist am Anfang seines Glücks; er meide Dünkel und Hochmut.

Zweite Linie. — Er hat die vom Oberhaupt übertragene Autorität; da er aber eine Stellung einnimmt, die die schmiegsame Weichheit zuläßt, bleibt er bescheiden und ergeben. Im Besitz der Gerechtigkeit stürzt er sich nicht in Ausschweifungen. Er kann die Bürde des Reichtums, des Besitzes tragen wie „ein Wagen voll schwerer Lasten". Gerechtigkeit und Tatkraft in den niedrigeren Lagen, Besitz des Wohlwollens seines Oberen, ist die Lage des Ratsuchenden. Er kann die Verantwortungen tragen.

Dritte Linie. — Eine selbstlose Aufgabe erwartet den, der dem Weg des Himmels folgt und er nimmt eine mit viel Verantwortung belastete Stellung ein. Der schwache Mensch glaubt, daß die Reichtümer die er bewacht ihm gehören und er kennt nicht die Selbstlosigkeit im Hinblick auf das Oberhaupt oder den Vorgesetzten. Der schwache Mensch ist auf einem schädlichen Platz; indem er eine „Wand um den Vorgesetzten zieht", erwägt er, daß er eine Stellung hat, die sein geheimes Eigentum ist und er treibt damit Mißbrauch. Man sollte aufmerksam sein auf ihn.

Vierte Linie. — Nach Überschreiten der Vollendung beginnt die unglückliche Vorbedeutung; der Ratsuchende beschränke sich mit Bescheidenheit, ohne sich auf den Gipfel der Vollendung zu stellen. Er hat eine bedeutende Stellung neben seinem Vorgesetzten; schreibt er sich das Verdienst der großen Vollendung zu, wird er Unglück haben. Es gibt Versuchung durch Überfluß; „der Fluß trägt stürmische Wogen und die Reisenden sind reichlich", sagt der überlieferte Text. Der Ratsuchende achte auf die Eifersucht die er bei seinem Vorgesetzten durch seine Neigung, seine Rechte zu überschreiten und ihn zu unterdrücken, hervorrufen könnte. Der Ratsuchende treibe die Vorteile die er besitzt nicht auf die äußerste Spitze; er unterscheide klar und regele seine Lage, indem er die begangenen Fehler erkennt; er treibe den Gebrauch der Reichtümer nicht auf die äußerste Spitze.

Fünfte Linie. — Augenblick großer Macht und großen Reichtums; das Bild des guten Glaubens und des Vertrauens. Wendet der Vorgesetzte Milde, Gerechtigkeit, Vertrauen und Gutgläubigkeit in die Beziehungen mit den Untergebenen, werden diese Vertrauen haben und zu ihrem Vorgesetzten aufrichtig sein; ein Band verbindet sie untereinander. Der Ratsuchende meide indessen zu ausschließliche Milde und Nachsichtigkeit, er muß auch gebieten, Autorität und Strenge zur Geltung bringen. Die glückliche Vorbedeutung schützt den, der so handelt. Die Stärke ist kostbar, und zuviel Nachsicht führt zu Nachlässigkeit. Der Ratsuchende vergesse nicht, daß der Gehorsam des Untergebenen gegenüber dem Vorgesetzten, indem er sich nach den gleichen Wegen richtet, wie „ein Echo ist, das dem Ton antwortet, der es trifft". Dort, wo es an gewichtiger Strenge mangelt, gibt es Unehrerbietigkeit, Geringschätzung. Die Milde muß sich im Gleichgewicht zu halten wissen.

Sechste Linie. — Der Ratsuchende ist an der äußersten Grenze des Reichtums des Besitzes und hat keinen Nutzen mehr davon. Durch seinen außergewöhnlichen Verstand treibt er die Dinge nicht bis zum Unmaß, und indem er davon keinen Nutzen zieht, folgt er sich dabei selbst, da er die Drangsale nicht fühlt, die den Dünkel und die Anmaßung erwarten; natürlich, der Himmel steht ihm bei. Was immer er unternimmt, die Vorhersage ist glücklich. Er regelt seine Handlungen mit Vertrauen (die dritte Neunerlinie) und hat keine vorgefaßten Vorstellungen (die fünfte Linie ist die Weisheit, und er trachtet danach, ihr zu gehorchen). In den Zeiten großer Erfolge und großer Reichtümer rühme sich der Ratsuchende nicht sinnlos, er ziehe aus seiner Lage keinen Nutzen und vergesse nicht die Unterwerfung unter den Himmel. Dann wird er Glück haben.

15

KIÄN

Hauptbedeutung. — Die der Bescheidenheit, denn wenn der Besitz groß ist, muß er bescheiden bleiben und sich beschränken. Es wird aus den beiden Trigrammen gebildet: Khuan über Ken, die Erde über dem Gebirge, die Unterwürfigkeit, das Untergeordnete über einer hohen und großen Sache, Bild der Bescheidenheit. Dies läßt gut einen natürlichen Freiheitsweg zu, indem er Tugenden besitzt und indem er sich deshalb nicht überhebt. Der bescheidene Mensch hat feste innere Qualitäten; er zieht sich bescheiden zurück und läßt die anderen nach vorn treten; er rühmt sich deshalb nicht. Er wird durch die anderen erhoben, obwohl er sich in den Schatten stellt; seine Tugend wird offenbar. Handelt er so, demütigt er sich zuerst und erhebt sich dann wieder. Der Himmel demütigt die Hoffart, und die Genien und Geister schaden dem, der selbstgefällig und stolz ist, indem sie den Demütigen begünstigen. Obwohl er sich in Selbsterniedrigung und Demut stellt, ist der Weg der Bescheidenheit offenbar, vorausgesetzt, daß der Mensch ernst ist.

Erste Linie. — Er hat die schmiegsame Weichheit der Unterwerfung und nimmt mit Bescheidenheit Platz. Bescheiden! bescheiden! sagt der Text; so wird der begabte Mensch sein, und er wird die allgemeinen Zustimmungen der Menge finden; indem er sich den Gefahren aussetzt, wird er keinerlei Übel erfahren. So handelnd könnte er „einen großen Wasserlauf überqueren" und sich einem gefährlichen Unternehmen aussetzen, denn er erniedrigt sich, um sich zu lenken.

Zweite Linie. — Die Tugend der Bescheidenheit erfüllt ihn vollkommen, und sie offenbart sich gänzlich in ihm, das ist eine „anerkannte Bescheidenheit". Die Vorhersage ist glücklich.

Dritte Linie. — Er gebraucht die Tugenden der positiven Tatkraft; die Verneinungen laufen zu ihm hin; er ist der Vorgesetzte unter Untergebenen, belehnt von oben durch den Fürsten, von unten durch die Menge. Wenn er verdienstvoll und bescheiden ist, kann der begabte Mensch bis zum Ende glücklich sein; er vermeide, sich im Erfolg zu gefallen und sich an seiner Erhebung zu sonnen. Aber solche Menschen sind selten! Sie haben gewöhnlich eine erkünstelte und erheuchelte Bescheidenheit, und diese ist weder dauerhaft noch haltbar. Der begabte Mensch höre auf die Warnung, und er wird dann für sich eine glückliche Vorhersage haben.

Vierte Linie. — Ob er aufsteigt oder rückwärts geht, er muß seine Bescheidenheit absolut offenbaren; er nimmt tatsächlich eine Stellung ein, in der es viel zu fürchten gibt, und wo er eine ganz besondere Verantwortung hat. Die Meinung ist, daß er nicht auf sich selbst zu rechnen wagen darf, und daß man nicht zu bescheiden sein sollte.

Fünfte Linie. — Der Reichtum ist das, was die Menge anzieht, und er ist allein geeignet, die Menschen zu sammeln. Um die fünfte Linie, die die Stellung des Fürsten oder des Oberhaupts hat, und die bescheiden und nachsichtig ist mit den Untergebenen, sammelt sich die Menge. Obwohl ohne Reichtum, ist dieser ihm nahe. Aber er bedarf der Bescheidenheit und Weichheit; er vereinigt die Autorität und militärische Macht, um die zu unterwerfen, die ihm Widerstand leisten. In den Handlungen muß man gleicherweise vorgehen. Das Übermaß der Beschei-

denheit wäre, nicht diejenigen zu unterwerfen, die dem Wohlwollen und der Bescheidenheit widerstehen.

Sechste Linie. — Die Bescheidenheit ist hier berüchtigt und
wird dann zum Fehler und Übermaß, und die Warnung ist
Kraft und Gewalt anzuwenden, um sich selbst zu verbessern
und sich selbst für das Gute umzuformen. Er kann die Kraft
der Umstände noch nicht beherrschen und zu Berühmtheit gelangen; seine Fähigkeiten und seine Kraft sind unzureichend.
Auch nimmt er zur Armee, zum Heer seine Zuflucht; aber
diese reicht gerade aus, um ihren eigenen Bezirk zu ver-
walten, ohne darüber hinaus etwas zu vermögen. Der Weise ist
in einer untergeordneten Lage und hilft ihm nicht.

16

YÜ

Hauptbedeutung. — Sinn von Genugtuung und Vergnügen, von Würde und Festigkeit; oben ist das Trigramm Tshen, der Blitz, unten Khuän, die Erde. Der Donner kracht und bricht aus der Erde hervor; die Bejahung beginnt durch Verborgensein in der Erde, dann kommt die Bewegung und bricht endlich aus der Erde hervor, indem sie Geräusch verursacht, dann breitet sie sich ruhig aus. Das symbolische Bild der Bewegung mit Ergebenheit, der mit den Vorgesetzten und Untergebenen übereinstimmenden Sympathie. Es gibt Erfolg, weil es Eintracht gibt; Massen regieren, Mengen ansammeln wäre unmöglich ohne wechselseitige Zufriedenheit. Durch diese Freude ist das Herz des Menschen geneigt, sympathisch dem Vorgesetzten zu antworten. Es gibt Wahrsageanzeichen von Nutzen, Fürsten einzusetzen und Heere zu gebrauchen. Die vierte Linie, kraftvolle Festigkeit, hat die Sympathie der Verneinungen, die sie umgeben (die Menge); das Streben dieser Bejahungen des göttlichen Hexagramms ist, sie handeln zu lassen, indem sie aufsteigen und alle mit Gehorsam folgen. Der Himmel widersetzt sich nicht, und der begabte Mensch folgt dem Himmel durch seine Ergebenheit und durch die mustergültigen Gesetze, die er gibt.

Erste Linie. — Das ist der schwache Mensch ohne Gerechtigkeit noch Geradheit, der sich zu seiner eigenen Genugtuung stellt und sich der Gunstbezeugungen des Oberen erfreut. Seine Ideen sind ebenso anmaßend wie sein Streben; er weiß sein Behagen nicht zu beherrschen und ist leicht und eitel; es trifft ihn ein Unglück. Die Vorbedeutung ist schlecht. Dieser schwache Mensch ist sanft und negativ; erhört von einer mächtigen Stütze, hat er einen günstigen Augenblick, aber seine Freude ist überlaut, und dieser Weg führt ihn durch seine übertriebenen Wünsche, seinen Hochmut, seinen Mangel an Zurückhaltung und Mäßigung ins Unglück.

Zweite Linie. — Das Übermaß der Freude hat den Verlust der Geradheit zur Folge und die Linien des Kua Yü sind fast alle in einem Zustand von Übermaß; ihre Fähigkeiten sind dem Augenblick angemessen. Allein die zweite Linie bildet eine Ausnahme; sie ist nach der Gerechtigkeit gelegt und ohne sympathische Entsprechung, was das symbolische Bild der aufmerksamen Selbstbeobachtung ergibt. Inmitten eines Freudemoments beobachtet er sich allein und überwacht sich, indem er fest bleibt „wie die Festigkeit des Steins". Er unterdrückt seine Leidenschaften, und die Vorhersage ist glücklich. Er weiß sich den Leuten über sich ohne Schmeichelei und den Leuten unter sich ohne Verachtung zu verbinden, denn er weiß den anfänglichen Grund der Dinge, der der unmerkliche Übergang von *Yin* und *Yang*, von Weichheit und Kraft ist; er ergreift den feinen Augenblick der Geburt der Beweggründe, da er scharfsichtig ist und Meditation übt. Der Ratsuchende bedenke die Mahnungen des Himmels!

Dritte Linie. — Ein von Gerechtigkeit und Geradheit entblößter Mensch, da er einzig um seiner Genugtuung willen Platz nimmt und infolgedessen Verdruß hat. Wenn er zögert und sachte nach vorwärts zu gehen in die Länge zieht, wird er sich (durch die vierte Linie) im Stich gelassen und auf die Seite gestellt sehen.

Ob er vorwärts schreitet, ob er zurückgeht, er hat keinerlei Stütze. Also bessere er sich, nichts mehr; er halte seine Leidenschaften im Zaum. Der Weissagesinn ist, daß die beabsichtigte Tat bald zu Leiden führen wird, denn er ist in eine Lage gestellt, deren er nicht würdig ist.

Vierte Linie. — Er gebraucht die kraftvolle Festigkeit, und er wird von dem Fürsten, dem Oberhaupt, dem Herrn (fünfte Linie) erhört, der ihm seine Angelegenheiten vertraut; er hat Freude davon, und die Freunde scharen sich schnell um ihn. Aber sein Herr ist weich und schwach, und es ist an ihm, alles zu ertragen: das Gelände ist gefahrvoll. Er habe weder Furcht noch Besorgnis, sei ganz ernst, und er wird die Hilfe seiner Freunde haben, wenn er ohne Mißtrauen gegen sie ist. Sein Streben ist gut, und er kann sorgenfrei mit Erfolg handeln.

Fünfte Linie. — Das Oberhaupt kann, da es schwach und weich ist, sich nicht selbst behaupten, da die Menge sich nur der kraftvollen Festigkeit unterwirft. Es gibt in dieser Linie einen Sinn von Beklemmungen, von Unterdrückung mit Gewalt, von einer Schwäche, die einen hohen Rang einnimmt, und die sich dort selbst nicht behaupten kann. Es kann dabei Verlust an Macht geben durch Zusammenstoß mit der vierten Linie, der das Herz der Oberen und Unteren ausschließlich zugewendet ist. Er wird noch wie das Bild der dauernden Erhaltung betrachtet, da er die Gerechtigkeit besitzt und nicht stirbt. Da er sich auf die kraftvolle Festigkeit stützt, wird er durch diese Festigkeit ermordet. Seine Gerechtigkeit indessen herrscht noch.

Sechste Linie. — Mild und negativ, nimmt diese Linie den obersten Rang ein; die Genugtuung ist an ihrer äußersten Grenze. Es handelt sich um den, der blind und unwissend in die Vergnügungen untergetaucht ist, da er nicht weiß, zu dem entgegengesetzten Weg zu kommen. Ist er fähig, sich durch eigene Korrektur zu verbessern, wird er das Unglück vermeiden können. Die Mahnung des Schicksals spricht nicht von unglücklicher Vorbedeutung, fordert aber eine tiefe Umwandlung des Herzens; wenn das möglich ist, werden die Fehler wieder gutgemacht werden können.

17

SUEI

Hauptbedeutung. — Ein Sinn von Gefolgschaft; das einfache obere Kua, Tui, versinnbildet die Genügsamkeit, den Sumpf, das schlafende Wasser; das untere Kua, Tshen, ist die Bewegung, der Blitz: Erschütterung des Blitzes inmitten des Sumpfes, das Positive ist unter dem Negativen (Bild der Linien des Hexagramms); das Negative folgt freudig. Wenn man im Gefolge sich dem vernünftigen Weg angleicht, ergibt sich daraus eine völlige Freiheit; der Untergebene muß dem Vorgesetzten folgen, der Untertan folgt dem Fürsten, der Soldat folgt seinem Führer; gleicht man sich der vollkommenen Geradheit an, wird man ohne Schuldhaftigkeit bleiben. Wenn man fähig ist, den Wesen zu folgen, kommen die Wesen, und die Bewegungsfreiheit ist leicht; aber Achtung, wem man folgt! Wer dem Tugendlosen folgt, selbst wenn er eine große Freiheit hat, wird dem Unglück nicht entgehen. Eine andere große Lehre des weisen Menschen ist, daß die positive kraftvolle Festigkeit sich unter die negative Schmiegsamkeit erniedrigt; der Obere erniedrigt sich vor dem Untergebenen, und er muß dem folgen, der so handelt, und der nicht fürchtet, selbst er, der Vornehme, sich vor den Gemeinen zu erniedrigen. So freudig handeln, demütig zu sein wissen, sieh, das ist die gegenwärtige Lage. Dem Augenblick folgen, dem Glück, das daraus hervorkommt, mit seinen Möglichkeiten sich anpassen, den ersten Ursprung der Ursachen ergründen, sieh, das ist der vernünftige Weg; es wird notwendig, dem Augenblick zu folgen, die Dunkelheit zu suchen, in die Ruhe einzugehen, das heißt, unbedachte Handlungen zu vermeiden.

Erste Linie. — Von ihm hängt die Bewegung ab; es ist der, der irgendeiner Sache zu folgen hat. Die Sache, die er leitet, unterliegt Veränderungen und wird verwandelt. Die Vorhersage ist glückhaft. Der ruhig Handelnde sieht das Gute in dem Gewählten und das Böse in dem, was ihm mißfällt; er muß mit der reinen Vernunft übereinstimmen, nicht dem Trieb des Egoismus, aber denjenigen folgen, die Verdienst haben und uninteressiert sind.

Zweite Line. — Er ist schwach und weich und kann sich nicht mit Festigkeit beobachten; die fünfte Linie die ihm entspricht, wird als „der Mensch mit dem Stock", der Weise, der bejahrte und erfahrene Mensch betrachtet. Die zweite Linie wird als ein Kind angesehen. Sich den Kindern anschließen und den erfahrenen Menschen mißachten, heißt ordentliche Beziehungen vernachläßigen und den unordentlichen folgen; es besteht die Warnung, den Weg zu berichtigen, dem man folgt, denn es gibt die Möglichkeit künftiger Fehler. Sich nicht gleichzeitig mehreren geben, denn es gibt unter ihnen den Wahren und Falschen, und man kann nicht beiden folgen. Er braucht die kraftvolle Handlung der Hinneigung der fünften Linie, um Erfolg zu haben.

Dritte Linie. — Die negative Schmiegsamkeit kann sich nicht selbst unterhalten und nähert sich dem Nachbarn; dort schließt sie sich an. Schließt sie sich der vierten Linie an, gibt die negative dritte Linie die erste auf; er steigt, er packt das Glück, in der Handlung zu folgen. Folgen, indem man sich erhebt, ist das Gute. Nun, die vierte Linie ist ohne sympathische Entsprechung, er ist nicht gefolgt, aber er ist augenblicklich mit Amtsgewalt belehnt; er gelangt dahin, sich von dieser dritten Linie folgen zu lassen, und er zeigt sich gut und mitleidig zu ihr. Wenn diese dritte Linie irgend etwas von ihm verlangt, wird er es zuwege bringen. Dem Vorgesetzten folgen, wenn der Vorgesetzte auf die Annäherung antwortet, heißt das Gesuchte erhalten. Aber er darf nicht gegen die Vernunft gehen und die Schmeichelei oder die Entartung gebrauchen, um von einem Vorgesetzten Vorteil zu ziehen, das wäre gefährlich und unnütz. Wenn er irgendeine Sache sucht, wird er sie sicher erhalten. Aber es gibt einen Sinn von niedrigen schmeichelhaften Kniffen, denn diese dritte Linie entspricht nicht sympathisch der vierten.

Vierte Linie. — Er hat den Höhepunkt erreicht, und die Vorhersage ist unglücklich. Es besteht die Möglichkeit von Mißbrauch und widerrechtlicher Besitzergreifung der Macht; es bedarf eines großen Verstandes und einer mächtigen Geistesklarheit, um diese gefährliche Lage zu vermeiden. Es gibt den Sinn eines Menschen, der eine der des Vorgesetzten entsprechende Lage einnimmt, und dem man zum Schaden dieses Letzteren folgt; er trägt Argwohn, und der Vorgesetzte, das Oberhaupt, ist darüber beunruhigt. Viel Feinheit und Gutgläubigkeit sind notwendig.

Fünfte Linie. — Glückliche Vorhersage; er hat Vertrauen in das Gute und, wenn es so ist, wird der Ratsuchende zufrieden sein. Er nehme seine gegenwärtige Situation ohne Groll, aber mit Ernst und gutem Glauben hin. Das Unmaß oder den Irrtum vermeiden und vermeiden, seinen Trieben zu folgen.

Sechste Linie. — Er besitzt Unterwürfigkeit und schmiegsame Weichheit und treibt die unternommene Handlung an ihre äußerste Grenze; er schließt sich dabei mit Zähigkeit an, als ob er mit einer Fessel gebunden wäre. Handelte es sich aber um die Sicherheit in der Tat dem Guten zu folgen, läge das Unmaß im Eifer für andere Gegenstände. Der Ratsuchende sei hartnäckig, fest, schließe sich mit Zähigkeit dem an, der seine augenblickliche Bindung ist, den er aber mit Klugheit erwähle.

18

KU

Hauptbedeutung. — Der Beweggrund, die Vorstellung eine Sache zu haben, die Beratung, die Überlegung; es wird aus den beiden Trigrammen Ken und Sun, das Gebirge über dem Wind gebildet. Der Wind ist unter dem Gebirge, schlägt dagegen, kommt zurück und bringt alle Dinge durcheinander; das sind Gründe zur Beunruhigung und zur Vorsorge, das heißt, sich mit diesen Wirren beschäftigen, um wieder zur Ordnung zu gelangen. Aber die Schwierigkeit besteht wesentlich darin, die Gefahren und die Widerstände des gegenwärtigen Augenblicks zu bestehen. Er muß den Ursachen der Wirren „drei Tage zuvor und drei Tage nachher", nachsinnen, um das wirksame und dauerhafte Heilmittel dafür zu finden. Die Anweisung erlaubt ihm, einen großen Wasserlauf zu überqueren. Die Form der Linien des heiligen Hexagramms zeigt, daß das Obere und das Untere sich nicht verbinden; oben augenblicklicher Halt (sechste Linie), unten Bescheidenheit und Unterwürfigkeit (erste Linie), also Grund zu Wirren. Aber wenn die Unordnung auf ihrem Gipfel ist, ist sie an dem Punkt, sich in Ordnung zu wandeln, sich selbst durch die natürlichen Wege des Himmels zu erneuern, indem sie so zum Ursprung einer neuen Selbstverwandlung wird. Man muß Frieden und Ruhe haben, um aufmerksam die Fehler der vergangenen Angelegenheit zu prüfen, um nicht in eine neue Zerfallszeit zurückzugleiten. Indem man den natürlichen Wegen der Wesen folgt, die Untergebenen unterwürfig, die Vorgesetzten demütig und ausgezeichnet sind, könnte die neue Bildung sich vervollkommnen; die Unordnung wird die neue Ordnung gebären. Sich selbst zu beherrschen wissen und die Menschen beherrschen.

Erste Linie. — Der Sohn, befähigt, in den Angelegenheiten seines Vaters als Stütze zu dienen, der Untergebene, befähigt, den Vorgesetzten zu ersetzen und zu handeln, daß Vater oder Oberhaupt, ohne Schuld seien. Der Ratsuchende achte sehr auf mögliche Gefahren; er könnte auf einen glücklichen Weg gelangen. Er muß fähig sein, die Schwierigkeiten der Lage zu durchstoßen. Die Ursachen zu Wirren sind noch nicht tief, und es ist leicht dabei zu helfen; in Kenntnis der Gefahr und gewarnt, ist die Vorbedeutung glücklich. Für einen Sohn besteht auch der besondere Weissagesinn, sich mit den Angelegenheiten seines Vaters und auch mit dessen möglichem Tod zu beschäftigen.

Zweite Linie. — Es besteht dabei eine positiv kraftvolle Festigkeit und die Möglichkeit, das Gewicht der Angelegenheiten des darüberliegend Negativen (die Angelegenheiten der Mutter etwa) zu tragen. Es kann auch einen energischen Mann, der einem schwachen und milden Fürsten beisteht, einen fähigen Beamten bedeuten, der einem schwachen Vorgesetzten hilft. Es besteht auch die Bedeutung, eine große, einer wachsamen Milde verbundene Ergebenheit zu besitzen, um in dem Unternehmen erfolgreich zu sein. Keine übereilten Entschlüsse, keine getriebene kraftvoll Festigkeit; sondern er beuge sich selbst, indem er von seinen eigenen Ideen absieht und das Unternehmen mit Güte und Ergebenheit führt, wobei er irgendwie mehr eindringt als sich aufdrängt.

Dritte Linie. — Hart und kraftvoll handelt er als Herr, indem er als Stütze dient und, der Gerechtigkeit ermangelnd, sich ein Unmaß von Kraft zuschulden kommen läßt. Er ist indessen nicht ohne Unterwürfigkeit, und da er gerade ist, begeht er keine großen Fehler. Er kann die Last der Unternehmen tragen und ist ohne Schuldhaftigkeit.

Vierte Linie. — Negative Linie auf einem negativen Rang; sie ist mild und ergeben. Sie stellt den in den Unternehmen Nachsichtigen und nicht sehr Gewissenhaften dar; er kann sich höchstens behaupten, wenn er dem Gang der gewöhnlichen Umstände folgt. Sind die Angelegenheiten von einer das Mittelmaß übersteigenden Wichtigkeit, so kann er dabei nicht ans Ziel kommen, und es gibt dabei offensichtlich Gründe zur Besorgnis. Unternimmt er irgend etwas ohne Beistand und Mitgefühl, mild und negativ; wie will er Erfolg haben? Seine Nachsicht in den Unternehmungen läßt sie gefährdet und zurückgestellt sein. Es ist also eine Mahnung, nicht so zu handeln und von Gefahr, ohne Erfolg etwas zu unternehmen.

Fünfte Linie. — Selbst weich und untätig, kann er nichts beginnen, noch, was auch immer es sei, gründen; er kann nur, ohne Neuerungen einzuführen, alte Überlieferungen fortsetzen, indem er die Vollmacht seiner eigenen Autorität einem kraftvollen und tätigen Menschen anvertraut. Es bedarf der Kraft und des Verstandes, die Ratschläge und die Hilfe eines weisen und klugen Menschen zu verwenden wissen; das ist die Anweisung.

Sechste Linie. — Außerhalb der Unternehmen gestellt, hat er auch keine Beziehung zu ihnen. Das ist der harte und kraftvolle Weise, der sich nicht dem Geschmack der Stunde anpaßt, indem er sich selbst beobachtet und das Gute verborgen übt, und der sich nicht in die Angelegenheiten seiner Zeit einmischt. Er dient weder dem Fürsten noch dem Oberhaupt, da er sich seiner eigenen moralischen Erhöhung hingibt und sich von aller Bestechlichkeit fernhält; er zieht sich zurück, um sich selbst zu bewahren; es bedeutet Bewegung nach vorn oder nach hinten gemäß der Gunst des Augenblicks, dem er sich zugesellt, um „außer der in Frage stehenden Angelegenheit" zu sein, zu bleiben oder zu gehen, um nicht von den Ereignissen des Augenblicks abzuhängen.

19

LIN

Hauptbedeutung. — Größe des Geschäfts; die beiden Trigramme sind die Erde über dem Sumpf, Khuän über Tui; das Ufer. Die Berührung zwischen dem Ufer und dem Wasser ist auch immer eng, und dieser Kontakt gibt einen Sinn von Überwachung aus der Nähe (Lin), von oben; das ist das Überwachen der Geschäfte, das Überwachen des Volkes, der Leute. Die Bedeutung wird also die des „Überwachens dessen, was darunter ist, von oben her" sein. Es ist auch die von Herrschen. Obwohl allein die Bejahung dazu kommt, sich zu entfalten, besteht die Warnung, daß sie nach acht Monaten erschöpft sein wird; und die Vorhersage ist demnach ungünstig. Die Warnung gilt also, Festigkeit und Ausdauer zu gewinnen. Steht das Glück in Blüte, pflegt man sich nicht vor der Rückkunft des Schicksals zu hüten, denn Friede und Ordnung haben nie lange gedauert, ohne Unordnung, Hochmut und Verschwendungssucht hervorzurufen; Saat von Zwietracht und Mißhelligkeit geht auf. Die beiden Bejahungen des Hexagramms gedeihen und greifen auf die anderen Verneinungen über. Die kraftvolle Festigkeit folgt dem Weg der Gerechtigkeit und wird unterstützt durch eine mitfühlende Hilfe; dadurch entsteht eine große Freiheit, Bestimmtheit und Harmonie in der Haltung. Da er das Volk mit Zuneigung überwacht, wird der begabte Mensch von der Idee bewegt, es ohne den geringsten Zwang zu lehren und zu führen, indem er sich damit zufrieden gibt, für das Volk zu sorgen und es im Zaum zu halten. Das kann ebenso auf die Familie, die Beziehungen, die Geschäftsverbindungen angewandt werden.

Erste Linie. — Er nimmt seine Stellung mit Geradheit ein, da er durch das Vertrauen eines seiner Lage Würdigen mit Macht belehnt wurde, und da er sein Streben überwiegen lassen kann; die Vorhersage ist glücklich. Er beeinflußt mehr durch Anregung als durch Befehl.

Zweite Linie. — Er kann sein Streben obsiegen lassen, und die Vorhersage ist für die von ihm überwachten Interessen glücklich; er zieht aus allem Vorteil. Er gelangt vorwärts, indem er steigt und sich der Gerechtigkeit anpaßt und so den Beweis für glückliche Anregungen gibt.

Dritte Linie. — Er ist der, der die Menschen zu seiner eigenen Genugtuung überwacht und beherrscht. Er ist kraftlos und negativ und steht ohne Gerechtigkeit noch Geradheit auf seinem Platz (32). Keinerlei Gewinn kann aus einer solchen Sachlage sich ergeben; er trachtet danach seine eigene Annehmlichkeit zu vermehren, da er nicht zufrieden ist. Wenn er die Gefahr erkennen und fürchten kann, die ihn bedroht, wenn er für seine Haltung das entsprechende Bedauern hat, wenn er die Geradheit beobachtet, sich ändert und bessert, wird er die unglückliche Vorbedeutung vermeiden. Es ist das Bild eines sanften und tatlosen Menschen, ohne Gerechtigkeit noch Geradheit eingesetzt, indem er unter den Schwachen einen höheren Rang einnimmt.

Vierte Linie. — Derjenige, der die äußerste Überwachung der Schwachen ausübt; er steht neben dem Oberhaupt; er belehnt den Weisen mit dem Gewicht der Autorität, um unter sich mit Sorgfalt zu wachen. Seine Stellung ist verdient (er sympathisiert tatsächlich mit der ersten Linie), und er zeigt sich auf der Höhe der Gewalt, die ihm anvertraut ist.

Fünfte Linie. — Da er milde, gerecht seine außerordentliche Stellung einnimmt, fühlt er nach unten (zweite Linie) mit dem kraftvollen und gerechten Mann und überträgt die Last seiner Amtsgewalt, indem er die Unteren so durch das Wissen überwacht. Sich so durch das, was er weiß mit Sorge beladend, beauftragt er Spezialisten mit dem, was er nicht weiß; das ist die Größe seines Wissens. Die Vorhersage ist wahrlich glücklich.

Sechste Linie. — Das ist der Gipfel der Ergebenheit, der Großherzigkeit und der Größe in der Herrschaft (oder dem Überwachen). Er ist außergewöhnlich, und er hört die Demütigen, er ist erhöht und folgt den Ratschlägen der Untergebenen. Er wählt die Guten, und die Vorbedeutung ist glücklich. Er hört mit Ergebenheit die Ratschläge der Tatkraft — denn er ist unfähig, die Schwachen zu überwachen — und dadurch kann er das Unglück vermeiden.

20

KUAN

Hauptbedeutung. — Der Gegenstand der Beobachtung, die den Blicken derjenigen, die darunter sind, ausgesetzte Bühne. Es setzt sich aus den Trigrammen Sun über Kuän zusammen, der Wind über der Erde; der über die Erde streichende Wind, der alle Dinge erjagt, symbolisches Bild des den ganzen Horizont rings umfassenden Blicks. Die positive Festigkeit nimmt die beiden letzten Ränge ein, und auf sie sind die Blicke der Verneinungen, der Menge der Schwachen gerichtet. Der begabte Mensch, der einen erhöhten Rang einnimmt, ist wie ein Leuchtfeuer, das die Aufmerksamkeit der Menschen anzieht, indem er sie durch seine Würde und seine Größe umwandelt und bessert, wie dies im Augenblick der Ritualopfer geschieht, wenn Priester und Volk gesammelt und ernst sind. Wer eine hohe Stellung einnimmt, muß so sein, ernst und gesammelt, in ihm Glaube und Strenge, mit dem Wissen, die Kraft der Sammlung zu gebrauchen.

Erste Linie. — Erfüllt von negativer Schmiegsamkeit, ist er ohne Bejahung; er sieht nur oberflächlich, sein Blick richtet sich nicht in die Ferne; er ist wie ein kleiner, noch bestürzter und von Unwissen blinder Knabe. Der schwache Mensch hat den Blick verwirrt und kann den Weg des begabten Menschen nicht erkennen. Handelt es sich um einen schwachen Menschen, so ist die Vorbedeutung ohne Besorgnis, handelt es sich aber um einen begabten Menschen, so muß er Besorgnis tragen, wenn er sich in solchen Bedingungen befindet. Der Ratsuchende denke dieser Warnung nach.

Zweite Linie. — Sie entspricht der fünften Linie, auf die „er heimlich blickt", da er noch nicht klar sehen kann; da er noch unfähig ist, den Weg der kraftvollen und gerechten Festigkeit sehr klar zu sehen, gebe er sich zufrieden, zu hören und zu gehorchen und duldend dem vorgeschriebenen Weg zu folgen wie „ihn die des Lebens noch unkundigen Mädchen gehen". Er wird aus dieser Haltung Vorteil ziehen, da ihm weder Gerechtigkeit noch Geradheit fehlen. Bezieht sich aber diese Linie auf eine bejahrte Person, so wird dies für sie in nichts vorteilhaft sein.

Dritte Linie. — Eine negative Linie auf einem positiven Rang hält sich also in einer Lage, die ihr keineswegs zukommt; er ist auf die äußerste Grenze der Ergebenheit gestellt; er kann sich vorher ebenso wie hinterher, den Notwendigkeiten des Augenblicks beugen. Der Ratsuchende denke über sein eigenes Leben, seine eigenen Schritte nach, er unterwerfe sich dem vernunftgemäßen Weg und erwäge die Zweckmäßigkeit, vorwärts zu schreiten oder zurückzuweichen. Die Mahnung des Schicksals ist, sich sorgsam zu überwachen, seine eigenen Schritte zu beobachten, indem man sich der Notwendigkeit anpaßt.

Vierte Linie. — Er ist nahe beim Fürsten und sieht wohl den Weg, dem er folgt, den Glanz des Königtums, seinen sozialen Zustand; demütig bleibt er in der Geradheit und ist dem Oberhaupt ergeben. Es besteht Interesse mächtige Menschen zu besuchen, um sich zu zeigen und aus ihrem Einfluß Nutzen zu ziehen. Es besteht auch die Bedeutung des Interesses für den Ratsuchenden, in die öffentlichen Angelegenheiten einzugreifen.

Fünfte Linie. — Alles hängt von ihm ab, Ordnung oder Bestechlichkeit, Wirrnis oder Vortrefflichkeit. Er muß sich über sich selbst beugen, sein eigenes Leben betrachten, den moralischen Weg gründlich durchforschen; denn die Verantwortung ist groß; und wenn die Sitten nicht mit diesem moralischen Weg übereinstimmen, so ist die Art der Leitung oder der Herrschaft noch nicht ausgezeichnet, und er wird daraus Übles ernten. Von unten her betrachtet ihn die Menge der Verneinungen, der schwachen Menschen. Der Ratsuchende muß seine eigenen Handlungen betrachten und beurteilen, indem er sie mit seiner Tatkraft, seiner Gerechtigkeit, seiner Geradheit, seiner Kraft in Übereinstimmung bringt. Er prüft seine Umgebung, um seinen eigenen moralischen Weg genau zu erforschen. Sie entsprechen sich alle untereinander; und er ist dafür verantwortlich.

Sechste Linie. — Ein begabter Mensch, der keine endgültige Stellung hat, aber von allen beobachtet wird; sind seine Handlungen gerecht, wird ihm nichts geschehen; wenn nicht, wehe ihm! So ist die Mahnung. Das Schicksal gleicht ihn etwas der fünften Linie an mit dem leichten Unterschied von „noch nicht zureichendem Streben". Er beobachte sich mit einer umsichtigen Aufmerksamkeit, indem er nie die Pflichten des begabten Menschen versäumt; unter dem Vorwand, daß er noch keine bestimmte Stellung hat, darf er indes keineswegs untätig bleiben; seine Vorstellungen und seine Handlungen können noch nicht in Ruhe sein; er darf nicht jede Furcht verachten und unbesonnen handeln.

21

SHE HO

Hauptbedeutung. — Es gibt einen Sinn von Vereinigung den Irrtum zu zerschlagen, von beißendem, ätzendem Geschwätz; die Linien 1 und 6 sind beide kraftvoll, die anderen sind von weicher Schmiegsamkeit: außen die kraftvolle Festigkeit, innen die Hohlheit, der menschliche Mund. Aber inmitten der dazwischen liegenden Leere befindet sich eine kraftvolle Linie, die „irgendeine Sache zwischen den Kiefern" ist; diese können sich also nicht vereinen, und man muß „mit den Zähnen zerbeißen, zerreißen", damit diese Vereinigung möglich wird. In der Welt wird es sich um gewaltsame und unmäßige Angelegenheiten, um hinterlistige Falschheiten handeln, die die Vereinigung und Übereinstimmung in den Angelegenheiten des Landes verhindern. Es bedarf also der Anwendung von Anstrengungen, Strafregeln, Mahnungen, Verbesserungen, ferner der Ausrottung der Schuldigen, um das Übel abzuschaffen. Ob es sich um ein Königreich, eine Familie, eine Gesellschaft, ein Geschäft handle, es gibt Widerstand, der die innere Vereinigung verhindert; und dieser Widerstand ist immer das Ergebnis irgendeines bösen und beißenden Wortes. Man muß die Uneinigkeitsgründe beseitigen und zur Annäherung gelangen; diese Unterdrückung geschieht durch Anwendung der Strafgesetze und der Strafen. Dieses Hexagramm läßt wesentlich die Bedeutung von Freiheit und das symbolische Bild der Aufhellung des Verstandes zu, das was in den Kriminalprozessen vorteilhaft ist. Die beiden Trigramme, die es bilden, sind das Feuer über dem Blitz, Li über Tshen. Obwohl die Lage unverdient ist, muß man die Kriminalurteile anwenden. Der Blitz verwirrt, und das Feuer erleuchtet, die beiden Wirkungen ergänzen sich: die aufhellende Macht und die zwangvolle Gewalt handeln gleichzeitig; besteht Autorität, kann niemand der Furcht widerstehen, denn es besteht gleichzeitige Anwendung des Verstandes und der Gewalt, der Milde und der Kraft, indem die Güte auf der Ebene der Kraft angewendet wird. Warnung vor Prozeßmöglichkeit.

Erste Linie. — Er ist ohne bestimmte Stellung und stellt den Schwachen oder das Volk dar; er stellt den Menschen dar, der eine persönliche Strafe erleidet, aber er ist leicht wie „Holzfesseln"; er hat einen kleinen Fehler begangen, man hat ihn in Fesseln gelegt, um ihn zu bessern und ihn umsichtig werden zu lassen. Eine kleine Verbesserung eine große Warnung zulassend, das Glück des schwachen Menschen. Der Ratsuchende wird ein leichtes Übel, aber ohne Gefährlichkeit erleiden. Er wird nicht gehen können, das heißt er wird das schon begangene Übel nicht verschlimmern.

Zweite Linie. — Er hält sich in der Gerechtigkeit, indem er sich aber auf die kraftvolle Festigkeit der ersten Linie stützt, „er tritt ihn mit seinen Füßen"; das ist die Anwendung der Strafen gegen den kraftvollen und heftigen Menschen, dem man einen heftigen und tiefen Schmerz verursachen muß. Man legt die Stelle mit der Bedeutung aus, daß, obwohl der Ratsuchende einen Schmerz erleidet, er am Ende ohne Schuld sein wird. Dies Leid ist das Ergebnis einer tiefen Härte.

Dritte Linie. — Derjenige, der die Strafgesetze anwendet, in einer Stellung, die er nicht verdient; der die Strafe dafür erhält, empört sich und beweist Rachegefühl. Es besteht Verständnis. Obwohl persönlich in eine unverdiente Stellung gebracht, und obwohl die harte Gewalt schwer zu zügeln ist, und obwohl man sich dabei selbst zufällig irgendeine Unannehmlichkeit zufügen kann, sind die Beweggründe der Furcht nicht schwer. Diejenigen, die er bestraft, unterwerfen sich schwer seinen Urteilssprüchen, und verursachen ihm ihrerseits Böses.

Vierte Linie. — .... oder des Oberhaupts, und er ist jetzt mit der notwendigen Amtsgewalt belehnt, das Hindernis zu lösen und zu einen. Das Hindernis zu unterdrücken, ist beachtlich, und die Anwendung der Strafen muß schwer sein; er muß sich in einer vollkommenen Festigkeit halten, und die Vorbedeutung wird günstig sein. Die Linie warnt, damit man die Schwierigkeit zu erkennen wisse und die Festigkeit und die Reinheit in den im Gang befindlichen Angelegenheiten pflege. Dem Weg zu folgen, ist nicht hervorragend und groß. Die Vollendung ist schwierig.

Fünfte Linie. — Er nimmt die hervorragende Stellung ein, indem er sich auf die Kraft und die seinem Rang innewohnende Macht stützt, um den Schwachen Strafen aufzuerlegen; die natürliche Kraft der Dinge macht ihm die Aufgabe leicht. Das Hindernis zu beseitigen, ist außergewöhnlich beachtlich, und es ist nicht leicht, die Vereinigung wieder herzustellen. Die Linie gibt sich mit Kraft, und die vierte hilft ihm, sich durch seine Energie aufzustellen, aber die fünfte Linie ist von weichem und sanftem Wesen; der Ratsuchende sei deshalb fest und gerade, er bewahre die Furcht vor der Gafahr; dann wird er ohne Gefahr sein. Die Milde gebrauchen auf einem hervorragenden Rang, sich in einem Augenblick befinden, in dem man das Hindernis überwinden muß um das Getrennte wieder zu vereinen, wie könnte er sich der kraftvollen Festigkeit begeben? Der

Ratsuchende wisse bei Wahrung der Geradheit ebenso auf den passenden Augenblick zu warten, indem er sich ausschließlich mit der Gefahr beschäftigt.

Sechste Linie. — Er ist ohne Stellung und erleidet die Strafe; das Hindernis, das die Trennung verursacht hat, ist schwer, das Böse sammelt sich und kann nicht mehr verborgen werden; er trägt einen Balken „auf den Schultern", und die unglückliche Vorbedeutung ist offenkundig. Das Böse ist außergewöhnlich, und es gibt Unmaß der Bejahung. Die Urteilskraft ist ohne Klarheit; der Mensch ist taub und blind, er unterscheidet nichts mehr, er häuft die Fehler. Der Ratsuchende beeile sich zu entscheiden, zu hören, die Schlüsse zu ziehen, wenn er das ihn bedrohende Unglück vermeiden will.

22

PI

Hauptbedeutung. — Schmücken und regeln; die Einteilung der Dinge in Klassen, die Ordnung der Wesen, die Ordnungsgrundsätze der Starken und der Schwachen. Dies Hexagramm wird aus den beiden Trigrammen Ken über Li, dem Gebirge über dem Feuer, gebildet; das Gebirge ist der Versammlungsort der Wesen; unten ist das Feuer, das erhellt und den Gipfel sichtbar macht, indem es alles erleuchtet und so die Ordnung der Wesen und der Dinge zeigt. Die so geordneten Wesen sind frei, denn ohne Regeln und Grundlagen ist nichts fest (33). Es besteht ein kleiner Vorteil im Vorwärtsschreiten, da jedes Ding gemäß seiner Bedingung aufgestellt ist; die schmiegsame Weichheit läßt die Erscheinung der kraftvollen Festigkeit bestimmen, die Bejahung erfreut sich der Hilfe der Verneinung, es besteht Mitteilungs- und Verstandesfreiheit. Das erhellende Feuer ist daß Symbol des Verstandes, der kein endgültiges Urteil verkündet, indem er sich auf den die Wirklichkeit entstellenden Schein stützt. Das Ergebnis wird wenig fest sein, was immer man macht.

Erste Linie. — Der kraftvolle, begabte Mensch befindet sich hier in einer untergeordneten Lage, auf einem Boden, der keinerlei endgültige Stellung zuläßt; er kann seine eigenen Handlungen nur angleichen, indem er seine Haltung berichtigt und sich gemäß seiner Pflicht gibt. Dies kann ihn zwingen, sein gegenwärtiges Leben zu ändern, „zu Fuß zu gehen, indem er seinen Wagen verläßt"; er fürchte nicht, dies zu tun, selbst wenn es den Anschein einer Demütigung in den Augen der blinden Menge hat; denn dies ist für ihn ein Mittel zur Vervollkommnung. Er muß das Leichte laufen lassen und dem Schweren folgen; das ist sein moralischer Weg.

Zweite Linie. — Das Gute und das Böse werden einzig und allein von den besonderen Charakteren der ins Auge gefaßten Handlung abhängen; der Ratsuchende folge und höre auf die wirksame Tatkraft eines Vorgesetzten und verhalte sich entsprechend. Er setze sich mit ihm in Bewegung wie „der Bart den Lippen des Gesichts in seinen Bewegungen folgt", und seine Bewegungen werden von dem Gegenstand abhängen, dem er zugeteilt ist.

Dritte Linie. — Die Entwicklung der Verzierung, die so vollkommen geregelt ist. Eine glückliche Vorbedeutung von dauernder Vollkommenheit. Also, ordnen, schmücken, nach einer bestimmten Regel vorschreiben, indem man die Dauer dieser Ordnung wenn möglich sichert. Warnung, in der Ruhe nicht zu verweichlichen, sondern fortzufahren die Vollendung zu suchen.

Vierte Linie. — Natürliche Sympathie, aber eine Trennung, die verhindert, den wechselseitigen Trieben freien Lauf zu lassen. Die gesuchte und verdiente Stellung ist also zweifelhaft, aber schließlich wird es keinen Groll geben. Ein anderer Sinn ist der der Möglichkeit einer Ehe; das Verschwinden der Ränke der aufgetauchten Schwierigkeiten, die zuerst die Vereinigung verhindert haben. Mahnung die Geradheit, aber „ohne sich anzuvertrauen", zu befolgen.

Fünfte Linie. — Er ist in inniger und geheimer Verbindung mit dem kraftvollen Weisen (sechste Linie), und er empfängt von der oberen Linie sein bestimmtes Ansehen. Von Natur mild, schmiegsam und negativ, braucht er die Verbindung mit einem kraftvollen und positiven Menschen, um ihn zu hören und ihm zu folgen, indem er sein Gesetz und seine Erkenntnis unterstützt. Da er sich zwischen den Händen dessen, der ihn führt, „wie ein Stoff" winden kann, erreicht er schließlich das Glück, obwohl er oft Angst hat. Er ist der Knauserei ergeben. Die Vorbedeutung ist glücklich und freudvoll.

Sechste Linie. — Die hier an ihre äußerste Grenze gelangte Ausschmückung verfällt in Künstelei. Also das Unmaß vermeiden, das Natürliche suchen, wird den ursprünglichen Ernst zu bewahren helfen. Schmuck und Verzierung dürfen die wirkliche Natur nicht verlieren lassen. Mahnung durch das Gute das Böse auszugleichen. Der Linie gelingt es ihr Streben obsiegen zu lassen, und sie vollendet das Werk der Ordnung. Obwohl er einen Platz behauptet, der keine Stellung zuläßt, ist er in Wahrheit an der Spitze der Ordnung und läßt seine Einsichten obsiegen. Auf dem Punkt Fehler zu begehen, die Wirklichkeit mit Verkleidungen zu entstellen, gebrauche er die natürliche Einfachheit und vermeide die Unmäßigkeiten.

23

PO

Hauptbedeutung. — Abnützung durch Gebrauch, durch fortgesetzte Reibung. Die Menge der Verneinungen bedient sich der Bejahung; oben ist Ken, das Gebirge, unten Khuän, die Erde. Das Gebirge ist hoch und berührt die Erde, symbolisches Bild der Stärke der Abnutzung, der Handlung von unten, der Wirkung der unteren Kräfte, die lasten und den Zusammenbruch herbeiführen. Die Menge der schwachen Menschen vernichtet den begabten Menschen, verdirbt ihn; und dieser letztere hat in seinen Unternehmungen keinen Vorteil. Er sei bescheiden, verberge seine eigene Spur, strenge sich an, den Ungerechtigkeiten der Schwachen zu entgehen. Der schwache Mensch ist wohlauf, der übergeordnete Mensch ist krank. Mahnung des weisen Menschen, nichts für die vorgenommene Unternehmung zu beschließen. Die schmiegsame Weichheit verändert die kraftvolle Festigkeit durch ihr langsames und fortdauerndes Aufsteigen. Der begabte Mensch passe sich der Bestimmung an und raste, indem er die Ruhe, die Leere verwirklicht und sich dazu versteht. Dann wird die Vorbedeutung für ihn glücklich sein; handelnd, würde er Unglücksfällen entgegengehen. Er stärke und stütze die Unteren, denn sie sind „die Grundlage" des Oberen, und jede Grundlage ist für Abnützung und Einsturz empfänglich. Sich selbst stärken, heißt die Unteren stärken; wenn die Grundlage stark ist, ist alles ruhig. Die Mahnung ist tief.

Erste Linie. — Die Abnützung beginnt an der Wurzel und wächst allmählich, indem sie als wahrer vernunftgemäßer Weg des Unglücks die Reinheit und die Geradheit zerstört. Das Böse und der Irrtum überwuchern allmählich die Geradheit, der untere Mensch verdrängt den begabten Menschen; die Vorbedeutung ist offensichtlich unglücklich. Es besteht Zerrüttung und von unten her heimliche Zerstörung.

Zweite Linie. — Die Verneinung nimmt noch mehr zu, indem ihre Zerstörung anwächst; die unglückliche Vorbedeutung verstärkt sich. Da er ohne Verbündete ist, wird der begabte Mensch überwunden. Mahnung, in den Augenblicken von Auflösung und Zerfall Verbündete zu haben.

Dritte Linie. — Obwohl er der Geradheit folgt, ist er schwach und einsam und kann die Folgen seiner Stellung und seiner Lage nicht vermeiden. Es besteht indessen keinerlei Schuldhaftigkeit; in der Menge der Verneinungen die Bejahung verwendend, ist dies die einzige der sechsten angenehmen Linie. Er entfernt sich von der zerstörerischen Menge und folgt der Geradheit; er wird also ohne Schuld sein.

Vierte Linie. — Die Vorbedeutung des Unglücks ist offenbar, denn die Abnützung der Verneinungen hat den begabten Menschen „bis an seine Haut" erreicht; der Zerfall der Bejahung ist außerordentlich, und der Weg der Reinheit ist verschwunden; die Drangsal ist ganz nahe.

Fünfte Linie. — Unheilvolle Vorbedeutung, denn die Stelle des Fürsten ist von der Abnützung befallen. Aber an diesem Punkt „wendet sich" das Hexagramm, und ein neuer Sinn bietet sich dem unteren Menschen, damit er zum Guten zurückkomme. Irgendwer in seiner Umgebung unter den unteren Menschen (Gemahlin, Konkubine, Diener, Beamte) hilft ihm, begünstigt ihn und erlaubt ihm dann in die von den Verneinungen verwirrte Menge wieder Ordnung zu bringen, die sich auf dem natürlichen Weg der Unterwürfigkeit befindet „wie durch die Kiemen aufgespießte Fische". Die Verneinung hat ihr volles Wachstum erreicht und die fünfte Linie ist an die Spitze derjenigen ihrer Art gestellt, wobei sie ganz den Einfluß einer Bejahung (sechste Linie) erleidet; es besteht also die Vorbedeutung vom Fehlen des Unglücks und der Rückkehr zum Guten.

Sechste Linie. — Man beginnt zu sehen, wie die Bejahung wiedergeboren wird, denn sie kann nicht ganz in der Ordnung der Dinge verschwinden; indem sie sich von oben verändert, wird sie also von unten wiedergeboren und wird niemals untergehen, wie man im nächsten Kua Nr. 24, Fu, sehen wird. Da die Unordnung auf ihrem Gipfel angelangt ist, denkt man natürlich an die Ordnung, und alle trachten sich der Gewalt des begabten Menschen zu unterwerfen, der „einen Wagen besitzt", das heißt der Gewalt erwirbt. Der untere Mensch „hat sein Haus gebraucht" mit Gewalt alles zu zerstören; er ist auf dem Gipfel des Zerfalls. Die Vorbedeutung betrifft also auch Hinscheiden, äußerste Entkräftung, obwohl es Wiedergeburtsmöglichkeiten gibt. Alles hängt von der Beschaffenheit dessen ab, der auf diesem äußersten Punkt angelangt ist; ist er ein unterer Mensch? Sein Fall ist sicher, sein Es „besitzt einen Wagen", und das Volk erträgt seinen vollständigen Verlust mit. Seine Abnutzung ist vollständig; und er selbst wird zur Ursache des Verlustes dessen, der ihn noch untersützt; ist er ein begabter und weiser Mensch? positive kraftvolle Festigkeit. Aber die Mahnung wird besonders auf das endgültige Hinscheiden des unteren Menschen angewandt, und dies ist der tiefe Sinn des durch dieses Kua angezeigten Schicksals.

24

FU

Hauptbedeutung. — Die Rückkehr, die Wiedergutmachung; die auf ihren Gipfel gelangte Verneinung, Rückkehr im entgegengesetzten Sinn; die auf den letzten Grad von Zerfall von oben gelangte Bejahung, wird von unten mit einer neuen Kraft und Festigkeit wiedergeboren. Oben ist das Trigramm Khuän, die Erde, unten ist das Trigramm Tshen, der Blitz: Erregung des *Yang* unten; das ist inneres Feuer, das hervorbrechen will. Der Weg des begabten Menschen wird, wenn er die äußerste Grenze der Zurückgezogenheit erreicht hat, sich von neuem ausbreiten. Es besteht eine Bedeutung von Wiederkehr, also von Freiheit, von Geburt, von „Ausgang und Eingang ohne Hindernis", von freiem Kreislauf. Die einzige Bejahung die entsteht, ist noch schwach, sie muß auf die anderen warten, die Freunde ihrer Art benützen, um stark zu werden und keinen Irrtum zu begehen; dies ist eine Warnung. Die Zusammenfassung ihrer vereinten Kräfte wird den Sieg ermöglichen. Die Formel des heiligen Hexagramms läßt gleicherweise den Sinn von sieben aufeinander folgenden Veränderungen zu, von sieben Tagen um die volle Entfaltung der *Yang* Kraft, der im Spiel befindlichen Bejahung zu erlangen. Es gibt Vorteil in dem, was man unternehmen muß, und die Vorbedeutung ist günstig; die Frist von sieben Tagen (oder sieben Monaten) kann die sein, in der das Ereignis, das Gegenstand der Befragung des I GING ist, eintreten wird.

Erste Linie. — Diese Linie ist die, die als erste zurückkommt; sie war also nicht sehr weit entfernt. Es bestand also kein Fehler, sondern nur falsches Streben oder Denken; da es nicht zur Ausführung gelangte, konnte daraus auch keine Schuld entstehen. Die Vorbedeutung ist glücklich; man kehrt zum Guten zurück, man bessert sich, seitdem man davon abgewichen ist. Die Rückkehr ist nicht fern, und das Glück kommt.

Zweite Linie. — Er beugt sich vor der Tugend und kehrt dahin zurück; die Vorhersage ist glücklich, denn das ist der vernunftgemäße Weg des Glücks.

Dritte Linie. — Die verdoppelte Vielfalt der Wiederkehr ohne die Festigkeit dabei zu sichern; dies zeigt die Häufigkeit in den Stürzen und das Fehlen von Ruhe und Ernsthaftigkeit; der Weg ist durch diese Häufigkeit gefährlich. Das Vergehen liegt in den Stürzen, aber da es trotz allem Rückkehr gibt, entsteht weder Schuld noch schwere Besorgnis.

Vierte Linie. — Er schreitet allein inmitten der Verneinungen, und ist allein zur Wiederkehr fähig. Das kommt daher, daß er sich gemäß der Geradheit einstellt und sein Bestreben gut ist. Die erste Linie ist noch zu schwach um ihm zu helfen, und deshalb muß diese vierte Linie inmitten der Menge handeln; die Vorhersage ist nicht glücklich, aber auch nicht mit Unglück beladen; da sie genau auf die Pflicht angewandt wird, grübelt er nicht über ihre Nützlichkeit noch über das Verdienst des Wegs, dem er folgt.

Fünfte Linie. — In die Stellung des Chefs oder des Fürsten gestellt, kann er mit Größe auf den Weg des Guten führen, und er ist ohne Klagen. Da er aber die Milde anwendet um seine außergewöhnliche Stellung zu halten und keinerlei Hilfe von unten hat, kann er das Glück noch nicht erlangen, zumal er sich damit begnügt, seine Tugenden von Gerechtigkeit und Unterwürfigkeit zu vervollkommnen.

Sechste Linie. — In der Anwendung der negativen Trägheit im Kua der Wiederkehr, ist sie das Symbol dessen, der blind geworden, nicht auf den guten Weg gelangt. Die ungünstige Vorbedeutung ist offensichtlich. Der Himmel schickt Drangsale und Übel, und die Handlungen der sechsten Linie können nur Fehler und Unglück hervorbringen. Er hat seinen Weg verloren und kann nicht wieder dahin gelangen; kein Unternehmen kann ihm gelingen, und die Vorbedeutung ist unglücklich. Endgültige Blindheit ohne Wiederkehr.

25

WU WANG

Hauptbedeutung: — Fehlen von Unordnung durch die Übereinstimmung und die Gleichförmigkeit des Verstandes mit der Rückkehr zum vernunftgemäßen Weg. Oben ist Kiän, der Himmel; unten ist Tshen, der Blitz, die Bewegung. Die Bewegung nach dem Himmel ist die Ordnung und der vernunftgemäße Weg der Wesen und der Dinge in einer äußersten Aufrichtigkeit. Also, handeln wäre dem Weg des Himmels entgegengesetzt, und die Mahnung ist, nichts zu unternehmen, was es auch sei, denn handeln erzeugt die Unordnung. Das Geschick ist vom Himmel bestimmt, und im vorliegenden Fall trägt der Seinsgrund der Dinge seine Rechtfertigung in sich; was sollte man, was immer es auch sei, noch mehr zu unternehmen suchen! Das heißt der Unordnung zuvorkommen. Das Geschick des Ratsuchenden wird eine große Freiheit haben, und er wird aus der Geradheit Vorteil ziehen; warum etwas unternehmen, was seinem Geschick entgegen ist? Er höre auf die innere Stimme seiner eigenen Natur.

Erste Linie. — Die kraftvolle Festigkeit ist im Innern des unteren Trigramms verwendet: das Anzeichen vom Fehlen der Unordnung. Er ist gerecht, aufrichtig, ohne schlechtes Streben; es ist also vorteilhaft zu unternehmen, denn, da die Unordnung fehlt, kann man handeln um Neuerungen einzuführen. Die

Vorbedeutung ist glückhaft, und entsprechend seinem Bestreben wird man Erfolg haben.

Zweite Linie. — Diese Linie hält sich in der Gerechtigkeit und unterwirft sich duldend dem empfangenen Anstoß. Es ergibt sich die Mahnung, keine Sache *a priori*, getrieben zu tun und sich an die natürliche Folge des Seinsgrunds der Dinge zu halten. Wenn nicht, entsteht Willkür, Unordnung und Enttäuschung. „Man erntet kein Reisfeld, ohne es vorher bestellt zu haben." Man muß die unausweichlichen Folgen der Seinsvernunft der Dinge erwarten. Der begabte Mensch folgt der Zeit und handelt, indem er sich dem Augenblick entsprechend der Seinsvernunft der Dinge beugt, indem er nichts zum Vorteil tut und nichts für die Zukunft wünscht. Bei solchem Handeln ist die Vorbedeutung glückhaft. Aber der Reichtum ist nicht unmittelbar, und er soll nicht über die materiellen Vorteile der angezeigten Tat nachgrübeln.

Dritte Linie. — Ohne Gerechtigkeit noch Geradheit, schafft er Unordnung. Er ist erfüllt von *Wünschen*, einem anderen Grund zur Unordnung, denn sein Streben drängt ihn zur sechsten Linie. Das ist die Mühe, das Übel, denn, vom Wunsch getrieben, bewegt er sich töricht, und seine Bewegung ist ungesetzlich; er verliert wieder, was er kaum gewonnen hat. Die Linie hat einen Sinn von Erwerb und plötzlichem Verlust, von einer Mühsal, die der unrechtmäßigen Erwerbung folgt. Gibt man sich darüber Rechenschaft, wird man nicht ungerecht handeln. Die Mahnung ist, daß er irgendein wahrscheinlich nicht begründetes Unglück erfährt (Diebstahl oder Anklage des Diebstahls).

Vierte Linie. — Er verursacht nicht Unordnung, denn er ist kraftvoll und positiv und handelt mit Festigkeit. Da er einen negativen Rang einnimmt, besteht kein Unmaß an Härte, sondern Möglichkeit zur Vollendung. Er hält sich mit einer vollkommenen Festigkeit in der Stellung, in die er gestellt ist. Aber er wird vor der Unmöglichkeit gewarnt, diese Stellung als ausreichend zu betrachten um irgend etwas zu unternehmen.

Fünfte Linie. — Völliges Fehlen der Unordnung. Es gibt eine der Krankheit ähnliche Bedeutung, die auf natürliche Weise ohne Arznei durch das harmonische Gleichgewicht der Elemente seines Lebensprinzips verschwindet. Vom Augenblick, da Unordnung fehlt, dagegen irgendeine Sache vorhanden ist, die eine Unzuträglichkeit bildet, geht es nicht an sich damit zu beschäftigen. Es bekämpfen, heißt dabei helfen wollen, die Ebene des Fehlens der Unordnung überschreiten und sie in Unordnung verwandeln. Das Übel wird natürlich heilen.

Sechste Linie. — Der Gipfel des Fehlens der Unordnung; geht man noch weiter, so überschreitet man die Grenze des tiefen Seinsgrunds der Dinge und schafft die Unordnung. Geht man vorwärts, begeht man einen Fehler und zieht das Unglück an. Man verschließe in sich kein Unglück, handele aber nicht mehr! Die Vorbedeutung wäre dann unglücklich!

26

TAE T'SHU

Hauptbedeutung. — Vorstellung des Zusammenlaufs, der Ansammlung, einer großen Hemmung. Es wird von den Trigrammen Ken über Kiän, dem Gebirge über dem Himmel, dem Himmel inmitten der Berge, gebildet: was versammelt ist, ist das, was es an Größerem gibt. Dieses Zusammenlaufen ist dazu gemacht, zu verhindern; es besteht auch eine Vorstellung von Anhäufung. Die Wirkung davon ist vergrößert; es besteht die Mahnung, einen großen Flußlauf zu durchqueren. Was angehäuft ist, ist groß, und die Vorbedeutung im Gesamt günstig. Man ist von der Sorge befreit, auf Kosten, sei es der Familie, sei es des Staats, ernährt zu werden. Wenn die Fähigkeiten eines Menschen die kraftvolle Tatkraft und die unbedingte Aufrichtigkeit sind, wird das, was er sammelt, groß sein, und da die Anhäufung nicht verschwindet, wird daraus die tägliche Erneuerung der Tugenden hervorgehen. Es besteht die Möglichkeit, die Tatkraft festhalten zu können; wer die Weisheit und den Weg schätzt, besitzt eine vollkommene Geradheit. Er erhält seine Lage vom Himmel und erfreut sich der himmlischen Wohltaten. Aber er wird ermahnt aus den Lehren der Erfahrung eines weisen Menschen Nutzen zu ziehen, um die eigene Beschaffenheit zu vervollständigen und zu erhöhen. Man muß immer die natürliche Kraft der Umstände berücksichtigen, und darf ihnen nicht Trotz bieten, indem man unheilvoll handelt. Der I GING empfiehlt besonders den Zerfall- und Blütezustand der augenblicklichen Kräfte, das auf die Geschehnisse und ihre Beschaffenheit bezügliche *Yin* und *Yang* zu studieren.

Erste Linie. — Positive und kraftvolle Linie, die nur beim Vorwärtsschreiten steigen kann; sie stößt also auf die vierte Linie, die sie hindert; wie könnte er gegen die einer von der Obrigkeit erworbenen Stellung einwohnende Kraft ankämpfen? Geht er vorwärts und bietet ihr Trotz, so läuft er Gefahr; er hat Vorteil davon, nicht vorwärtszugehen und aufzuhören zu handeln; wenn nicht, wäre die Gefahr nahe.

Zweite Linie. — Behindert von der fünften Linie, kann er nicht vorwärts gehen, und er weiß zu unterscheiden, wieweit die natürliche Kraft der Dinge ihm nicht zu handeln erlaubt; er hält sich zurück, denn er ist von der Gerechtigkeit beraten. Gleicht er sich der Gerechtigkeit an, so begeht er weder Fehler noch Irrtum.

Dritte Linie. — Auf die äußerste Grenze der Behinderung gestellt, bereitet er sich vor, sich mit der sechsten Linie zu verändern; mit dieser letzteren besitzt er das gleiche Streben vorzugehen. „Wie ausgezeichnete Pferde" hat er Schnelligkeit und glühende Lebhaftigkeit; aber er darf sich nicht auf die Tatkraft seiner Fähigkeiten noch auf das Mitgefühl der Vorgesetzten verlassen und die Vorsicht und Klugheit vergessen. Er werte die Schwierigkeit der Dinge und bleibe auf seiner Hut, als ob „er täglich seine Befestigungen stärke". Sein Streben, vorwärtszuschreiten, ist stark und übermäßig, und er könnte dabei Gefahr laufen; er bereite also seine Verteidigung vor. Es besteht Vorteil in dem, was er unternimmt, und er besitzt die Zustimmung der Oberen, aber Vorsicht!

Vierte Linie. — Diese Linie neigt sich vor und sympathisiert mit der ersten Linie; die Bejahung ist also sehr klein, und es fällt ihm leicht, sie zu beherrschen wie „der Gutspächter einen jungen Stier mit einem Stirnbalken beherrscht". Die Vorbedeutung ist günstig. Er trägt die Last der Verantwortung während der Behinderung, und er wünscht das schlechte Streben von Anfang an zu verhindern; dies wird in der Folge sehr schwierig sein, denn die Auflehnungen sind unmöglich im Zaum zu halten. Es gibt dann Mühen und Leiden. Also, von Anfang an handeln, die natürliche Anlage der unteren und oberen Menschen beherrschen, ehe das Böse offenbar wird. Zuvorkommen heißt den Vorsprung verhindern und die Fröhlichkeit bewahren.

Fünfte Linie. — Das ist der Fürst, das Oberhaupt, der alle schlechten Leidenschaften verhindern will und nicht dazu gelangt. Aber die Dinge haben unter sich ein feines und mächtiges Band; indem er sich nach dem natürlichen Weg dieser Dinge und den Notwendigkeiten des besonderen Falls richtet, wird er alle Herzen wie ein einziges Herz betrachten, und wird dazu gelangen es geneigt zu machen; er wird es beherrschen. Wenn man die Kraft anwendet um ein wildes Tier zu beherrschen, vergeudet man seine Kräfte unnütz, und man kann es nicht unschädlich machen; wenn man es verstümmelt um ihm seine Macht zu nehmen, dann hört, obwohl seine Gegenwehr unversehrt ist, die Heftigkeit seiner Natur auf. Also, der begabte Mensch trockne die ursprüngliche Quelle, aus der das Böse kommt, aus, und es wird von selbst aufhören. Diese Arbeit ist im Anfang niemals leicht; man braucht die Milde, die Gerechtigkeit. Die Vorbedeutung ist glücklich, aber weder tief noch groß.

Sechste Linie. — Die Verhinderung, an ihre Grenze gelangt, ruft die Freiheit durch ihr eigenes Unmaß hervor. Die Bejahung folgt dann ihrem eigenen Antrieb und breitet sich aus. Es gibt kein begrenzendes Hindernis mehr, und die Freiheit ist vollständig; der Weg ist weithin offen.

27

YI

Hauptbedeutung. — Ernährung, Unterhalt. Oben ist Ken, unten Tshen; der Blitz ist unter dem Gebirge, das Obere hemmt, und das Untere bewegt sich. Die Form des Kua ist diejenige des Mundes; zwei positive *Yang* Linien umfassen die Menge der negativen *Yin* Linien: das ist der Kiefer und die Leere des Mundes. Die Vorbedeutung ist an sich günstig; der seinen Körper ernährende und seine Tugenden entwickelnde Mensch wird immer bei Anwendung der Geradheit eine glückliche Vorbedeutung finden. Den Mund beobachten, untersuchen, wovon der Mensch sich ernährt, heißt den Weg finden, dem er zu seiner Ernährung folgt und den Ursachen nachgehen. Kein wie immer geartetes Wesen kann ohne Nahrung leben. Aber der Mund äußert auch Worte, und ebenso wie der begabte Mensch die Nahrung, wird er gleicherweise seine Worte überwachen: Klugheit und Umsicht in der Sprache, das ist die Mahnung des Schicksals. Er untersuche den vernunftsgemäßen Weg, der aus der Vorstellung des Unterhalts durch Ernährung, in physischer Hinsicht oder durch mündliche Lehre, folgt, dann wird er daraus auf viele Dinge schließen.

Erste Linie. — Unwissenheit und Blindheit; er sucht die Nahrung, er unterliegt den menschlichen Leidenschaften; er kann sich nicht selbst schützen und bewahren. Sein Herz ist erregt, er spricht unbesonnen; bejahend, folgt er der Verneinung (vierte Linie); die Vorbedeutung ist ungut. Er besitzt indessen Fähigkeiten und Geschicklichkeiten der kraftvollen Tatkraft; er hat einen hellen Verstand, aber seine Leidenschaften verwirren ihn, und er verliert seine Geradheit.

Zweite Linie. — Verneinende und milde Linie, die sich nicht selbst ernähren kann und die Nahrung von anderen erwartet. Jeder wird durch den ernährt, der ihm nach dem wahren Seinsgrund der Dinge übergeordnet ist. Wenn er seine Ernährung von der Bejahung verlangt, erniedrigt er sich auf die erste Linie; es entsteht so eine Zerrüttung in der logischen Ordnung der Natur, die Verneinung der Grundprinzipien des Himmelsweges. Geht er zur oberen sechsten Linie in die Höhe, wird er Unglück haben, denn diese Linie stimmt nicht mit ihm überein. Die Vorbedeutung ist ungut, was für die zweite, gewöhnlich wohltätige Linie selten ist. Das kommt davon, daß er weder mit der ersten noch mit der sechsten positiven Linie des Kua rechnen und sich vertragen kann. Er handele also nicht, denn weder der eine noch der andere der Gesprächsteilnehmer sind von seiner Beschaffenheit.

Dritte Linie. — Schmiegsam und negativ, erweist sich diese Linie ohne Gerechtigkeit noch Geradheit; sie ist träge, verderbt, erregt. Sie weicht vom vernunftgemäßen Weg ab, und die Vorbedeutung ist ungut. Er halte sich zehn Jahre ohne zu handeln; in Wirklichkeit wird nichts von dem, was er unternimmt, unter den Bedingungen, in denen er sich befindet, gelingen, Bedingungen der Zerrüttung der Pflicht und des Seinsgrunds der Dinge.

Vierte Linie. — Milde, ergeben, besitzt er die Geradheit und kann sich duldend der ersten Linie unterwerfen, um dadurch die Nahrung zu erlangen; aber diese ist ein Untergebener, und die Ordnung der Dinge wird damit umgekehrt. Die Vorbedeutung ist indessen letztlich gut. Er rechnet zu sehr auf andere, um auf die Sorgen bedacht zu sein, die seine Lage zuläßt, denn sein Charakter ist wesentlich träge und negativ; sein Ruf leidet darunter, und die Untergebenen trachten danach, ihn geringschätzig zu behandeln. Er hat die Möglichkeit, daß der Untergebene, der ihn führt und ernährt, ein weiser und achtbarer Mensch ist; er verbreitet seinen Einfluß unter den Untergebenen und unterwirft sie der vierten Linie. Das Bild des Weissagetextes ist das „eines mit gesenktem Kopf lauernden Tigers": das ist die Unterlegenheit und die ausschließliche Ballung der Macht und der Wille sein Ziel zu erreichen, indem man es beim Kopfe faßt. Aber die Tugend, die er verbreitet, kommt von der ersten positiven und kraftvollen Linie, und er darf sie nur durch seine Lage austeilen.

Fünfte Linie. — Schwach und negativ, ist sie der Fürst oder das Oberhaupt, dessen Fähigkeiten nicht ausreichen die Menge zu ernähren. Darüber ist ein mit positiver Tatkraft begabter Weiser, dessen Ratschlägen er folgt. Die Vorhersage ist also glücklich, er halte sich durch die Ratschläge, die er von oben empfängt, und vermeide sich schwierigen Umständen, wie Kriegen oder Revolutionen, zu stellen. Er überquere keinen großen Flußlauf. Ohne einen kraftvollen und verständigen Meister ist es unmöglich, für die Zukunft einzustehen; er füge sich also darein trotz seiner bedeutenden Stellung.

Sechste Linie. — Das ist der strenge und kraftvolle Erzieher, der lehrt. Obwohl der fünften Linie unterworfen, berät er ihn und hat so eine große Macht; er sei aber in einer dauernden Besorgnis vor Gefahr; unter dieser einzigen Bedingung wäre die Vorbedeutung gut. Er ist nützlich, einen großen Flußlauf zu überqueren, das heißt tatkräftig all seine Fähigkeiten zu üben, seine Aufrichtigkeit zu erschöpfen, all seine Kräfte zu entwickeln ohne nach rückwärts zu schauen, indem er aber dauernd an die Gefahr denkt: so wird er nicht unterliegen. Die Last ist schwer, die Stellung ist erhaben, das Glück ist groß; er sei wach.

28

TAE KUO

Hauptbedeutung. — Das große Unmaß durch Bewegung. Es
wird gebildet aus dem Trigramm Tui über dem Trigramm
Sun, der Sumpf über dem Baum; das schlafende Wasser zerstört den Baum; es befeuchtet und ernährt ihn, aber schließlich
überschwemmt und zerstört es ihn. Dies ist das Unmaß in der
Bejahung, in der Größe; ein leichtes Unmaß ist gut, denn es
kann zum gerechten Maß gebracht werden. In diesem Kua
„durchbricht" die Verneinung das Hexagramm oben und unten,
und die Bejahung ist unmäßig in der Mitte gehäuft; es ist das
Bild „eines schwer beladenen Daches, dessen Gerüst und Rän-
der schwach sind". Es besteht indessen ein gangbarer Weg und
Vorteil in dem, was es zu unternehmen gibt, wenn man diesem
Weg folgt. Obwohl die Härte im Übermaß ist, besitzen die
zweite und die fünfte Linie Gerechtigkeit: unten Unterwürfigkeit, oben Freude, es ist also nützlich zu handeln. Es bedarf
also hier größerer als der gewöhnlichen Menschen Fähigkeiten,
wenn nicht, ist es unmöglich den Unmäßigkeiten zu begegnen.
Der begabte Mensch, moralisch größer als die anderen, kann
sich allein ohne Furcht halten und die Welt ohne Betrübnis
fliehen; er weiß, daß seine Zeit ihn keineswegs beachtet und ist
deshalb nicht traurig. So kann er sich aufmerksam beobachten.
Erste Linie. — Ihr Wesen ist die Unterwürfigkeit; sie ist schwach

und sanft, in die Unterordnung gestellt; derjenige, der zu umsichtig und zu furchtsam ist. Es besteht Übermaß an Vorsicht.
Indessen ist das Übermaß in der aufmerksamen Verehrung
für den Menschen keine tadelnswerte Sache; es kann seine
Ruhe sichern und ihn Irrtümer vermeiden lassen. Mahnung,
in der Unterwürfigkeit und der Unterordnung zu bleiben, wenn
Unmaß in der Größe besteht; er muß sein wie „Stroh, das zum
Schmuck und zur Bekleidung einer Wohnung dient", man muß
vor dem Handeln, aber in einem Mittelweg, umsichtig zu sein
wissen.

Zweite Linie. — Diese und die fünfte Linie haben die symbolische Bedeutung von zeugen; er hält sich in der Milde und
nähert sich der ersten, indem er sich mit ihr verbindet. Im Besitz der Gerechtigkeit und im Gebrauch der Milde, wird er zu
einem Erfolg gelangen; aber der Text spricht noch nicht von
einer guten Vorbedeutung. Es besteht auch die Bedeutung von
einem Gatten, der, obwohl alt, eine junge Frau besitzt und
zeugen kann. Aber in ihrer Übereinstimmung gibt es eine Harmonie, die das gewöhnliche Maß übertrifft. Dies kann von dem
Ratsuchenden für die ihn beschäftigende Angelegenheit symbolisch gedeutet werden.

Dritte Linie. — Ein großes Werk, eine große Unternehmung
schaffen, verlangt ein gutes Gleichgewicht von Gerechtigkeit
und Sanftheit, und die Hilfe anderer. Also, das Übermaß von
tatvoller Kraft macht die Wirkung auf die anderen Menschen
unmöglich. Diese dritte Linie gebraucht die kraftvolle Festigkeit mit Übermaß; im Handeln geht sie gegen die Übereinstimmung an und wird die Menge verdrießlich machen. Er kann
das Gewicht dieser Last nicht tragen und führt den Einsturz
des Hauses herbei; die Vorbedeutung ist ungut; er ist ohne
Hilfe, und es ist unmöglich sie zu erhalten.

Vierte Linie. — Nahe der Stellung des Oberhaupts ist er mit dem Gewicht des Übermaßes an Größe beladen; da es ja kein Übermaß an kraftvoller Festigkeit (positive Linie auf negativem Rang) gibt, wird er für diese Linie die Möglichkeit haben, auf der Höhe der ihm obliegenden Aufgabe zu sein; und die Vorbedeutung ist günstig. Tatkraft und Milde vereinigen sich in zuträglicher Weise. Indessen wird er aber von der Verneinung der ersten Linie angezogen, und er sollte Furcht haben; es besteht die Gefahr von Übermaß an Milde durch Einfluß.

Fünfte Linie. — Augenblick des Übermaßes in der Größe, um sich in der Stellung des Oberhaupts zu halten; er hat unten weder Hilfe noch Anteilnahme. Umso mehr wird er sich über sich mit einer zum Übermaß getriebenen Verneinung verbinden; er hat davon nichts zu erwarten, es ist „eine unfruchtbare Gattin", und sie ist es im Gegenteil, die ihn beherrscht. Die Lage ist ungewöhnlich und verächtlich. Weder Unglück, noch Glück, unfruchtbar.

Sechste Linie. — Das ist der schwache Mensch, der sich auf den Gipfel stellt, indem er die gewöhnlichen Regeln überschreitet, die Grenzen der Seinsvernunft der Dinge außer Acht läßt, unbesorgt um das Ende und die sicheren Gefahren. Der Boden ist unterhöhlt vom Unglück; das symbolische Bild ist, über das Wasser gehen zu wollen; man geht dabei unter, und das Wasser schlägt dem Menschen über dem Kopf zusammen. Die Vorbedeutung ist ungünstig. Durch seine unüberlegte Begierde ist der schwache Mensch der Grund für sein eigenes Unglück, und er kann sich nur die Schuld selbst zuschreiben.

29

KHAN

Hauptbedeutung. — Der Sturz, sich wegen einer Gefahr einer anderen Aussetzen; zwei gleiche Trigramme, das schlafende Wasser, der Sumpf; in der Gefahr besteht eine andere Gefahr. Oben und unten „fällt" eine einzige Bejahung zwischen zwei Verneinungen. Der Sturz ist der dem stehenden Wasser innewohnende Zustand. Dabei gibt es Gutgläubigkeit und Vertrauen; das Herz ist frei, aufrichtig; die Handlung ist achtbar, und bei Anwendung der höchsten Aufrichtigkeit wird man der Gefahr entgehen können. Man muß handeln, soll die Gefahr nicht zum Dauerzustand werden. Handeln in der Gefahr, des Vertrauens, der positiven Tatkraft, der Aufrichtigkeit nicht ermangeln, siehe, das ist die Mahnung. Aber man nehme sich in Acht! Die Befähigung zu handeln, bildet hier das Verdienst, und man muß die Widerstände zu seiner Verteidigung anzuwenden wissen. Die tugendhafte Führung des Menschen muß dabei andauernd sein wie die „des Baches, der beständig fließt". Also, Wiederholung und Ausdauer nicht anzuwenden fürchten; die vollkommene Haltung sichert die Ruhe.

Erste Linie. — Mild und schwach, reicht ihm niemand die Hand, und er kann aus der Gefahr nicht herauskommen; er versinkt mehr und mehr in dem Strudel einer ernsten Gefahr. Die ungünstige Vorbedeutung ist klar. Verlust des Wegs.

Zweite Linie. — Es besteht noch Gefahr, denn die Bejahung fällt zwischen zwei Verneinungen; aber durch seine Tatkraft und seine Gerechtigkeit kann er dabei ein wenig durch sich selbst helfen und stürzt nicht wie die erste Linie in die tiefe Gefahr. Er hat etwas Erfolg und schützt sich durch sich selbst, aber er kommt aus den Gefahren, die im Strudel sind, noch nicht heraus

Dritte Linie. — Da er die weiche Milde der Verneinung anwendet, hält er sich ohne Gerechtigkeit noch Geradheit. Die Lage ist nicht gut; er kann weder vorwärts noch rückwärts gehen, noch am gleichen Platz bleiben. Kommend und gehend wird er immer Gefahren begegnen. Er findet sich im höchsten Maß angegriffen und kann sich nur in den Strudel der Gefahren stürzen. Man folge nicht diesem Weg und handele nicht, denn schließlich wird man keinerlei Erfolg haben.

Vierte Linie. — Schmiegsam und negativ, begegnet er über sich keinerlei Unterstützung. Seine Lage ist ausgezeichnet, und er muß einfach die natürliche Unbefangenheit erschöpfend anwenden, ohne darüber hinauszugehen und die äußere Erscheinung und den Schmuck zu überschätzen. Man muß die freie und zugängliche Seite des Herzens des Oberhaupts benutzen, um ihn zu rühren und zu beeinflussen; nicht die Fehler bekämpfen, was nur das Mißtrauen wecken kann, aber sich an den Verstand wenden, siehe, das ist der einzuschlagende Weg. Um zu unterrichten, muß man sich auf die vorherrschenden Neigungen desjenigen stützen, den man unterrichtet; was vorherrscht, versteht das Herz, und auf diesem Wege dringt man in den Geist ein.

Fünfte Linie. — Er befindet sich inmitten des Abgrunds; man muß die Angelegenheit absolut vertagen, bis dieser Abgrund ausgeglichen und aufgefüllt ist, um keinen Fehler zu begehen.

Die Linie ist noch in der Gefahr. Es ist ihm möglich, die Hindernisse zu überwinden, aber er wird über sich keinerlei Hilfe begegnen. Indessen naht die Zeit, da er aus den Gefahren herauskommen kann.

Sechste Linie. — Schmiegsame Weichheit der Verneinung, die auf den Gipfel der Gefahr gestellt ist; die Tiefe des Sturzes; es ist unmöglich herauszukommen, und die Formel spricht von der Unmöglichkeit während dreier Jahre Erfolg zu haben. Die unglückliche Vorbedeutung ist offenkundig und dauert drei Jahre. Es besteht selbst die Möglichkeit der Gefangenschaft.

30

LI

Hauptbedeutung. — Verbindung und Trennung, Licht, Erfolg; oben ist Li, das Feuer; unten ebenso Li, das Feuer; also Klarheit, Tag. Vom Augenblick der Offenbarung an besteht begrenzter Kontakt im Raum, Verbindung. Vom Augenblick an, da man in der Geradheit verharrt, unterwirft man sich dem vernunftgemäßen Weg der Gerechtigkeit, und die Vorhersage ist glücklich. Man muß die Tugend der Unterwerfung durch sorgfältige Pflege nähren und entfalten. Das Feuer ist von negativem Wesen und positiver Wirkung. Hält sich der Ratsuchende in der Geradheit, wird er sich der Freiheit erfreuen. Er sollte den Gegenstand seiner Anhänglichkeit untersuchen; wenn er mit der Geradheit übereinstimmt, ist die Vorbedeutung glückhaft.

Erste Linie. — Die Bejahung neigt zur Bewegung und besetzt hier einen unteren Rang; das Streben des Trigramms Li ist wie das der Flamme aufzusteigen; er ist dabei sich überstürzt zu bewegen, aber sein Gang ist noch zaghaft, und die Anzeichen seiner Tatkraft sind schon sichtbar. Da er sich bewegt, verläßt er seinen unteren Rang und nimmt eine Schuld auf sich. Kennt er seine Pflicht und stimmt mit ihr überein, wird er die Schuld vermeiden. Er handle also mit Verstand und im gegebenen Augenblick, und da es ihm an Unterscheidungsvermögen in der

Wahl seines Anschlusses fehlt, vermeide er schlecht zu handeln. Das Betragen ist zweideutig und zaghaft. Er wisse die Ehrfurcht zu gebrauchen; Achtung, wann er sie anwendet.

Zweite Linie. — Er schließt sich der Gerechtigkeit und Geradheit an und gebraucht die Eigenschaften der Anmut der Form; er paßt sich dem glänzenden Verstand des Oberhaupts an, und durch seinen Verstand und das Unterscheidungsvermögen seines Anschlusses besteht eine glückliche Vorbedeutung.

Dritte Linie. — Die frühere Klarheit beginnt aufgesogen zu werden, und die andere Klarheit (des zweiten Trigramms) wird ihr folgen; hier also das Symbol der untergehenden Sonne, der Angelegenheit, die zugrunde geht. Man muß sich mit sehr gewöhnlichen Dingen abzufinden wissen, ruhig das Alter erwarten, auf dem gleichen Fleck bleiben; wenn nicht, wird die Vorbedeutung unglücklich sein. Er berufe jemand, dem er seine Angelegenheiten übertragen kann, er ziehe sich zurück und halte sich in Zurückgezogenheit, um seinen Körper auszuruhen, indem er sich weise mit der Mittelmäßigkeit seiner Lage abfindet.

Vierte Linie. — Es besteht Heftigkeit, Übereilung, lebhafter Lauf, Fehlen von Gerechtigkeit; er folgt nicht ehrenhaft. Es besteht die Bedeutung eines Mangels auf dem normalen Weg der gesetzmäßigen Nachfolge. Er ist dem schwachen und negativen Oberhaupt der fünften Linie untergeordnet. Sein Äther brennt wie eine Flamme, und er erleidet dadurch unheilvolle Wirkungen. Es besteht Neigung zum Aufstand. Ebenso ein Sinn von Sterben und Verlassenheit, und die Vorbedeutung ist unglücklich. Er trotzt dem Oberhaupt; er ist ohne Unterwürfigkeit unter die Autorität, die er ertragen müßte; die Menschen hassen und verlassen ihn.

Fünfte Linie. — Er stellt das Gute dar; da er aber die schmiegsame Weichheit verwendet und einen oberen Rang einnimmt, hat er keinerlei Hilfe von unten und ist allein und abgeschlossen angesichts der Gefahr der sechsten Linie: gefährliche Lage. Mit seinem Verstand könnte er die Gefahr gründlich erforschen, aber Tränen werden fließen und die Traurigkeit ihn überfallen. Aber dies ist nur eine natürliche Folge des Augenblicks, und am Ende ist die Vorbedeutung gut; er wird sicher von oben und unten bedrängt, aber mit Erleuchtung wird er den Seinsgrund der Dinge erforschen; da er zu fürchten und vorauszusehen weiß, könnte er gegen die Ereignisse Front machen.

Sechste Linie. — Äußerster Grad der Tatkraft und des Verstandes; er ist fähig, aufzuklären und zu entscheiden, da er zu strafen und das Böse zu erkennen weiß. Er darf nicht mit einem Gerechtigkeitsunmaß handeln, da es sonst ein Unmaß an Härte und Strafe wird. Er wähle also nur die ursprünglich Schuldigen aus, und dadurch wird es keine grausame Härte geben. Er lasse die Mitschuldigen fallen. Das ist die Mahnung des Weisen Menschen.

31

HIEN

Hauptbedeutung. — Gebildet aus den beiden Trigrammen Tui,
der Sumpf, über Ken, das Gebirge, wird es der Überlieferung
nach gedeutet als die Verbindung des jungen Mädchens (Tui)
und des jungen Knaben (Ken). Das Vergnügen lenkt mit
Freude; das Wesen dieses heiligen Hexagramms ist die Festigkeit, die Ernsthaftigkeit des Männlichen, das die Frau anzieht,
die ihm mitfühlend antwortet. Es besteht also ein Sinn von
Beeindruckbarkeit, von Einflußnahme des männlichen Geschlechts und des weiblichen Geschlechts, aber dieser wechselseitige Einfluß ist in der Ehe stärker als sonst überall. Wenn
dieser Einfluß von der Geradheit geleitet wird, entsteht eine
milde Freiheit, und Friede und Harmonie werden herrschen; wenn dieser Einfluß lasterhaft oder liederlich ist, entsteht Verderbtheit und Niedrigkeit, Verführung und Schmeichelei. Man kann dieses Kua ebenso als die Mahnung zu einer
glücklichen Ehe deuten, wenn ein junges Mädchen sich verheiratet; man bewahre die Geradheit, um die glückliche Vorbedeutung zu erlangen! Die Verbindung und der wechselseitige Einfluß der Bejahung und der Verneinung sind harmonisch und zufrieden, denn der Mann neigt sich vor der Frau, die Tatkraft
läßt nach und die Milde wächst. Um die Umwelt wahrzuneh-
men, muß man sie fühlen und sich damit tränken wie „das

Gebirge von dem Wasser des Sumpfes einsaugt, der es durchtränkt"; dann allein ist die Kenntnis der Umwelt tief.

Erste Linie. — Der Einfluß ist noch wenig bedeutend und kann den Menschen nicht bewegen, denn er ist zu oberflächlich; es besteht nur der Wunsch, fortzuschreiten, ohne die Möglichkeit vorwärts zu gelangen. Keine Vorbedeutung.

Zweite Linie. — Wenn diese Linie den vernunftgemäßen Weg nicht beachtet, indem sie die Ordnung des Oberen (vierte Linie) erwartet, wird er sich durch seine übertriebene Hast verlieren und die Vorbedeutung wird dann unglücklich sein. Paßt er sich den Ordnungen des Oberen an und bewegt sich nicht unbesonnen, dann ist die Vorbedeutung gut. Er bewege sich also nicht von selbst, wenn er Erfolg haben will; Ruhe, glückliche Voraussage; Bewegung, unglückliche Voraussage. Sich passiv dem Seinsgrund der Dinge unterwerfen, nicht die Initiative ergreifen um sich an das Oberhaupt zu wenden: das Mittel keinerlei Übel zu erfahren.

Dritte Linie. — Er gebraucht die Bejahung um einen Rang einzunehmen, der der Tatkraft entspricht; er nimmt den oberen Rang des unteren Trigramms ein. Er erleidet den Einfluß der sechsten Linie, und die Mahnung ist, daß er sich nicht selbst leiten kann. Was er besitzt, ist bewahrt und bewacht von der Bedingung zu folgen; wenn er irgend etwas unternimmt, wird er Verdruß haben, denn er kann nichts von selbst tun, und sein Streben bringt ihn dazu, irgend jemand zu folgen; er ist also ein schwacher Mensch. Die Mahnung besagt, daß er ruhig bleibe, wenn er Sorge und Kummer vermeiden will.

Vierte Linie. — Entspricht der Einfluß der Geradheit, ist die Vorbedeutung gut; wenn nicht, ist sie unglücklich. Der Egoismus kann den Weg des Einflusses versperren und der Freiheit des Ratsuchenden schaden; werden die geheimen und egoistischen

Gefühle gebraucht, um irgend etwas zu beeinflussen, dann findet sich der Raum dieses Einflusses bedeutsam eingeengt. Man mahnt, Geradheit und Festigkeit zu besitzen und unschlüssiges Kommen und Gehen ohne Festigkeit zu vermeiden; in letzterem Fall werden allein unentschlossene und leichte Freunde kommen, und der Einfluß, den man ausüben will, wird sehr beschränkt sein.

Fünfte Linie. — Wenn er gegen sein egoistisches Verlangen angehen und andere, als seine Umgebung und die er liebt, beeinflussen kann, wird er keine Sorgen haben; es besteht die Warnung, gegen sein eigenes Herz anzukämpfen und sich von geheimen Wünschen zu befreien, die die Möglichkeit abstumpfen, die Wesen zu beeinflussen. Die Geschlechtlichkeit verbraucht die Strahlungskraft; man denke darüber nach!

Sechste Linie. — Weich und negativ, hängt von ihm die Zufriedenheit ab; er wünscht, die Umwelt zu beeinflussen, aber er weiß nur das Wort im Sinn der schwachen Menschen zu gebrauchen; er weiß nicht, daß allein die Wirklichkeit die Umwelt tief und unmittelbar beeinflußt. Die Vorbedeutung ist ungut. Die Leidenschaft, die unbeständige Hast werden die äußerste Aufrichtigkeit nie ersetzen den Menschen zu beeinflussen.

32

HENG

Hauptbedeutung. — Dauer, Fortdauer, Beständigkeit; im Gegensatz zum Kua 31, Hien, ist der „mannbare Jüngling" (oberes Trigramm Tshen) über der „mannbaren Tochter" (unteres Trigramm Sun); die normale Ordnung ist gewahrt, das männliche Element bewegt sich außerhalb und gibt den Anstoß; das Weibliche erleidet diesen Anstoß drinnen; oben der Blitz, unten der Wind, die Unterwürfigkeit und Bewegung, die kraftvolle Festigkeit und die schmiegsame Weichheit entsprechen sich sympathisch. Da Dauer besteht, gibt es Freiheit unter der Bedingung vollkommener Geradheit. Es besteht die Warnung vor dem Nutzen im Unternehmen. Es gibt ein Anzeichen von Gehorsam in der Handlung, von wechselseitiger Verbindung; nichts kann ohne Bewegung und Veränderung dauerhaft sein; Anlaß, nicht im Schlendrian einzuschlafen, und immer auf die Veränderungen der Bewegung und der Ruhe aufzupassen, die sich wechselseitig verursachen. Es besteht ebenso die Warnung, stehenzubleiben ohne zu versuchen die Gegend zu wechseln.

Erste Linie. — Der weiche und wenig aufgeklärte Mensch, fähig die gewöhnlichen Regeln zu beachten, aber unfähig, den Grad der jedem Ding innewohnenden Kraft zu ermessen. Es besteht eine große Unergründlichkeit der Lüsternheit; die Hoffnung ist ebenfalls stark, und diese Linie folgt dem gewöhnlichen Weg, ohne ihn ändern zu können. Dabei eigensinnig auf den Schutz des Oberen vertrauen, ist ein unglücklicher Weg; nichts von dem, was man unternimmt, wird von Vorteil sein. Die Tiefe dieser Dauer ruft die Anhänglichkeit an alte Verbindungen und damit Sorgen und Fehler hervor; er kann sich nicht damit zufrieden geben, in seiner augenblicklichen Lage zu bleiben, und die Vorhersage ist ungünstig. Seine natürliche Veranlagung bringt ihn dazu, sich abzuschließen; er trachtet aber auch gleicherweise zum Handeln, auch beharrt er tief auf gewöhnlichen Mitteln, um das zu erlangen, was er begehrt und erlangt nichts Gutes, denn ihm fehlt es an Unterscheidungsvermögen und er kann seine Kraft mit den Bedingungen des Augenblicks nicht in Einklang bringen.

Zweite Linie. — Die Lage, die er einnimmt, der Anstoß, den er sich gibt, indem er sich bewegt, sind richtig, und er könnte in der Gerechtigkeit verharren, mangelte es ihm nicht an Geradheit. Die Sorgen zerstreuen sich, denn der begabte Mensch weiß den Wichtigkeitsgrad der jeder Lebensbedingung innewohnenden Kraft zu erkennen.

Dritte Linie. — Das Streben dieser Linie bringt ihn dazu, der sechsten Linie zu folgen; er ist auf einen Platz gestellt, der der Dauer entspricht, und er läßt sich dort nicht nieder; er ist ein Mensch ohne Beständigkeit. Er sammelt dabei Schande und Beschämung. Durch diese Unbeständigkeit entsteht Kummer und Unordnung. Die Mahnung ist, Geradheit aber auch Beständigkeit und Festigkeit des Geistes zu haben.

Vierte Linie. — Die Lage ist untauglich, obwohl es dabei irgend etwas Dauerhaftes gibt. Er vergeudet dabei seine Kräfte, seine Tatkraft und seine Zeit ergebnislos. Er kommt nicht dazu, das zu erhalten, was er möchte.

Fünfte Linie. — Er hält sich in der Gerechtigkeit, und wenn er dauernd auf seinen Tugenden beharrt, ist die Vorbedeutung gut. Aber diese Dauer muß passiv sein, „wie für eine Gattin"; handelt es sich um eine Frau, so ist die Vorhersage günstig. Tut ein Mann in diesem besonderen Fall nichts als den Anderen zu folgen und auf sie hören, versäumt er die Pflicht seiner kraftvollen Festigkeit und betritt einen unglücklichen Weg. Was für den einen gut ist, gilt nicht für den anderen. Wenn der Mann der Frau gehorcht, das Männliche sich vor dem Weiblichen neigt, gibt es Unglück.

Sechste Linie. — Der Gipfel der Bewegung; fährt man in unordentlichen Bewegungen fort, so ist die Vorhersage ungut. Das Verdienst, der Erfolg des Werkes sind nur möglich, wenn er die Tugend der Beständigkeit besitzt; bewegt er sich ungeduldig, ohne einer vorgezeichneten Linie zu folgen, wie sollte er handeln können? Die unglückliche Vorbedeutung ist schwer. Nichts ist möglich.

33

THUEN

Hauptbedeutung. — Sich nach hinten zurückziehen, sich hüten, beiseitetreten, indem man weggeht; oben ist Kiän, der Himmel; unten ist Ken, das Gebirge; es gibt eine aufsteigende Bewegung und ein Hindernis; das ganze hat einen gewissen Widerspruch, und der Text meint genau, man müsse darin den schwachen Menschen (die beiden unteren Verneinungen) sehen, der nach und nach Bedeutung erlangt und den begabten Menschen, der sich zurückzieht und sich in der Zurückgezogenheit festigt. Ihm kommt die Freiheit zu. Erkennt er die ersten Anzeichen des Aufsteigens der schwachen Menschen, zieht sich der begabte Mensch an einen entlegenen Ort zurück und bleibt fest. Er hat keinen Nutzen davon sein ganzes Wissen zu entfalten; er zeige also nur eine kleine Fertigkeit. Sowie der schwache Mensch aufsteigt, muß er die Geradheit beachten, nicht über die Bejahung herfallen und sie schmälern. Es wird noch Veränderungen an Ausdehnung und Verdunkelung geben; handelt er der Zeit folgend, wird er sich halten können, wenn er die kleinen Vorteile des Augenblicks ausnützt. Die Verneinung wächst niemals plötzlich, und der begabte Mensch muß niemals mit einem Schlag zu handeln aufhören; er muß verschwiegen arbeiten, indem er dem Zerfall Widerstand leistet, den Fortschritt des Bösen verhindert, indem er dabei nach einem zeitlichen Aufschub trachtet. Er verliere nicht seine Strenge.

Erste Linie. — Die Tat, sich zu seinem Schutz auf und davon zu machen; da er sich in einer untersten Lage hinten befindet, soll er nichts unternehmen, denn dies wäre eine Gefahr. Der Kleinste hat es leicht, sich zu verbergen und sich unterzustellen. Sich im Schatten halten, sich darin unterstellen, nichts unternehmen; sieh, das ist die Warnung. Andernfalls ist die Vorbedeutung ungünstig.

Zweite Linie. — Er wende Gerechtigkeit und Geradheit an und folgt mit Ergebenheit dem vernunftgemäßen Weg, indem er sich sehr fest mit der fünften Linie verbindet. Er sei gefestigt, zurückhaltend, ergeben; er wird indessen nicht dem Bestreben entgehen können, das ihn zur Zurückgezogenheit bringt.

Dritte Linie. — Er wird von der Verneinung zurückgehalten und kann sich so nicht plötzlich zurückziehen; dies schadet seiner Zurückgezogenheit und ist ein Hindernis. Dieser Anschluß hat irgendein dem vernunftgemäßen Weg des begabten Menschen Gegensätzliches; obwohl es für ihn gefährlich sein könnte, ist die schicksalhafte Mahnung nicht deutlich; nur schwere Hindernisse. Die einzige glückliche Vorhersage wäre, wenn es sich um das Vereinigen der Diener handelte und darum, seinem Herzen zu gehorchen; aber dies so lobenswerte Gefühl zeigt indessen, daß man nicht fähig ist, sich auf der Höhe großer Dinge zu zeigen.

Vierte Linie. — Obwohl er teure Wesen besitzt, handelt der begabte Mensch, wenn seine Pflicht im befiehlt, in die Einsamkeit zu gehen, ohne Übereilung; er weiß sich zu beherrschen. Für ihn ist die Vorbedeutung günstig. Für den schwachen Menschen dagegen, der sich aus Schwachheit den Gegenständen seiner Neigung anschließt und durch seinen Egoismus zurückgehalten wird und in Schande fällt, für ihn bedeutet sie den Ruin. Die

Mahnung ist klar. Man muß seine persönlichen Gefühle zu überwinden wissen, um in die Einsamkeit zu gehen.

Fünfte Linie. — Der Besitz der Gerechtigkeit und der Geradheit ist das Symbol der Schönheit in der Einsamkeit. Manchmal
wird er verhindert, manchmal handelt er; die Vorbedeutung ist
günstig. Er begeht keinerlei Fehler durch egoistische Verbindungen, er gebraucht Gerechtigkeit und Geradheit, um in seine
Einsamkeit zu gehen. Sein Streben ist gerade.

Sechste Linie. — Von nichts zurückgehalten, ungebunden, fern
in der Einsamkeit, weiß er davon Nutzen zu ziehen; an sich ist
die Einsamkeit ein Augenblick von Elend und Unglück, ist er
aber hart und kraftvoll, so weiß er mit Seelengröße ohne Hast
noch Zweifel daraus Nutzen zu ziehen.

34

TAE TSHANG

Hauptbedeutung. — Von großer Kraft; es ist aus Tshen über Kiän, dem Blitz über dem Himmel, der kraftvollen Tätigkeit und der Bewegung gebildet; alles blüht kräftig mit einer großen Ausdehnung. Eine große Kraft ohne Geradheit ist nur Gewalt, und der begabte Mensch folgt ihr nicht. Die Vorbedeutung ist glücklich, und es besteht Handlungsfreiheit. Die Bejahung wächst und entfaltet sich, begünstigt durch die Vollendung der Geradheit. Die Strenge der Haltung muß groß sein, und er braucht Leutseligkeit ohne sich gehen zu lassen und mustergültige Haltung ohne abzusinken. Sich selbst überwinden und zu den überlieferten Regeln zurückzufinden, ist ohne die Kraft des begabten Menschen unmöglich.

Erste Linie. — Er verwendet seine Kraft, um sich nach vorn zu bewegen; ist er in der Schwäche, gebraucht er die Kraft und besitzt nicht die Gerechtigkeit; der gefährlichste Augenblick! Gelangt er in diesen Bedingungen vorwärts, so ist die Vorbedeutung ungünstig, und er muß sich auf das Elend gefaßt machen.

Zweite Linie. — Er ist hart und tatkräftig in einem Augenblick des Aufblühens und der Größe; es gibt kein Unmaß in der Kraft, und die Vorhersage ist glücklich. Da er einen negativen Rang einnimmt, schließt er sich nicht der Geradheit für sich selbst an; aber seine Lage bringt ihn in Übereinstimmung mit der Gerechtigkeit, und es wird ihm nicht an Geradheit fehlen. Der Ratsuchende stütze sich zunächst auf die Gerechtigkeit, um die Geradheit zu suchen.

Dritte Linie. — Sie stellt die äußerste Grenze der vollkommenen Rüstigkeit dar; beim schwachen Menschen bedeutet dies das Anwenden der physischen Kraft; beim begabten Menschen ist es die Verachtung und die Verneinung dieser gleichen Kraft, denn sein Wille ist dieser groben Kraft überlegen. Er betrachtet alles von einem erhabenen Gesichtspunkt aus, ohne Furcht oder Besorgnis zu empfinden. „Der junge Widder schlägt mit der Stirn alles was sich vor ihm befindet; er gebraucht und beschädigt so seine Hörner." Der Mensch, der sich darin gefällt, fortgesetzt seine Kraft zu zeigen, und sie in allen sich bietenden Umständen, anwendet, sammelt daraus Sorgen. Jedes so begonnene Unternehmen wird durch Gefahren enden, denn es besteht Unmaß an Tatkraft ohne Gerechtigkeit und Gefahr, die sich aus dem Unmaß einer Eigenschaft ergibt. Hier verwendet der schwache Mensch die Kraft zu sehr, und der begabte Mensch verachtet sie zu viel; das ist die Mahnung. Es mangelt beiderseits an Umsicht.

Vierte Linie. — Die Sorgen zerstreuen sich, und die Anwendung der Vollendung ist eine glückliche Vorbedeutung. Es besteht Nutzen der Kraft, der Bewegung; „wenn die Nabe fest ist, ist der Wagen stark". Die Bejahung geht gegen die beiden Verneinungen vor, die sich dazwischen befinden und in einem dauernden Fortschreiten nach vorn zerbrechen. Nichts stellt sich seiner Bewegung entgegen.

Fünfte Linie. — Durch die Milde hält und erhält er die Herde der Bejahungen; hielte er sie durch die Kraft, könnte er sie nicht beherrschen und würde daraus Sorgen haben. Indem er also Duldung und Übereinstimmung verwendet, gebraucht er nicht die kraftvolle Festigkeit und begeht keine Fehler. Die Bejahungen bedienen sich nicht ihrer Kraft. Der vernunftgemäße Weg der Unterdrückung der Kraft darf nicht in der Anwendung der kraftvollen Festigkeit bestehen.

Sechste Linie. — Das Unmaß ist offensichtlich; er schreitet mit einer übermäßigen Kraft vorwärts und schadet sich; da seine wesentlichen Eigenschaften die negative schmiegsame Weichheit sind, ist er unfähig, sich selbst zu beherrschen um der Pflicht zu gehorchen; der schwache und negative Mensch, obwohl entschlossen seine Kraft anzuwenden, kann sie nicht bis zum Ende einsetzen, und kneift, wenn er Widerstand begegnet. Er ist nicht erfolgreich in dem, was er unternimmt, und die Mahnung ist, nichts für den Augenblick zu tun; denn die Festigkeit ist nicht gesichert, und die angeborene Schwäche würde bald überhand nehmen. Mahnung, die Schwierigkeit der Aufgabe zu erkennen und sich dabei in der Anwendung der Mittel milde zu halten; die Vorbedeutung wird dann glücklich sein. Die weiche Schwäche gibt ihm diese Möglichkeit, denn kraftvolle Festigkeit würde ihn dabei ganz zerbrechen. Es besteht ein Mangel an Klarheit im Urteil, aber der Irrtum dauert nicht lange.

35

TSIN

Hauptbedeutung. — Vorwärtsgehen, fortschreiten; es wird aus den beiden Trigrammen Li über Khuän, das Feuer über der Erde gebildet, die Sonne, die von der Erde weggeht und die, indem sie sich erhebt, in den Himmel vorrückt. Es besteht ein Sinn von Größe und Entwicklung der Pracht. Der Obere hat ein großes Strahlen, und diejenigen, die ihm folgen, werden von ihm mit großen Gunstbeweisen überschüttet, indem sie die Klarheit empfangen und ihm folgen. Der Obere schreitet in der Berühmtheit fort, indem er sich mehr und mehr erhebt und angekündigte Gunstbeweise empfängt. Glückliche Vorbedeutung großer Gunstbezeugungen, von aufgeklärtem, strahlendem Verstand, von vielfältigen Geschenken.

Erste Linie. — Beginn der fortschreitenden Bewegung; wenn sie sich der Geradheit anpaßt, könnte die Bewegung nach vorn von einer glücklichen Vorbedeutung begleitet werden. Derjenige, der unten ist, und die Bewegung beginnt, kann nicht ein plötzliches Zutrauen zu dem haben, der über ihm ist. Da dieser letztere seine Aufrichtigkeit noch nicht offenbart hat, muß der Untere sich zufrieden geben, sich halten und sich mit Milde und Geduld selbst beobachten. Ist der Wunsch, Vertrauen einzuflößen, glühend, so ruft er eine Bewegung des eigenen Geistes hervor, es an der Beobachtung seiner selbst und an der Pflicht fehlen zu lassen; dank der Hochherzigkeit wird es dabei keine Fehler geben. Es gibt ein Hindernis, das ihn aufhält; er nehme mit Größe und Großmut seinen Platz ein, er wird keine Schwierigkeiten haben. Er ist noch nicht mit einem öffentlichen Amt oder einer Sendung bekleidet gewesen, und die durch Zögern gemäßigte Bereitwilligkeit entspricht diesem Fall.

Zweite Linie. — Er versucht nicht mittels der Kraft vorwärts zu kommen, und er verwendet Milde, Anmut und Geradheit; er erleidet Schwierigkeiten um vorwärts zu kommen und hat selbst davon Kummer; da er seine Geradheit bewahrt, wird er sein Ziel erreichen, denn seine Tugenden werden endlich glänzen, und das Oberhaupt (die fünfte Linie), das die gleichen Tugenden hat wie er, wird ihn anerkennen und ihn zu sich berufen. Daraus wird er Ehren erhalten.

Dritte Linie. — Er erleidet Sorgen und begeht Fehler, denn sein Rang ist positiv, und er ist negativ; es ist der äußerste Grad der Unterwerfung; er gehört zur Menge und leitet sie; mit ihr ist er von der sechsten Linie angezogen, der er ergeben ist. Der Obere ist würdig, und es gibt also keinen Fehler; die Sorgen zerstreuen sich. Er ist derjenige, in den die Menge, die Leute, Vertrauen haben. Er steigt mit Ehrerbietung empor, um sich mit dem großen Verstand des Oberhaupts zu verbinden.

Vierte Linie. — Er ist nicht in der Lage, die ihm zukommt; nimmt er sie ein, so stellt er denjenigen dar, der vor der Zeit eine Stellung erstrebt. Er verbindet sich ergeben mit dem Oberen, mit dem er die gleichen Eigenschaften besitzt. Er ist ein ehrgeiziger und feiger Mensch, und sein Herz ist voller Furcht; er ist auf das begierig, was er nicht besitzt. Die Möglichkeit einer Gefahr wird offenbar, obwohl er das Recht für sich hat. Das ist das Hindernis der Vollendung, denn er hält sich fest auf diesem Boden.

Fünfte Linie. — Von Natur ist er furchtsam und verwendet die Milde, um sich zu halten; aber durch seine Intelligenz, und weil die Unteren sich einen, um sich ihm zuzugesellen, können seine Sorgen sich endlich auflösen. Er untersuche also die Beschaffenheit derjenigen, die sich zu ihm gesellen und prüfe ihre Aufrichtigkeit; er wird ihre Fähigkeiten verwenden ohne sich darüber zu beunruhigen, in seinem Vorhaben Erfolg zu haben oder zu scheitern. Die Vorhersage ist glücklich. Aber er wache darüber, unparteiisch zu sein in der Ausübung seiner Amtsgewalt, denn er kann das Ergebenheitsgefühl der öffentlichen Sache und seiner Person entfremden. Er muß jedes Gefühl von eigener Anteilnahme ablegen; nur damit wird er in seinem Unternehmen Erfolg haben.

Sechste Linie. — Das ist der Gipfel der kraftvollen Festigkeit und der äußerste Grad der Bewegung nach vorn. Es besteht Unmaß an Grausamkeit und Gewalt, übermäßige Hast, Übereilung und Fehler werden begangen. Ein solcher Weg ist niemals erlaubt außer zur Bekämpfung und Zerstörung eines Landes. Die Linie muß überhaupt auf die innere Arbeit angewandt werden, auf die Tatkraft, die man haben muß, um sich selbst zu beherrschen, um sich rasch zu bekehren. In diesem Fall ist die Vorbedeutung gut; aber es gibt immer eine gewisse Unruhe, denn dieser Weg enthält niemals Mäßigung und Gerechtigkeit. Der Weg ist noch nicht glänzend, denn es geht darum, sich mit einem Unmaß von Härte zu bessern.

MING YI

Hauptbedeutung. — Verwundungen, schädliche Ereignisse; oben ist Khuän, die Erde, unten ist Li, das Feuer; die Klarheit dringt in die Erde ein, die Sonne durchdringt die Erde, das Licht ist verwundet, die Dunkelheit beginnt (34). Der Vorteil in diesem Augenblick besteht für den begabten Menschen darin, die Gefahr zu erkennen, sich zu fürchten wissen und nicht der Geradheit zu ermangeln. Er hüte sich vor der Gefahr, er vermumme seinen eigenen Verstand, indem er ihn verbirgt, unterwerfe sich mit Geschmeidigkeit den äußeren Umständen. Es besteht also Gefahr, aber man ermangelt nicht seiner eigenen Geradheit, und man weiß den Glanz seines eigenen Verdienstes zu verschleiern. Treibt man den Glanz des Verstandes durch den Ernst der Untersuchung zu weit, dann läuft man Gefahr, die Menge zu verwunden, indem man die Duldsamkeit und Mäßigung vergißt; man muß sich seiner Verborgenheit zu bedienen wissen. Alle kommen zu ihm, und es herrscht Friede. Bedient man sich der Verborgenheit, so wandelt sie sich schließlich in Licht. Man muß sich der Schatten zu bedienen wissen, denn das Licht verschlingt alles.

Erste Linie. — Es ist der Beginn des Bösen; der durch den unteren Menschen „in seinem Flug" verwundete begabte Mensch verliert seine Mittel zum Handeln. Der begabte Mensch sieht die Dinge in ihren Keimen, und da er das noch nicht unterschiedene Böse sieht, handelt er, um es zu vermeiden und sich davor zu bewahren; er zieht sich in Sicherheit und an entlegenen Ort zurück, indem er seine Stellung und seine Amtsgeschäfte aufgibt. Das Böse ist noch nicht offenbar, und die Bindung ist sehr gefährlich; er kann es dank seines Verstandes, der es in seiner Wurzel erkannt hat, beseitigen. Die gewöhnlichen Leute staunen über seine Handlungen und machen ihm darüber Bemerkungen; er gehe weg, denn wenn die Menschen endlich die Gefahr gesehen haben werden, wird es fast zu spät sein, und sie werden sie nicht mehr vermeiden können. Also, „handeln und nicht essen"; Aber wenn das Ergebnis der Unternehmung nicht günstig ist, so ist dies die Folge des Augenblicks, und es ist unmöglich, es zu vermeiden, und es gibt keine Verantwortlichkeit.

Zweite Linie. — Er nimmt seine Stellung ein, indem er sich den Erfordernissen des Augenblicks fügt, aber der schwache Mensch schadet allem, was beständig ist, und der begabte Mensch kann nicht vermeiden, verwundet zu werden! Diese Verwundung ist leicht, und er könnte schließlich das Böse vermeiden und sich ihm entziehen. Es bestehe die Mahnung, seine ganze Kraft aufzuwenden, um sich dem Bösen zu entziehen; dann ist die Vorbedeutung günstig, wenn er Ehrerbietung und Ergebenheit nicht vergißt.

Dritte Linie. — Auf einen tatkräftigen Rang gestellt, selbst hart, schreitet er vorwärts. Er entspricht der sechsten Linie, die das Oberhaupt der Dunkelheit ist, „das aufrührerische Oberhaupt". Die Mahnung ist, nicht frühzeitig nach der Unterdrückung des Bösen zu streben, und seine Ausrottung von Grund auf zu vermeiden; die Sitten und Gewohnheiten der Menge sind davon gesättigt, und man muß Zug um Zug vorgehen. Wenn nicht, gäbe es Wirren und Fehler; die Geradheit soll nicht frühzeitig nach Vollendung trachten noch Überstürzung zulassen. Sie beugt sich unter der äußersten Dunkelheit (das obere Trigramm) und läßt den Sinn zu, das Böse auszurotten, indem sie das Licht von unten anwendet und das schuldhafte Oberhaupt ergreift.

Vierte Linie. — Ein schwacher und lasterhafter Mensch, der eine Stellung in der Nähe des Oberhaupts oder des Fürsten einnimmt und die Schmeicheleien und Erniedrigungen benützt, um darin zu bleiben. Er dient der fünften Linie, die diejenige ist, von der das dem Licht verursachte Böse abhängt, und er hilft ihr in ihren schlechten Absichten. Es besteht eine Bedeutung von geheimen Neigungen, die man zu diesem Zweck benützt, indem man so in die Gedanken und die Pläne eindringt. Die schlechten Leute bemächtigen sich so des Herzens, das sie verderben wollen. Es geht übrigens auch um das Äußere, da seine Taten dann geduldet werden. Man mahnt, daß der begabte Mensch dann wissen soll, seine Gedanken wie an einem dunklen Ort zusammenzunehmen, um „seinen Verstand zu vermummen".

Fünfte Linie. — Der der unbedingten Dunkelheit nächste Mensch; offenbarte er seine Kenntnis, würde er unmittelbar von dem Bösen verwundet oder getötet. Verbirgt er sich also tief, wird er die Gefahr vermeiden können. Der Text spricht sogar von Wahnsinn vortäuschen; all dies in einem symbolischen Sinn. Es besteht die Mahnung, die Vollendung zu hüten und seinen Verstand und seine Kenntnisse in Gegenwart der drohenden und unmittelbaren Gefahren zu bewahren; man muß fortfahren, dem Weg des Himmels zu folgen, wie immer die Sorgen, die Glücksfälle und die Gefahren auch seien.

Sechste Linie. — Von ihm hängt die Verdunkelung des Lichtes ab, und er ist dabei der Gipfel; er ist diesem Licht indessen notwendig. „Er steigt zum Himmel und fällt wieder auf die

Erde zurück". Er wird dazu gelangen, sich selbst zu zerstören und wird seinem eigenen Schicksal das Ende bereiten. Da er die vernünftigen Vorschriften versäumt, wird er unbekannt und vernichtet.

37

KIA JEN

Hauptbedeutung. — Der Mensch der Familie, die Familienmitglieder, das Innere des Hauses, der Seinsgrund der sozialen
Ebenen. Oben ist das Trigramm Sun, der Wind; unten ist das
Trigramm Li, das Feuer; der Wind geht aus dem Feuer hervor,
gewinnt draußen und handelt. Seine Familie zu leiten wissen,
heißt sein Geschäft, sein Land leiten können, und die gle-
chen Eigenschaften herrschen dort: Verstand draußen, Bescheidenheit innen. Die Frau spielt dabei eine große Rolle; ist
sie ordentlich, ist die Familie ordentlich, und ihr Weg ist gerade; besitzt die Frau Geradheit, werden sie die Männer
augenscheinlich auch haben, denn die Lauterkeit bei der Frau
bestimmt die Lauterkeit der ganzen Familie. Zunächst muß man
die ganze Lauterkeit im Inneren haben; es bedarf einer großen
und außerordentlichen Autorität, um die Familie zu beherr
schen. Wenn es darin weder Herr noch Oberhaupt gibt, wird
alles gefährdet, und die Regeln werden preisgegeben sein. Das
Oberhaupt muß streng sein. Wenn jedes der Familienmitglieder
seinem vernunftgemäßen Weg folgt, wird alles in Ordnung
bleiben. Der Kommentar erläutert, daß in diesem Fall die
sechste Linie den Vater darstellt, die fünfte und die dritte stellt
den Gemahl, die vierte und zweite die Mutter, die erste den
Sohn dar. Es bedarf eines ernsten Wortes, einer bescheidenen

Handlung, eines in seiner Erscheinung ordentlichen Individuums, damit die Familie in Ordnung sei.

Erste Linie. — Die Familie beherrschen, heißt die Menschen beherrschen, und man muß sie in begrenztem Maße in Schranken halten; die Vorrangordnung zwischen den Familienmitgliedern ist sehr wichtig, und ihr Vergessen führt zu sehr ernsten Folgen. Die Familie durch strenge Regeln bewahren, wird Fehler und künftige Sorgen gut vermeiden. Wartet man, um zu bessern, bis das Übel getan ist, werden die Meinungen verdorben, und das Böse wird schwer von Unglück sein.

Zweite Linie. — Sich nicht von vertraulichen Freundschaften beherrschen lassen; die kraftvolle Festigkeit ist hier ein Gut. Er ist unfähig, Ordnungn in der Familie herrschen zu lassen, und es gibt dabei keinerlei Mittel zum Erfolg; von seinen Gefühlen beeinflußt, läßt er sich gehen. Also unglückliche Vorbedeutung für den Mann. Dagegen glückliche Vorbedeutung für die Frau, der dieser milde und weibliche Weg vollkommen entspricht.

Dritte Linie. — Vorstellung von vorzeitiger Übereilung; es gibt dabei Unmaß an Härte (positive Linie auf einem kraftvollen Rang), obwohl er sich der Geradheit anpaßt. Er verwundet rings um sich, und die Mitglieder der Familie murren und zanken. Es gibt Unzuträglichkeiten durch zuviel Strenge. Übrigens, die Verschwendung und die Unordnung lösen auch die Familie auf und zerstören sie. Es besteht Furcht vor einer schlechten Zukunft. Das Schicksal faßt folgende beide Fälle ins Auge: den eines Unmaßes an Strenge und den von Möglichkeiten der Unordnung bei sich.

Vierte Linie. — Er gleicht sich mit Bescheidenheit genau der Stellung und dem Rang an, die ihm gebühren. Er weiß sich mit seiner Stellung abzufinden und wird Reichtum haben. Es ist

eine sehr glückliche Voraussage, und die Familie wird viel Ehren
haben, denn er kann sie bereichern.

Fünfte Linie. — Außerordentliche Stellung von Gerechtigkeit
und Geradheit; es gibt weder Kummer noch ernste Sorgen in
der Familie, und die Vorhersage ist glücklich. Achtung vor sich
selbst im Äußeren und Berichtigung der Familie im Inneren.
Das Oberhaupt oder der König gelangt dazu, eine Familie zu
haben.

Sechste Linie. — Er muß in sich vollkommenste Gefühlsaufrichtigkeit, Vertrauen und Treu und Glauben haben, damit der Weg immer dauerhaft sei. Zuviel Gefühl und Liebe
für die Familie wird Mangel an Strenge und fortschreitende
Lockerung in der Beachtung der Vorschriften hervorbringen (35).
Die Unordnung dringt in die Familie ein. Ist er aufrichtig und
vertrauensvoll, ernst und würdig, wird die Vorbedeutung
günstig sein. Geht man nicht selbst einen geraden Weg, so wird
man ihn auch der Gemahlin und den Kindern nicht auferlegen
können.

38

KUEI

Hauptbedeutung. — Der Gegensatz; es wird gebildet aus dem oberen Kua Li, dem Feuer, der aufsteigenden Flamme, und dem unteren Kua Tui, dem Sumpf, der abfallenden Bescheidenheit; es besteht Gegensätzliches zwischen den Wesen und diesen beiden Elementen. In sich ist die Vorbedeutung nicht glücklich, aber infolge der Vortrefflichkeit der Eigenschaften jedes Trigramms für die Dinge von geringer Wichtigkeit, ist die Vorbedeutung glücklich. Die beiden Trigramme stellen das junge Mädchen von mittlerem Alter und die kleine Tochter dar; ihr Streben drängt sie nicht zum selben Heim, von wo noch die Trennungsvorstellung aber mit Freude innen (Kua Tui) und Klarheit außen (Kua Li) besteht. Außerdem besteht noch die Unmöglichkeit zu großen Dingen. Das Hexagramm versinnbildet die Genugtuung und die Ergebenheit mit Anschluß an die Klarheit des Verstandes, und der Ratsuchende ist zu kleinen Verbesserungen fähig, obwohl er noch nicht die Übereinstimmung zwischen Himmel und Erde, das heißt zwischen dem Volk und seinem Herrn sehen kann. Er braucht eine tatkräftige positive Festigkeit. Der Weise ist in dem, was die Masse der Menschen eint und in Übereinstimmung bringt, manchmal allein und von der Menge unterschieden, da er nicht den Vorurteilen seiner Zeit opfert und seine Handlungen nicht mit denen der Menschen in Übereinstimmung bringt, die die Sitten unterhöhlen und die Geister verwirren. Er muß zu unterscheiden und zu trennen wissen; die kleinen Angelegenheiten, aber nicht die großen, werden erfolgreich sein.

Erste Linie. — In einem Gegensatzaugenblick die kraftvolle Festigkeit anwenden und in den unteren Ebenen aufgeregt sein, heißt Sorgen hervorrufen; sie werden sich auflösen können, denn die vierte Linie, gleicherweise auf einer kraftvollen Bejahung, zerstört sich und trennt sich ohne Verbindung; das ist der Obere und der Untere, die sich einigen. Getrennt, abgespalten, ist es nicht möglich, fortzuschreiten, aber wenn er sich mit der vierten Linie vereinigt, kann er gehen und Vorteil erlangen, denn so „kommt das Pferd von selbst zurück, seine Verfolgung ist unnütz". Die Übelwollenden sind außerordentlich zahlreich, aber man muß sie zu beachten wissen und nicht alle Beziehungen zu ihnen abbrechen, um das Unglück und die Verbindung aller gegen sich zu vermeiden. Er wird so ihre Rachegefühle auflösen, und es wird einen Einungs- und Friedensweg geben.

Zweite Linie. — Die zweite und die fünfte Linie sympathisieren mit Geradheit; aber in einem Gegensatzaugenblick verschwindet der vernunftgemäße Weg der Übereinstimmung zwischen dem *Yin* und dem *Yang,* und die Kampfesvorstellung zwischen den beiden Kräften überwiegt. Man muß also Winkelzüge benützen und Umwege machen, um sich zu suchen und sich zu rufen, indem man umgeleiteten Wegen folgt und „wie in einem Gäßchen" die günstigen Gelegenheiten erspäht, um der fünften Neunerlinie begegnen zu können, die der Fürst, das Oberhaupt, der Herr ist. Ist er mit der fünften Linie vereinigt, wird er keine Fehler begehen; denn wenn Fürst und Untertan getrennt sind, ist das Unglück groß. In diesem Trennungsaugenblick bedarf es der Langsamkeit und der Klugheit, um dem Fürsten dahin zu führen, zu sich Vertrauen zu haben. Es besteht ein Sinn von Geheimnis und verborgenen Handlungen.

Dritte Linie. — Die verneinende Schmiegsamkeit hier ist gegenwärtig in Uneinigkeit und Trennung und kann sich nicht von selbst halten; da sie zwischen zwei *Yang* Linien ist, kann sie sich nicht freuen. Diese Linie wird angezogen von der oberen Linie, der sie sympathisch entspricht, aber sie wird daran durch die vierte gehindert; die zweite zieht sie nach hinten. Wenn sie nach vorn geht, muß sie befürchten, verwundet zu werden; durch ihre Stellung besteht Fehlen von Übereinstimmung; aber wenn die Trennung an ihre äußere Grenze gelangt sein wird, führt sie schließlich zu Verbindung und Übereinstimmung. Da sie im Anfang durch zwei bejahende Linien abgespalten ist, ist sie „ohne Ursprung"; aber das wird ein Ende haben, denn der Erfolg liegt in der Einigung; die Lage ist unverdient. Der Weise gehorcht der Seinsvernunft und handelt ruhig; wissen, heißt die Ursache in ihrer Wurzel erkennen und sich mit Festigkeit hüten.

Vierte Linie. — Er entfaltet bejahende kraftvolle Festigkeit zwischen zwei Verneinungen; er ist also abgespalten, ohne Verbindung und muß suchen, sich mit denen zu vereinen, die mit ihm die gleichen Eigenschaften haben; es besteht die Vorbedeutung der Begegnung mit einer großen Persönlichkeit. So wird er die Sorgen seines Abgespaltenseins vergessen; er wird sich mit einer Persönlichkeit vereinigen, die in den gleichen Einsamkeitsbedingungen wie er ist. Da sie die gleichen Tugenden haben, müssen sie sich mit der vollkommensten Aufrichtigkeit verbinden. Obwohl beide sich in der Gefahr befinden, können sie ihr durch ihre Vereinigung abhelfen; so wird er das Unglück vermeiden.

Fünfte Linie. — Negative schmiegsame Linie in einem Trennungsaugenblick, hat Sorgen. Aber er wird von dem mit bejahender Tatkraft begabten Weisen unterstützt, der mit ihm sympathisiert, ihm hilft und ihm beisteht; die Sorgen lösen sich auf. Diese Hilfe ist tief „wie ein Stich in die Haut", und er wird so unternehmen können und Erfolge haben. Durch Handeln gibt es Erfolge.

Sechste Linie. — Der Gipfel des Gegensatzes, also Kampf und Schwierigkeit sich zu vereinen; der Gipfel der kraftvollen Festigkeit, denn sie nimmt den oberen Rang ein, also Übereilung, Gewaltsamkeit und Mangel an Unterscheidungsvermögen; der Gipfel des Verstandes, denn er ist die Summe des Trigramms, die die Klarheit des Verstandes versinnbildet, also Unmaß in der Forschung und viel Verdacht. Diese Linie ist nicht auf Grund ihrer Natur abgespalten und verlassen, sondern wegen ihrer eigenen Tat, die auf Grund ihres Mißtrauens und ihres Verdachtes so ist. Er zweifelt an allem; obwohl er in Übereinstimmung mit der dritten Linie ist, sieht er sie als das, was es an Widerwärtigem gibt und verabscheut sie mit Heftigkeit; aber in Wirklichkeit bildet er sich eine Sache ein, die es nicht gibt, was den Gipfel des Irrtums bedeutet. An dieser Grenze angekommen, gibt es eine Umkehr im Zustand der Dinge und dies trotz des Verdachtes und des Zweifels, die sechste und die dritte Linie enden, indem sie sich vereinen, denn der Zweifel ist schlecht gestellt und entspringt einem Irrtum. Der Zustand von Feindseligkeit hört auf, und es gibt dann einen Sinn von Ehe. Im Unternehmen dem Regen begegnen, wird eine gute Vorbedeutung sein; die Menge der Zweifel ist zerstört.

39

KIEN

Hauptbedeutung. — Schwierigkeit, Gefahr, Hindernis. Es wird aus den beiden Trigrammen Khan und Ken, das Wasser auf dem Gebirge, die Gefahr über dem Hindernis, zusammengesetzt; angesichts der Gefahr besteht Hemmung und Unmöglichkeit vorwärtszukommen; vorn mögliche und unmittelbare Gefahr; hinten ein hohes Gebirge, als Schranke; dies ist der Ausdruck der Schwierigkeit. Vorteil aus Südwest; es ist angezeigt, inmitten von Gefahren und Hindernissen nicht stehenzubleiben; in Schwierigkeiten muß man sich in völliger Geradheit halten und sich nicht in die vom Irrtum überfließende Woge hineinziehen lassen. Im Augenblick, da man sich inmitten der Gefahr zu befinden beginnt, entspricht es nicht, vor der Gefahr davonzulaufen. Es besteht die Notwendigkeit, sich nach einer bedeutenden Persönlichkeit umzusehen; es wird dann möglich, die Schwierigkeiten zu lindern; die Vorbedeutung wird gut sein. Wer die Gefahr sieht, muß, aber nicht unbegrenzt, anzuhalten wissen; wer *in* der Gefahr ist, muß vorwärtszukommen wissen, aber ohne ihr zu trotzen, denn davon würde er Leid haben. Die Fähigkeit anzuhalten bildet das Gute. Unternehmen würde einen Fehler schaffen. Sind Schwierigkeiten und Hindernisse vorhanden, muß man zu sich selbst Zuflucht nehmen, indem man den günstigen Augenblick erwartet.

Erste Linie. — Schreitet er vorwärts und handelt, wird er mehr und mehr in Schwierigkeit geraten, denn er hat eine mit negativer Schmiegsamkeit begabte, der Hilfe entblößte Natur. Er muß stehenbleiben und nicht vorwärts gehen: Vorteil, der aus der Erkenntnis des Augenblicks erwächst. Es entspricht zu warten, sagt der I GING, und den Augenblick zum Handeln zu untersuchen.

Zweite Linie. — Sie entspricht der fünften Linie und beide sind in Schwierigkeiten. Der Obere (fünfte Linie) oder der Gemahl ist inmitten großer Schwierigkeiten, und er entfaltet seine ganze Tatkraft in einem Augenblick von Gefahr, in dem Hindernisse und Gefahr außergewöhnlich sind; wie die zweite Linie, die mit Gerechtigkeit und Geradheit begabt, aber negativ ist, könnte er leicht ans Ende der Schwierigkeiten gelangen, denen er erliegt! Das ist eine neue Mühe, denn seine Neigungen drängen ihn, der fünften Linie beizustehen; und die Sorgen sind nicht in seiner eigenen Person begründet. Er hat eine außergewöhnliche Hingebung und eine vollkommene Entsagung. Aber seine Fähigkeiten sind zur Linderung der Schwierigkeiten unzureichend. All seine Kräfte und Energien muß er seinem Unternehmen widmen; es gibt weder eine glückliche noch eine unglückliche Vorhersage. Die Treue und die Hingebung seien ermutigt!

Dritte Linie. — Er ist auf den oberen Rang des unteren Kua gestellt; er verwendet die aktive Tatkraft, um sich in der Geradheit zu halten. Darunter sind alle schmiegsam und negativ und sammeln sich alle um ihn. Die obere Linie, die ihm entspricht, ist der Stellung entblößt; wenn die dritte Linie aufsteigt und fortschreitet, begegnet er Schwierigkeiten. Wenn er zu den beiden Negativitäten zurückkehrt, wird er an seinem entsprechenden Platz sein, an einem Ort des Friedens und der

Ruhe. Während eines Augenblicks von Schwierigkeiten kann sich der Verneinende und Schmiegsame nicht auf sich gestützt halten; alle verneinenden Linien umgeben die Bejahung dieser dritten Linie aus ihrem Gefühl heraus. So ist es ihm möglich, den Frieden und die Ruhe zu erhalten.

Vierte Linie. — Geht er, wird er tiefer und tiefer in den Abgrund der Gefahren geraten. In den Schwierigkeiten gehorchen diejenigen, die in den gleichen gefährlichen Verlegenheiten sind ohne Verabredung denselben gefühlsmäßigen Strömungen. Da sie sich um die dritte bejahende Linie mit den anderen Verneinungen vereinigen, ziehen sie sich gegenseitig an. Sich der Menge angleichen können, heißt während der Schwierigkeiten Platz nehmen können. Alles hängt von der Aufrichtigkeit der Verbindung mit den unteren ab, einer Aufrichtigkeit, die ihm erlauben wird, sie mit sich fortzureißen, indem man mit ihnen abwärtsgeht.

Fünfte Linie. — Er ist inmitten der Schwierigkeiten und Gefahren, aber er besitzt Hilfe und Beistand von gerechten und geraden Freunden; glückliche Vorbedeutung (36). Sie kämpfen gegen die Schwierigkeit und stehen einander bei.

Sechste Linie. — Er ist auf dem Gipfel der Gefahr und schreitet dieser Gefahr trotzend, vorwärts, woraus erhöhte Gefahr entsteht. Kommt er, anstatt vorwärtszuschreiten, zurück, indem er der fünften Linie folgt und die dritte zu Hilfe ruft, wird er groß werden. Kommt er zurück, wird er großmütig und groß sein, und die Schwierigkeit wird verschwinden. Von selbst, durch seine negative Schmiegsamkeit, wird er aus den Schwierigkeiten nicht herauskommen; erfreut er sich aber der Unterstützung der positiven tatkräftigen Festigkeit, könnte er sich der Gefahr entziehen. Es ist von Vorteil, eine mächtige Persönlichkeit, einen großen Mann zu sehen, denn durch ihn wird die Möglichkeit bestehen, die laufenden Schwierigkeiten zu mildern. Diese mächtige Persönlichkeit ist die fünfte Linie, er selbst inmitten der Gefahr; es bedeutet indessen Vorteil, ihn auf Grund seiner kraftvollen Festigkeit zu sehen. Die Vorbedeutung ist glücklich, denn das Anwachsen der Schwierigkeit ist zu Ende.

40

KIAE

Hauptbedeutung. — Befreiung, Zerstreuung. Tshen, der Blitz,
ist oben; Khan, das fließende Wasser, ist unten; die Wirkung
des Blitzes auf den Regen, die Harmonie breitet sich schrittweise
aus, die Schwierigkeiten und die Unglücksfälle geben sich und
verschwinden. Man beginnt von Sorgen und Gefahren frei zu
sein, und der Mensch muß einer nachsichtigen und leicht zu
ertragenden Herrschaft unterworfen werden; er wird sich so
beruhigen und friedlich werden. Vorteil im Südwesten. Wenn
es nichts zu unternehmen gibt, besteht die Mahnung nichts zu
tun, und die Rückkehr zur rechten Vernunft der Dinge ist
glücklich. Wenn es zu unternehmen, Dinge noch zu unterdrücken
Einrichtungen zu berichtigen, Gesetze genau festzulegen gibt,
muß man ohne Übereilung handeln, indem man den kommenden Schwierigkeiten, so wie sie aufkommen, entgegensieht.
Aber er muß dabei rasch helfen, damit die Vorhersage glücklich
bleibt, denn die Schäden würden sonst drohen ihre Bedeutung
wieder zu gewinnen. Den Wirren zu guter Stunde abhelfen,
heißt künftige Mühen vermeiden.
Zurückkommen an den ursprünglichen Platz und in Ruhe und
Frieden bleiben. Ebenso besteht eine Bedeutung von Verzeih-
ung, Straferlaß, Duldsamkeit, Gebrauch der Barmherzigkeit.
Erste Linie. — Indem er bequem Platz nimmt, hütet er sich

vor Gefahr, denn er mischt die Tatkraft mit der Milde (negative Linie auf positivem Rang). Am Anfang der Zeit der Befreiung geziemt es ruhig und gesammelt zu sein, um Kraft und Ruhe aufzunehmen. Die Schwierigkeiten verschwinden.

Zweite Linie. — Er antwortet den Bedürfnissen des Augenblicks; mit einem aufgeklärten und verständnisvollen Oberhaupt wird die Menge der schwachen Menschen zufrieden sein, aber es besteht eine Drohung, und dieser muß er Rechnung tragen. Er könnte das Herz von dem schwächlichen und unentschlossenen, noch von den Ratschlägen der unteren Menschen beeinflußten Oberhaupt, ändern. Durch Gerechtigkeit und Geradheit wird er „die drei Füchse" (die drei negativen Linien außer der fünften) fangen, und wird das Böse und die List entfernen; die Vorhersage ist günstig.

Dritte Linie. — Auf einen ihm nicht entsprechenden Platz gestellt, ist er, der untere Mensch, der „Lasten auf seinen Schultern tragen wird", und der indessen „ein Gefährt nimmt", um sie zu tragen; „Räuber" werden ihn aufhalten und ihn ausrauben. Sich eine erhöhte Stellung anmaßen, obwohl mit Geradheit handelnd, wird der Besorgnis stattgeben. Der untere Mensch führt die Unordnung und die Gewaltsamkeit herbei. Er müßte sich zurückhalten und davon gehen, um die mögliche Schande, die von ihm selbst verursacht wird, zu vermeiden. Nimmt er einen Platz ein, der über seinen Fähigkeiten liegt, wird er eitel, hochmütig, anmaßend und ungerecht, und seine Feinde werden ihn vernichten, indem sie die von ihm geschaffene Unzufriedenheit benützen. Aber an wem liegt der Fehler?

Vierte Linie. — Er nimmt eine erhöhte Stellung ein, nähert sich aber dem unteren Menschen; dadurch entfernen sich die zuverlässigen Leute, die Weisen von ihm und halten ihn abseits. Ist er fähig, die negative Weichlichkeit der ersten Linie zu vertreiben, werden seine mit *Yang* Kraft begabten Freunde zu ihm zurückkommen und ihm mit Vertrauen helfen. Er muß die erste *Yin* Linie von sich entfernen, mit der er anders als durch die Geradheit sympathisiert. Es besteht die Mahnung, daß der Ratsuchende der Stellung noch nicht würdig ist, und daß er nicht genug Geradheit besitzt. Da er sich mit den unteren Menschen einläßt, wird er diese Geradheit endgültig verlieren; er trenne sich also zunächst davon, wenn er diejenigen um sich haben will, die ihm helfen sollen.

Fünfte Linie. — Von ihm hängt die Befreiung ab; er treibt die unteren Menschen auseinander und nähert sich dem begabten Menschen; der Weg der Geradheit überwiegt, und die Vorbedeutung ist günstig. Der untere Mensch ist verwiesen und abseits gestellt. Der Weg des begabten Menschen ist frei.

Sechste Linie. — Derjenige, der Beziehungen zum Ende der Zerstreuung der Schwierigkeiten hat. Das Böse ist jetzt draußen, „auf der Mauer der Umwallung", aber noch nicht beseitigt; dies zeigt die Hartnäckigkeit und die Kraft dieses Bösen. Man muß „den Pfeil abschießen", der dieses durch „den auf der Mauer aufgebaumten Sin Vogel" versinnbildete Böse vernichten wird. Er hat den günstigen Augenblick abgewartet, um zu handeln, und es besteht die Mahnung „die Werkzeuge vorzubereiten", um auf dem vernunftgemäßen Weg der Befreiung zu handeln, um zur Handlung und zu der dem Augenblick angemessenen Bewegung bereit zu sein. Der Ratsuchende wisse, daß er Erfolg haben wird unter der Bedingung, daß er in seiner Wachsamkeit nicht nachlasse und die Waffen zu seiner Verteidigung immer bereit habe; Vorsicht ist besonders empfehlenswert.

41

SUÄN

Hauptbedeutung. — Abnahme, Verlust, Minderung. Oben ist
das Trigramm Ken, das Gebirge; unten ist Tui, das schlafende
Wasser, der Sumpf; seine Dünste steigen auf und lassen die
Wesen auf dem Gebirge wachsen: Minderung unten, Mehrung
oben. Das Anzeichen einer im Dienst des Oberen erfahrenen
Genugtuung. Man muß mit der aufrichtigsten Ergebenheit in
den Seinsgrund der Taten, die man vollbringt, handeln; dann
wird die Minderung der verschiedenen Tätigkeiten ein großes
Gut und die Vorhersage glücklich sein; es wird weder Übertreibung noch Irrtum geben, und die feste und ausgeglichene
Tätigkeit wird sich ohne Hindernis abspielen. Der Zuwachs
nimmt ab, um sich der gerechten Sache zu nähern, und
die überflüssigen Einzelheiten verschwinden; aber Aufrichtigkeit ist die wahre Grundlage. Alle Unmäßigkeiten in den
menschlichen Wünschen haben immer das Streben nach ihrer
Befriedigung als Ursache, und dieses Streben ist zu heftig und
wird niemals unterdrückt; man muß diesen Einfluß, diese Unmäßigkeiten vermindern und größte Einfachheit erlangen. Aber
diese Minderung, diese Beschränkung muß die entsprechenden
Augenblicke befolgen, sei es indem man die kraftvolle Festigkeit vermindert oder die schmiegsame Weichheit vermehrt. Die
notwendige Ordnung in der Minderung muß der Zeit entspre-

chend stattfinden. Denn der, der voll ist, wird leer, und wer leer ist, füllt sich wieder auf; man muß allein nur den Augenblick wahrnehmen. Gleicherweise besteht die Mahnung, Aufregung und Leidenschaften zu beruhigen und seine eigene Person zu bessern.

Erste Linie. — Handelt der Untere zum Wohl des Oberen, so beschränkt er sich selbst, und wird davon keinerlei Verdienst haben. Hat er die Arbeit für den Oberen beendet, muß er sich alsbald zurückziehen; so wird er Fehler vermeiden. Mahnung, niemals zu weit nach vorn zu gehen und immer in dem zu bleiben, was einem zukommt. Er beeilt sich das aufzugeben, was er getan um dem Oberhaupt (vierte Linie) Dienst zu leisten; er bemesse und schätze indessen immer seine Handlungen und übereile sich nicht.

Zweite Linie. — Es besteht die Mahnung, seine Reinheit zu bewahren; wenn nicht, wird die Vorbedeutung ungünstig sein; gibt er sich den Vergnügungen und der Trägheit hin, so wird ihm das schaden. Der untere Mensch wendet übrigens, obwohl guten Glaubens, all seine Kraft nur im Dienst des Oberen an. Er darf weder zur Unzeit vorwärtsschreiten, noch das verändern, was er bewahren muß.

Dritte Linie. — Jeder bringt sich mit seinem Freund, seinem Verbündeten in Übereinstimmung. Alles im Weltall besteht paarweise, und drei wird als ein Zuviel betrachtet und muß vermindert werden. *Yang* und *Yin* wirken durch jede Offenbarung, und es gibt nur diese beiden Kräftepole. Mahnung, daß die Zahl drei eine Unordnung bildet, und daß man nach Handlungseinheit und dem Ziel in der verfolgten Angelegenheit trachten muß. Wirken drei Menschen, so wird es wechselweise Mißtrauen geben, und um ein Paar zu bilden muß der erste entfernt werden, dann wird sich die Übereinstimmung verwirklichen können.

Vierte Linie. — Das Mitgefühl für die kraftvolle Festigkeit macht ihre eigene Minderung möglich, um dieser kraftvollen Festigkeit zu folgen. Seine negative Schmiegsamkeit nimmt durch diese Tat ab, und allein dadurch wird das Übel schwächer. Er handele also schnell und behende in diesem Sinn, er wird Genugtuung erfahren; die Raschheit der Handlung erzeugt das Gute.

Fünfte Linie. — Er übt Gerechtigkeit und Mißtrauen, um sich in der gehobenen Stellung, in der er sich befindet, zu halten; er vermindert seinen eigenen Willen und folgt den Ratschlägen des über ihn erhobenen weisen Menschen. Er erfährt großen Beistand, und die Vorbedeutung ist die eines großen Guts. Die Menge ist einmütig, und er begründet Absichten auf den Willen der Menge, der der Wille des Himmels ist. Mahnung des von oben kommenden Beistands.

Sechste Linie. — In der Hauptidee der Verminderung kann es einen Augenblick geben, in dem man sich zurücknimmt, um den Anderen zu gehorchen, einen Augenblick, in dem man sich zum Wohle des Anderen zurücknimmt, einen Augenblick, in dem man sich zurücknimmt, um im Geist des Anderen kleiner zu werden. Da hier die Minderung bereits auf ihren Gipfel gelangt, bringt sie die Vorstellung einer Verwandlung mit sich. Er vermindert und verringert den, der unter ihm ist durch die kraftvolle Festigkeit, aber er folgt nicht dem vernunftgemäßen Weg des Oberhaupts und wagt Schwierigkeiten; auch besteht die Mahnung, das zu bevorzugen, was unter ihm ist; in diesem Fall wird die Vorbedeutung günstig sein. Es ist gut, wenn er irgendeine Sache zu unternehmen hat, denn er wird Erfolg haben. Man unterwirft sich ihm bescheiden, denn er bevorzugt die Unteren; aber er handele mit Geradheit! Er hat nur seinem Streben zu folgen, denn der begabte Mensch will nur das Gute der Menschen.

42

Yi

Hauptbedeutung. — Wachstum, Vermehrung. Oben der Wind, Sun; unten Tshen, der Blitz. Der Wind und der Blitz verstärken sich wechselweise, und die beiden Erscheinungen nehmen abwechselnd zu. Es ist vorteilhaft zu handeln; vorteilhaft, einen großen Flußlauf zu überqueren. Man vermindert das, was oben ist, und mehrt das, was unten ist; das Volk wird sich darüber sehr freuen. Bei Vorhandensein von Gefahren besteht das Interesse, selbst eine gefährliche Handlung zu unternehmen, um der gegenwärtigen Lage abzuhelfen. Unten ist die Bewegung, oben die Bescheidenheit; darin besteht der vernunftgemäße Weg der Vermehrung. Der begabte Mensch weiß sich zu bessern und seine Irrtümer wieder gutzumachen; nichts wird so im Unmaß sein, denn er gelangt durch innere Verbesserung zum Guten.

Erste Linie. — Seine Fähigkeiten sind ausreichend, um das, was ihn interessiert, zu vermehren und zu entwickeln. Er erfreut sich des Wohlwollens eines hohen Beamten (vierte Linie). In untergebener Stellung kann er keine überwiegende Wirkung haben, da er aber das Wohlwollen des in einer hohen Stellung Befindlichen besitzt, der auf ihn hört, wird er diesem letzteren beistehen und helfen. Glückliche Vorbedeutung, aber er muß seine Verantwortlichkeit begreifen, denn der Vorgesetzte hat ihn mit einer großen Amtsgewalt trotz seiner bescheidenen Stellung ausgestattet. Der Vorgesetzte seinerseits erwäge, ehe er eine wichtige Angelegenheit einem Utergebenen anvertraut, selbst wenn dieser ihm sympathisch ist; grundsätzlich können wichtige Angelegenheiten nur geeigneten Personen übertragen werden.

Zweite Linie. — Er ist ohne Vorurteil und mit Gerechtigkeit und Geradheit begabt; er kann mit Ergebenheit dem Weg folgen, und die Vorbedeutung ist günstig. Er wird sich der Hilfe und der Mitwirkung vieler Leute erfreuen. Da seine Natur aber von negativer Schmiegsamkeit ist, besteht die Mahnung, eine vollkommene und dauerhafte Festigkeit zu erlangen; sein Fehler wird sein, daß ihm die kraftvolle und dauerhafte Festigkeit fehlt, die ihm durchaus notwendig ist. Er wird die Hilfe eines Vorgesetzten erhalten und Gelegenheiten begegnen, aufzusteigen und zu wachsen.

Dritte Linie. — Er nimmt einen Rang über dem Volk ein und sympathisiert mit der kraftvollen Festigkeit; er entscheidet mit Festigkeit, was ausgeführt werden muß. Er wird selbst das Gute und das Schlechte zu seinem Ziel benützen, wird dadurch aber keine Schwierigkeiten haben; er weiß das Unglück, die Umwälzungen und Schwierigkeiten zur Vergrößerung dessen, womit er sich beschäftigt, anzuwenden. Kühn in der Verachtung seiner Person, stark das Volk zu beschützen, wird er aus sich selbst handeln. Sein guter Glaube wird den Oberen beeinflussen, der seinerseits in ihn Vertrauen haben wird. In der Notwendigkeit zu handeln, wird er dies kraftvoll und gerecht tun, zuvorkommend, tätig, Vertrauen einflößend. In gewöhnlichen Zeiten wird er nicht so handeln müssen; in ungewöhnlichen Zeiten dagegen besteht die Mahnung, sich so zu verhalten.

Vierte Linie. — In der Nähe des Fürsten oder des Oberhaupts wird er seine Stellung mit Geradheit einnehmen. Da er Milde übt, dem Oberen hilft, ist er ihm sehr nützlich. Es fehlt ihm an Genauigkeit und Entschiedenheit, auch stützt er sich gern auf den Oberen und folgt duldend den Anregungen des Untergebenen. Die Mahnung ist ebenso, daß er Vorteil hat im Wechsel des Landes, wenn man das Schicksal in diesem Sinn befragt.

Fünfte Linie. — Mit fester und kraftvoller Gerechtigkeit begabt, erfreut er sich des Wohlwollens und flößt Vertrauen ein; die Vorbedeutung ist vollkommen glücklich. Er kann all seine Pläne verwirklichen und verbreitet das vollkommene Glück. Da die Oberen und die Untergebenen gegenseitig Vertrauen haben, besteht bei den einen und den anderen Aufrichtigkeit. Er wird in seinem Streben reichen Erfolg haben.

Sechste Linie. — Es geht nicht um den Vorteil des Fragenden, denn er hat keinerlei fest umrissene Stellung; er fordert einen ausschließlichen Vorteil für sich selbst und sucht sein Wohlergehen durch unlautere und egoistische Mittel. Da die Wünsche übermäßig sind, ist er blind und vergißt Pflichten und Seinsgrund; er wendet Gewalt und Anmaßung an, und daraus erwächst ihm Rachegefühl und Feindschaft. Wenn man die Prachtentfaltung und das Wohlsein über alles stellt, wird daraus Gewaltsamkeit entstehen; die Menschen werden einander verabscheuen. Die Vorbedeutung ist unglücklich, denn Maß und Zurückhaltung fehlen völlig. Von den Menschen die Befriedigung seines eigenen Egoismus verlangen wollen, heißt sich ihren Haß zuziehen; unter dem Eindruck der Furcht sprechen, sich inmitten der Gefahr bewegen, nicht Freunde suchen, sieh, das erwartet den, der sein eigenes Wohlergehen zum Schaden des Anderen sucht. Die Vorbedeutung ist ungünstig.

43

KUAE

Hauptbedeutung. — Entschluß, rasche Entscheidung, Regelung, Hindernis. Oben ist das Trigramm Tui, der Sumpf; unten ist Kiän, der Himmel. Die Welle überschlägt sich und fällt ein, denn sie ist an den höchsten Ort gestiegen. Die Menge der Bejahungen steigt und jagt die einzige Verneinung, das Hindernis, das Hinscheiden. Der Weg des begabten Menschen dehnt sich, der des schwachen Menschen wird ausgelöscht; er verschwindet. Dieser schwache Mensch ist noch zur Stelle, und man kann ihn noch nicht ohne Gefahr verjagen; der begabte Mensch denkt nach und bescheidet sich, indem er das Mittel und den Augenblick zum Handeln abwartet. Schon spricht er offen mit dem inneren Glauben, der ihn hält und führt. Indessen überwache er alles und hüte sich! Es sind noch Besorgnisse und Gefahren zu befürchten. Der Weg des schwachen Menschen ist im Zerfall, aber sein Herz bleibe wachsam, um das Unglück zu vermeiden. Um die Unordnung zu bessern und zu unterdrücken, muß der fromme Mensch zuerst sich selbst vor den anderen bessern. Die kraftvolle Festigkeit darf nicht übertrieben werden, und die Gewalt darf nicht andauern; er muß den vernunftgemäßen Weg überwiegen lassen. Er darf sich nicht in Sicherheit wiegen, aber auch nicht fürchten, die Wahrheit zu sprechen und zu zeigen, indem er Wohltaten über die Schwäche verbreitet.

Erste Linie. — Positiv und kraftvoll, stellt er diese Eigenschaften in seinem Weg nach vorn. Wenn er in einer angemessenen Weise handelt, wird er gerecht sein, wenn nicht, wird es Unmaß an Bejahung geben. Er beherrsche sich also fortwährend, denn er hat die Neigung, übereilt vorwärtszugehen. Der Irrtum wäre dann offenbar. Schuldig sind die, die mit Übermaß in ihrer Entscheidung handeln.

Zweite Linie. — Der begabte Mensch überwindet den schwachen Menschen; er muß auf seiner Hut und zu jeder Möglichkeit bereit sein. Innen Mißtrauen und Beunruhigung, außen schwere und ernste Warnung; das Bild ist wie der Abend, es gibt feindliche Soldaten; er ängstige sich deshalb nicht, denn er macht sich Sorgen und ist vorsichtig, indem er sich für alles bereit hält und die anderen warnt. Seine Lage und seine Stellung sind ausgezeichnet.

Dritte Linie. — Der Augenblick, in dem die Entscheidung getroffen ist, indem er sich auf die kraftvolle Festigkeit und die Tatkraft stützt. Seine Lage ist noch nicht sehr erhoben; im fünften Rang ist der Fürst oder das Oberhaupt, und da die dritte Linie mit Härte allein die Gewalt übernimmt, gibt es Unglück. Da die Verneinung der sechsten Linie unterdrückt werden muß, empfindet diese dritte Linie, verloren in der Masse der Bejahungen, für diese Verneinung ein geheimes Mitgefühl. Er vereint sich nicht mit der Menge, da er so allein handeln will. Das Ungeschick einer solchen Art zu handeln, ist offenbar, da der begabte Mensch in diesem sich überschneidenden Augenblick mit Kraft und Entschlossenheit handeln muß. Man warnt ihn ernst, um zu vermeiden, daß er diesen Fehler begeht. Die Vorbedeutung ist indessen schließlich günstig; obwohl der Vorgesetzte sein Verhalten begreift, wird er den schwachen Menschen am Ende wegjagen; es wird keine Schuld geben, denn schließlich wird die dritte Linie im geeigneten Augenblick brechen.

Vierte Linie. — Unentschlossen handeln, vorwärtsschreiten ohne gerade zu gehen, mit Schwierigkeit. Mit ihrer Bejahung nimmt diese Linie einen negativen Rang ein und ermangelt der Tatkraft; er wollte an sich halten, aber die Menge der Bejahungen schreitet vorwärts und erdrückt ihn; er kann nicht in Ruhe bleiben. Folgt er der Tat der Menge, wird es ihm möglich sein, ihre Besorgnisse zu zerstreuen. Er wird dies nicht tun können, denn er wird den Ratschlägen, die ihm gegeben werden, nicht glauben, und, da er der Tatkraft ermangelt, wird er sich nicht bessern und der Pflicht gehorchen. Es gibt dabei ein sehr großes Übel. Die Mahnung ist, daß er dem vom I GING gegebenen Ratschlag glauben muß: er ist von seiner Stelle nicht befriedigt und gelangt nicht vorwärts; wenn er sich darein findet, der Menge der Bejahungen zu folgen, vermeidet er so das Unglück. Aber wenn er davon absieht, seiner Neigung zu folgen, die ihn drängt, nach vorn zu gelangen, indem er aufsteigt und sich auf einen Platz vor der Menge stellt, wird diese ihm nicht folgen; wenn er ihr folgt, wird er sie vorwärts bringen, indem er sie bedrängt.

Fünfte Linie. — Von ihm hängt die Unterdrückung der Verneinung ab; dagegen läßt ihn seine Neigung sich ihr nähern und gegen sie drängen; seine Schuld ist groß. Wenn er zur Überwindung dieser Neigung gelangt, wird ihm durch die Gerechtigkeit in seiner Tat geholfen. Aber er wache über sich selbst, denn das Herz des Menschen hegt immer irgendeinen Wunsch, der ihn dazu treibt, sich vom vernunftgemäßen Weg zu entfernen.

Sechste Linie. — Die Abnahme der Verneinung beginnt vollkommen zu werden; die Menge der begabten Menschen reißt

ihn mit, indem sie die Gefahr der schwachen Menschen unterdrückt; diese Austilgung wird vollkommen und absolut sein.
Die Mahnung ist doppelt: entweder hat der schwache Mensch
die Frage gestellt, und für ihn ist die Antwort unvermeidlich
unglücklich; oder der begabte Mensch hat sie gestellt, und für
ihn bedeutet sie den endlichen Sieg. Die Anrufe und Schreie
dienen zu nichts; der begabte Mensch hat nicht die Neigung,
alle schwachen Menschen auszurotten, sondern sie zu bessern und
umzuwandeln; er unterdrückt endgültig den vernunftgemäßen
Weg dieser schwachen Menschen.

44

KEU

Hauptbedeutung. — Begegnung; es wird aus den Trigrammen Kiän und Sun, der Himmel über dem Wind, gebildet; der Wind durcheilt das Weltall, indem er den Wesen, die unter dem Himmel sind, begegnet und sie durcheinander schüttelt. Es hat auch durch die Lage der einzigen weiblichen Linie unter den anderen männlichen Linien den Sinn der sexuellen Verbindung, der Ehe. Eine der ersten Sinnsetzungen ist, daß diese schwache Verneinung auf dem vernunftgemäßen Weg schrittweiser Vermehrung ihrer Kraft ist; das junge Mädchen, das wächst, wird stark, und der Knabe wird schwach; das Kua stellt die Verneinung dar, die voran zu gelangen beginnt, die nach und nach wächst, an Kraft zunimmt und sich der Bejahung entgegenstellt; es geziemt, sie nicht zu wählen, um sie zu heiraten. Die Verneinung begegnet unvorbereitet der Bejahung, und diese Begegnung ist regelwidrig; Tatkraft und Begeisterung sind ungewöhnlich, aber diese Verneinung zur Gefährtin zu nehmen, wäre der Bejahung schädlich, denn sie würde sie entfernen, und der Bündniszustand wäre unmöglich. Jedesmal, wenn es sich um Mädchen, schwache Menschen, Barbaren, Fremde handelt, wenn ihre Kräfte schrittweise zunehmen, wie könnte eine Verbindung lange Dauer haben? Man muß also davon absehen. Das Geschick des Kua wird durch die Begegnung eines gerechten und geraden Fürsten (oder Oberhaupts) mit einem gerechten und kraftvollen Diener bestimmt; der eine wie der andere verwendet kraftvolle Festigkeit, um Gerechtigkeit und Geradheit zu empfangen; sie können so eine große Wirkung auf das Weltall ausüben. Also, aus dem in der ersten Erscheinung seiner sei es noch so geringen Wirkung bestimmten Grund erlangt der gewarnte Mensch die höchste Bedeutung. Der Wind (das Trigramm Sun) ist der Fürst (oder das Oberhaupt), der sich angelegen sein läßt, seine Befehle in die vier Himmelsrichtungen in einer kreisförmigen Bewegung wie im Wirbel des Windes zu verbreiten.

Erste Linie. — Dies ist die Linie, die geboren wird und zu wachsen gehalten ist; der Weg des schwachen Menschen wächst; um ihn zu erhalten und zu begrenzen, muß er ihn von Anfang an, im Augenblick, da er noch nicht entwickelt ist, einschlagen. Es ist notwendig die Verneinung anzuhalten, die wie mit „einem Metallbarren" wächst. Dann wird die Vorhersage für die Bejahung glücklich sein, die fortschreitend wachsen und sich derart vervollkommnen wird, daß sie der Verneinung schadet. Die Verneinung nicht vernachlässigen, siehe, das ist die tiefe Warnung, und der Text vergleicht sie einem „mageren Schwein, das hüpft"; dieses Tier ist ein negatives und gewaltsames Wesen; es ist noch schwach und hüpft, aber man muß vermeiden, daß es stark und mächtig wird, sonst wird es die Bejahung untergehen lassen. Der schwache Mensch ist noch in einem Zustand der Schwäche, er wird den begabten Menschen verwunden, der ihn nicht am Handeln hindern wird. Auf der Hut sein!

Zweite Linie. — Es besteht Verbindung zwischen der ersten und der zweiten Linie. Die Sicherheit und die Gerechtigkeit dieser zweiten Linie setzen eine glückliche Vereinigung mit der

234

Verneinung voraus. Aber diese ist umgeben von der Menge der Bejahungen, und dadurch ist sie sehr gesucht; ihr Wesen von negativer Schmiegsamkeit erlaubt ihr selten die Festigkeit; die Verbindung zwischen diesen beiden Linien ist also schwierig, und es besteht keine Gefühlsaufrichtigkeit. Dieses Fehlen an Aufrichtigkeit zerstört die Verbindung, die über dieser Begegnung steht. Man soll diese Beziehung nicht auf Fremde ausdehnen; der Weg der Angleichung muß die ausschließliche Einheit sein, und wenn es in dieser Verbindung zwei Gegenstände gibt, wird Trennung stattfinden. Der Ratsuchende hängt nur noch von sich selbst ab; wenn er sich zu bescheiden und sich nicht mit der Menge der Bejahungen zu vereinen weiß, wird er das Unglück vermeiden.

Dritte Linie. — Von der ersten Linie angezogen, kämpft er gegen die zweite und kann nicht weitergehen. Er ist Gegenstand des Hasses und der Eifersucht der zweiten und bleibt auf dem Platz ohne in Ruhe zu sein. Da er mit seiner Stellung nicht zufrieden ist, will er sich davonmachen, aber seine Neigungen bringen ihn zur einzigen auf den unteren Rang gestellten Verneinung, und seine Handlung ist zögernd, es besteht Schwierigkeit, fortzuschreiten, und er kann dabei nicht rasch entsagen. Indessen besitzt diese Linie die kraftvolle Festigkeit und ist zufrieden in das Trigramm Kiän gestellt. Die Blindheit ist noch nicht endgültig. Wenn er seinen Mangel an Geradheit erkennt und von Furcht vor der Gefahr ergriffen ist, wenn er nicht wagt zur Unzeit zu handeln, könnte er schließlich jede schwere Gefahr vermeiden. Wenn er sucht, eine der Pflicht entgegengesetzte Begegnung herbeizuführen, ist es sicher, daß er schuldig werden wird. Wenn man die Gefahr erkennt, wenn man sie anhält, gelangt die Gefahr nicht dazu, mächtig zu werden. Er hat Neigung, nicht auf der Stelle zu bleiben; aber er wisse, daß, wenn er handelt, er nicht vorwärts gelangen wird. Wenn er niemandem begegnet, wird er keinerlei Anstoß des durch die Verneinung verursachten Bösen erhalten. Er sei also klug.

Vierte Linie. — Er wird angezogen von der ersten Linie, aber diese ist schon der zweiten Linie begegnet; er verfehlt die gewünschte Begegnung, er verliert, was er hat. Diese Linie nimmt eine erhabene Stellung ein, und er verliert die Mitwirkung des Schwachen, denn er hat schon selbst seine Tugend verloren. Die Vorhersage ist also unglücklich. Es besteht eine Bedeutung von Trennung, die der Ratsuchende auf die gestellte Frage anwenden wird, wenn es sich um die Beziehung zwischen Fürst und Untergebenem, Oberhaupt und Vertreter, Gemahl und Gemahlin, Freunde und Kameraden, Vorgesetzten und Untergebenen, handelt. Die Schwierigkeit beginnt aufzutauchen, denn sie gelangen nicht mehr dazu, sich zu verbinden. Der unten oder außen ist, hat Grund sich zu entfernen.

Fünfte Linie. — Er ist ohne irgendein Mitgefühl von Seiten des Schwachen, und er begegnet niemandem. Aber sich dem vernunftgemäßen Weg der Begegnung anpassend, wird er notwendig zu dieser gelangen. Er muß sich zu bücken und zu neigen wissen, bescheiden und im Schatten sein, die inneren Tugenden von Gerechtigkeit und Geradheit haben; er verschließe diese Eigenschaften in sich selbst und entwickele sie dort bis zu vollkommenster Aufrichtigkeit; dann wird irgendeine Sache vom Himmel herabfallen; er wird sicher irgend etwas erhalten, er wird den Besuch des Weisen bekommen und niemals ohne Begegnung mit dem von ihm Gesuchten bleiben. Er bleibe unbeweglich, um sich zu beherrschen, dann wird er von neuem wiederkommen, handeln und sich ändern können. Seine Neigungen stehen nicht gegen sein Geschick.

Die Hilfe des Weisen anrufen, heißt seine Neigungen in Über-einstimmung mit der Seinsvernunft des Himmels halten; irgend etwas wird vom Himmel kommen und ihn erfreuen.

Sechste Linie. — Harte, kraftvolle, stolze Linie; wer wird sich mit ihm verbinden? Er halte sich nur an sich selbst, wenn die Menschen ihm zu begegnen vermeiden. Er ist hart, aber ohne Stellung; er kann den nicht erreichen, dem er begegnen möchte; der Weissagesinn ist gleichsinnig dem der dritten Linie oben.

45

T'SUEI

Hauptbedeutung — Die Vereinigung, die Sammlung. Oben ist Tui, der Sumpf, unten ist Khuän, die Erde; das Sammeln der Wasser auf dem Boden. Der Weg zu dieser Sammlung ist nicht einmalig, aber die Menge muß die Mitwirkung eines großen Menschen haben, um dabei die Wohltat einer geregelten Herrschaft zu erlangen. Die Ordnung muß auferlegt werden, denn die Unordnung ist in einer Versammlung natürlich, und diese Vereinigung muß der Geradheit entsprechen. Der Augenblick ist der eines blühenden Überflusses, aber die Mittel müssen dem zu erreichenden Ziel angemessen sein; man braucht keine Habsucht und muß kleinliche Handlungen vermeiden. Also sich der Gunst des Augenblicks anpassen, sich der Seinsvernunft der Dinge beugen, dann handeln, indem man sich dem vom Himmel auferlegten Geschick unterwirft. Man gebraucht den vernunftgemäßen Weg des Vergnügens und der Befriedigung, um das Volk zu führen; es bedarf noch mehr dessen Ergebenheit gegenüber dem Oberen; da die Befriedigung wechselweise ist, ist die Sammlung möglich. Es besteht der Wunsch, einen begabten Menschen zu sehen, der raten und zeigen kann, ob der erwählte Weg gut ist. Man mahnt gleicherweise auf der Hut zu bleiben, um über die unvorhergesehenen Dinge zu wachen, die in der Versammlung auf Grund der möglichen Streitigkeiten und des Mißbrauchs der Kraft entstehen können. Das Schlechte entfernen, vorbereiten und sammeln.

Erste Linie. — Sie verkehrt sympathisch mit der vierten Linie, ist aber umgeben von Verneinungen, die nicht die Geradheit bewahren; wenn er den im Stich läßt, dem er mit Geradheit und Mitgefühl begegnet, und wenn er den Gleichbeschaffenen folgt, wird es Unordnung geben. Es ist möglich, daß es auf seinem Einungsweg mit der vierten Linie Geschrei und Gelächter um ihn gibt; er errege sich dabei nicht und fahre fort zu handeln, indem er der sympathischen Entsprechung folgt; er wird die Fehler vermeiden. Wenn nicht, wird er in die Menge der unteren Verneinungen zurückfallen und·wird wieder dahin zurückkehren. Die Mahnung ist sehr klar.

Zweite Linie. — Er besitzt Gerechtigkeit und Geradheit und wird von der fünften Linie, dem Fürsten, dem Oberhaupt angezogen, der die Gerechtigkeit und die Geradheit hat. Aber er ist von Verneinungen umgeben, die ihn anzuziehen suchen; er hat Vertrauen zur fünften Linie und folgt ihr mit Glaube und Aufrichtigkeit; mit diesen Eigenschaften könnte er dem Oberen folgen, da Aufrichtigkeit und Eintracht die Grundlage jeder möglichen Übereinstimmung sind, um so mehr als diese fünfte Linie zu ihm herabsteigt, um sich mit ihm zu verbinden. Er halte sich also kraftvoll auf seinem Platz und vermeide, sich zu verändern, das heißt den Einflüssen der Verneinungen der Gruppe zu unterliegen, in der er sich befindet.

Dritte Linie. — Schmiegsamer und negativer Mensch ohne Geradheit; er verlangt sich mit irgend jemand zu verbinden, aber niemand will zu ihm kommen, denn sie sind nicht von seiner Art, und die vierte Linie, mit der er gehen wollte, verläßt ihn auf Grund seines Mangels an Geradheit. Er weint und jammert, schreit und ärgert sich, aber oben und unten will sich niemand mit ihm verbinden, und nichts ist für ihn vorteilhaft. Allein seine Verbindung mit der sechsten Linie könnte ihn retten, denn sie gleicht ihm, da sie weich und negativ und auf den Gipfel der passiven Genugtuung gestellt ist. Es wird also eine gewisse Besorgnis und Kopfzerbrechen in seinen aufeinanderfolgenden Schritten geben, bis er der sechsten Linie begegnet; diese Begegnung findet nach einem Unglück statt. Mahnung, die gewaltsamen Verlockungen zu zerstreuen und schnell die Verbindung mit dem zu schließen, der gerecht und gerade ist, und der ihn mit Freude und Ergebenheit empfängt.

Vierte Linie. — Dem Fürsten oder dem Oberhaupt (fünfte Linie) nahe, kann er die Verbindung des Fürsten und des Untergebenen einerseits und des Volkes und der Schwachen andererseits schließen. Er ist indessen ohne Geradheit, und ein großes Ereignis müßte ihn die Schuld vermeiden lassen, und er erwarte ein Zeichen; wenn nicht, ist seine Stellung unverdient, und sein Wirken wird verdächtig.

Fünfte Linie. — Er ist der Stellung würdig, die er einnimmt und begeht keine Fehler. Hat er nicht das Vertrauen aller, wird er seine Tugend bessern und seine Neigungen überwachen müssen.

Sechste Linie. — Der geschmeidige und negative Mensch, der sich auf eine erhobene Stellung stellt, die ihm gefällt. Aber niemand verbindet sich mit ihm; er weint und stöhnt; er selbst ist die Ursache seines Unglücks und weiß nicht, was tun. Habsüchtig und auf seine Leidenschaften hörend, kann er selbst in den oberen Rängen nicht die ihm gebührende Stellung wählen. Der begabte Mensch dagegen ist aufmerksam in der Wahl seines Platzes, und wenn dieser der Pflicht entgegen ist, bleibt er nicht darauf; er weiß sich zu bescheiden im Ungemach oder Glück, und sein Herz leidet dabei nicht; er errege und bewege sich nicht ohne Überlegung. Mahnung zu einer notwendigen inneren Verwandlung, um Ruhe zu haben.

46

SHENG

Hauptbedeutung. — Geburt, Erhebung, Aufstieg. Es wird aus dem oberen Trigramm Khuän, die Erde, und dem unteren Trigramm Sun, das Holz, gebildet. Das Holz ist unter der Erde, der Baum kommt aus der Erde; er wächst und wird groß. Es gibt Ausdehnungsfreiheit. Es besteht Mahnung von guter Vorbedeutung, daß er gehe, um einen bedeutenden Menschen zu sehen, und vorankommt; Gehen nach Süden, glückverheißende Richtung. Der Augenblick bietet die Gunst, sich zu erheben, und man sollte sich über zeitweise Mißerfolge nicht beunruhigen. Man muß nach und nach sammeln und aufhäufen, um groß zu werden und vorwärts zu kommen; diese Ansammlung von Kenntnissen und Tugenden geschieht nach und nach durch kleine aufeinanderfolgende Ergebnisse. Er hat keinerlei falsche Unruhe.

Erste Linie. — Er bedient sich der Milde und nimmt einen bescheidenen Rang ein; er steigt, um der kraftvollen Festigkeit der zweiten Linie zu dienen, und alle beide steigen gleichzeitig; dies ist eine sehr glückliche Vorhersage. Dem kraftvollen und gerechten Weisen folgen, um vorwärtszuschreiten, ihm gegenüber bescheiden sein, sieh, das ist der Weg des Augenblicks.

Zweite Linie. — Bejahend, dient er der fünften Linie, die negativ ist; dies entspricht nicht dem vernunftgemäßen Weg;

stark sein und dem Schwachen dienen, ist eine Unterwürfigkeit,
die nicht aufrichtig sein kann. Er bewahre innerlich die größte
Aufrichtigkeit und bediene sich nicht äußeren Schmucks; das
wird das einzige Mittel sein, auf den Oberen zu wirken. Die
Vorhersage ist gut, und man kann sich freuen.

Dritte Linie. — Er besitzt die Geradheit und ist bescheiden;
alle unterwerfen sich ihm, und er hat nur Wohlwollen um sich.
Er hat auf seinem Weg nach vorn nichts zu befürchten.

Vierte Linie. — Er besitzt eine passive Schmiegsamkeit; er
duldet passiv das, was sich über und unter ihm ereignet. Er
bleibt auf dem von ihm eingenommenen Platz stehen. Bescheiden, demütig, unterwürfig, ehrfurchtsvoll wird er sich der
Freiheit erfreuen können, wenn er diese Tugenden besitzt und
übt. Die Fähigkeiten dieser Linie sind in sich selbst gut, aber ihr
Zustand enthält eine Warnung. Er suche sich nicht zu erheben,
denn das Unglück würde offenbar sein. Er gleiche sich vor allem
den Umständen an, indem er über alles mild und schmiegsam,
nachgiebig gegen die Vorgesetzten und Untergebenen ist.

Fünfte Linie. — Er kann die außerordentliche Stellung einnehmen, und die Vorbedeutung ist glücklich. Da sein Wesen das
Negative ist, muß er unbedingt vollkommene Reinheit und
Festigkeit bewahren; wenn nicht, wird er kein Vertrauen in
die haben, die ihn führen und in die weisen Menschen, mit
denen er sich umgeben und die er begünstigen muß. Ohne kluge
Ratschläge wird er nur Unglück haben.

Sechste Linie. — Er ist blind und es fehlt ihm die Unterschei-
dung in seiner Erhebung; er schreitet vorwärts und weiß sich
nicht zu beherrschen; seinen Handlungen fehlt der Verstand.
Er kann sich indessen mit den gewöhnlichen und normalen
Angelegenheiten, die keine Unterbrechung dulden, befassen.
Er verwende diese unablässige Tatkraft, um seine Tugend

von vollkommener Geradheit zu vervollkommnen, und er wende seine Hartnäckigkeit an, dabei keinerlei persönlichen Vorteil zu suchen und einzig das zu erlangen, was gesetzlich und richtig ist. Aber es besteht die Mahnung, sich zurückzuhalten, zurückzugehen, denn es könnte sonst Vernichtung geben.

47

KUEN

Hauptbedeutung. — Unglück, Traurigkeit, Mutlosigkeit, Angst;
das Trigramm Tui, der Sumpf, ist auf dem Trigramm Khan,
dem fließenden Wasser; es trocknet ihn aus (37). Auf dem
sechsten Rang ist die Verneinung, die zweite Linie ist zwischen
zwei Verneinungen, die Bejahung ist durch die Schmiegsamkeit
überhaupt erstickt. Der begabte Mensch ist vom unteren Menschen überdeckt und verborgen; ein Augenblick des Unglücks.
Während dieses Zeitraums seinen Platz zu wählen wissen, heißt
sich mit seinem Schicksal abfinden, sich vor seiner Bestimmung
beugen, aus der Gunst des Augenblicks Nutzen ziehen. Mag
der Körper auch elend sein, der Gedanke, der Verstand ist frei;
der begabte Mensch weiß sich nach der Geradheit zu richten.
Aber er bleibe in der Verborgenheit und schweige; sprechen
würde ihm eine Vermehrung des Unglücks zuziehen. Die kraftvolle Festigkeit ist von der schmiegsamen Weichheit verdeckt.
Indessen, in die Gefahr gestellt, begnügt er sich mit der Ausführung der Pflichten und bahnt sich den Weg der Freiheit.
Er suche nicht im Sprechen das Unglück zu vermeiden, das wäre
sein Untergang. Er bedenke, was sein Schicksal ist, und
daß er es nicht vermeiden kann; sein Herz sei nicht erregt und
er fürchte die Gefahr nicht. Niemand glaube er aufs Wort.
Erste Linie. — Er ist im Unglück und kann sich diesem nicht
entziehen. Er muß die Hilfe des über ihn gestellten kraftvollen

Menschen suchen, um die Übel, unter denen er leidet, zu lindern. Denn er besitzt im Augenblick keinerlei Schutz, und hat in der Stellung, die er einnimmt, keine Ruhe; er ist wie in einem dunklen Tal, wie ein schwacher und negativer Mensch, immer in Bewegung und unzufrieden, blind und zur Unzeit tätig. So kann es drei Jahre bleiben.

Zweite Linie. — Mit Fähigkeiten und Tatkraft begabt, findet er sich in einem Augenblick des Unglücks; er gibt sich mit dem zufrieden, was zu ihm kommt; er klagt nicht über Qual, Armut und Gefahren. Er kann seinen Einfluß nicht ausdehnen und leidet darunter. Aber ein Fürst, ein Oberhaupt wird eines Tages seine Eigenschaften erkennen und ihn berufen, denn ihre Tugenden stimmen überein. Er wird gehen und mehr und mehr wachsende Freiheit erlangen. Er trotze also nicht der Gefahr, erwarte sein Geschick und ziehe das Unglück nicht an, denn er müßte es auf sich nehmen. Unternimmt er etwas, so besteht eine unglückliche Mahnung, denn es bedeutete handeln, ohne dem Augenblick Rechnung zu tragen; an sich gibt es keine schädliche Vorbedeutung, wenn er der Mahnung des Schicksals gehorcht. Sein künftiger Weg ist frei.

Dritte Linie. — Ohne Gerechtigkeit noch Geradheit, weich und negativ, ist er stärker in die Gefahr gestellt und verwendet dort die kraftvolle Festigkeit, was die schlechtestmögliche Haltung in diesem Augenblick des Unglücks ist. Fortschreitend und von seiner kraftvollen Festigkeit getragen, erregt er bei den beiden Bejahungen über sich Anstoß und erschwert so sein eigenes Unglück; es macht ihn befangen und wie „auf Dornen gestützt". Er verliert das, was selbst seine Ruhe bildet, und es bleibt ihm nichts mehr als zu sterben; die Vorbedeutung ist ungünstig. Er trotzt zu Unrecht den beiden Bejahungen, macht sich elend, er ist verachtet, und wenn er handelt, handelt er schlecht.

Vierte Linie. — Auf Grund seines Mangels an Geradheit und Gerechtigkeit ist er im Unglück und seine Fähigkeiten sind unzureichend, um dem Unglück anderer Hilfe zu bringen. Die erste Linie, mit der er sympathisiert, verdächtigt ihn, sie zu verachten; er ist also unsicher und wagt nicht vorwärtszuschreiten. Aber wenn es dabei schwere Sorgen gibt, ist die Vorhersage nicht unglücklich, und durch die Möglichkeit einer Verbindung oder Vereinigung wird es gewiß ein annehmbares Ende geben.

Fünfte Linie. — Das Oben und Unten sind gleicherweise von der Verneinung verdeckt; die fünfte Linie ist im Elend, denn niemand verbündet sich mit ihr. Sie besitzt aber Gerechtigkeit und kraftvolle Festigkeit. Die zweite Linie, die weise ist, wird indessen nach und nach zu ihr kommen, und das Glück wird allmählich erreicht. Vorhersage von fernem Glück.

Sechste Linie. — Das Unglück auf seinem Gipfel muß sich mäßigen. Die Umstände sind die eines gefahrvollen Augenblicks, in dem Bewegung ihm Sorge bringt. Er ändere also die Ursachen, die ihm diese Sorgen bringen, und er wird dann mit einer glücklichen Vorhersage unternehmen können, was er wünscht. Duldend vorwärtsschreitend, wird er aus dem Unglück hervorgehen.

48

TSING

Hauptbedeutung. — Der Brunnen, die tiefe Angelegenheit; oben ist Khan, das Wasser; unten Sun, das Holz. Das Holz ist in das Wasser eingedrungen und steigt aus dem Wasser empor; Handlung des Wasserschöpfens. Der Brunnen kann nicht verändert werden; er trocknet nicht aus; weder gewinnt, noch verliert er etwas. Nichts verlieren, nichts gewinnen, ist eine dauernde Tugend. Wenn die Dinge in ihrem alten Zustand bleiben, gibt es weder Verlust noch Gewinn, und man muß umsichtig und tatkräftig bleiben. Man darf das Werk nicht zerstören, wenn man an seinem Ende angelangt ist. Solange das Wasser nicht aus dem Brunnen hervorgeht, stillt es niemandem den Durst; wenn man den Eimer zerstört, der das Wasser aus dem Brunnen herauszieht, wird man keine Wirkung mehr hervorbringen, und deshalb wird die Vorhersage ungünstig sein.
Erste Linie. — „Das Wasser, das nicht steigt"; weich und schmiegsam, bleibt diese Linie im unteren Rang. Der Brunnen ist unnütz und das Wasser nicht trinkbar. Es hat keinen Nutzen mehr für die Wesen. Er kann nichts für die Wesen tun, und jedermann verachtet ihn in dieser Zeit.
Zweite Linie. — Er kann weder steigen noch fallen, denn er ist ohne Entsprechung über sich. Diese Linie ist wesenhaft unfähig zu helfen; er kann nicht steigen und „sinkt" nach unten,

da er von keinerlei Nützlichkeit und Wirkung ist. Keine Übereinstimmung ist möglich, und seine Eigenschaften sind unfruchtbar geworden.

Dritte Linie. — Kraftvoll, nimmt er gemäß der Geradheit seinen Platz ein; er kann eine verbessernde und nützliche Wirkung hervorbringen. Die Wirkung des Brunnens erfüllt sich,
wenn er steigt; was unten ist, bringt keinerlei Wirkung hervor;
er entspricht sympathisch der sechsten Linie. Er kann noch
keine Wirkung hervorbringen; kraftvoll aber ohne Gerechtigkeit, wird er gedrängt zu handeln. Er zieht sich nicht zurück
und verbirgt sich nicht, da man seiner nicht mehr bedarf. Wenn
der Vorgesetzte einsichtig ist, könnte er ihn verwenden. Aber
der Augenblick, ihn zu verwenden, ist noch nicht gekommen.
Begabt mit Fähigkeit und Wissen verwendet man ihn nicht,
und das ist ein Grund zu Beunruhigung und Sorge. Seine Neigungen machen ihn ungeduldig zu handeln.

Vierte Linie. — Obwohl ohne Geradheit, schmiegsam und negativ, gehorcht er dem Oberhaupt (die fünfte Linie); seine
Fähigkeiten sind noch ungenügend, und er muß sich selbst beobachten. Wenn er sich verändern und bessern kann, wird er
Fehler vermeiden. Wie „man einen Brunnen ummauert", muß
er „sich wiederherstellen" und sich damit unterhalten, daß er
sich berichtigt und bessert. Nähme er eine Stellung ein, die positive, kraftvolle Festigkeit verlangt, wird er auf Grund ihrer
Verantwortlichkeiten nicht ohne Schuld bleiben können.

Fünfte Linie. — Die positive und kraftvolle Festigkeit nimmt
eine hervorragende Stellung ein; seine Tugenden sind gut; seine
Quelle ist rein und frisch; das ist die vollkommene Auszeich-
nung. Aber diese Tugenden müssen erregt und sichtbar sein,
um ihre Wirkungen hervorzubringen; dann wird die Vorbedeutung glücklich sein.

248

Sechste Linie. — Die Vollendung des vernunftgemäßen Wegs des Brunnens, die durch den Gebrauch des Brunnens hervorgebrachte Wirkung ist breit und groß; die glückliche Vorhersage eines großen Guts. Es besteht auch die Bedeutung des Verdeckens, des Verbergens im Verdecken, des im Steigen eine Wirkung Hervorbringens. Man muß Vertrauen haben, und alles wird gut gehen, denn was daraus hervorgeht, ist rein und hört niemals auf.

49

KO

Hauptbedeutung. — Die Änderung, die Wandlung, die Verbesserung; es wird gebildet aus den Trigrammen Tui, dem Wasser, und Li, dem Feuer; das Wasser auf dem Feuer, zwei Elemente, die sich wechselseitig vernichten, sich fortgesetzt verändern. Das Feuer steigt, das Wasser fällt; hier begegnen sich diese Elemente in ihrer eigenen Bewegung, kämpfen miteinander, vernichten sich; das ist die Wandlung (38).
Zerstreuung der Sorgen, Erneuerung, Unterdrückung dessen, was alt ist. Es gibt irgend etwas zu ändern, zu erneuern. Es besteht große Freiheit und Übereinstimmung mit der Geradheit. Da die Unterdrückung rechtmäßig ist, bereitet sie keine Kümmernisse. Es besteht auch die Bedeutung von Aufhebung der Atmung, Tilgung des Lebens in all seinen Sinnen, aber mit einer Bedeutung von Erneuerung. Im Anfang besteht ein wenig Mißtrauen, denn alles ist neu; die Befehle müssen klar sein, die Unterweisungen genau. Schließlich kommt das Vertrauen notwendig auf.
Erste Linie. — Um eine Erneuerung einzuführen, bedarf es vieler Eigenschaften: den Augenblick wählen, die Stellung haben, die Fähigkeiten besitzen, urteilen, vorausschauen und sich umsichtig bewegen. Sich im Anfang bewegen, bedeutet Mangel an Umsicht und Übereilung; diese Linie bezeichnet die

Untergeordnetheit; der Augenblick ist schlecht gewählt, er überschreitet den möglichen Beginn und hat nicht die Kraft, sein Werk fortzusetzen. Es besteht Übereilung in seiner Bewegung. Von einem zu lebhaften, harten und tatkräftigen Charakter, der der Gerechtigkeit und Ergebenheit ermangelt, wird die Vorhersage unglücklich sein, wenn er sich nicht selbst zu bescheiden und nicht grundlos schlecht zu handeln weiß. Er halte sich mit Kraft „wie wenn er durch einen festen Riemen gebunden wäre"; er vermeide noch die Erneuerung und handle nicht.

Zweite Linie. — Weich und ergeben, besitzt er Gerechtigkeit und Geradheit; er entspricht sympathisch der fünften Linie, und er besitzt die der Macht innewohnende Kraft; er erhebt sich nicht, und der Augenblick ist günstig. Er erwarte das Vertrauen der Untergebenen und Vorgesetzten; im Steigen könnte er sich erneuern. Die Vorhersage ist glücklich. Er muß handeln, denn andernfalls würde er einen Fehler begehen. Seine Bewegung nach vorn wird lang und gehalten und von den Sympathien, die er oben hat, getragen sein. Aber er eile sich nicht, frühzeitig zu ändern. „Er beende zuerst den Tag", und dann könnte er erneuern, sagt der Weissagetext.

Dritte Linie. — Der Aufstieg dessen, der unten ist; er paßt sich nicht der Gerechtigkeit an; sich in Bewegung zu setzen gedrängt, erneuert und unterdrückt er maßlos. Handelt er so, ist die Vorhersage für ihn ungünstig. Indessen er *muß* handeln; wenn er die Reinheit und die Geradheit beobachtet, die Gefahren fürchtet, den uneigennützigen Ratschlägen folgt, kann er handeln, ohne Verdacht zu erwecken.

Er sei äußerst umsichtig, denke seine Entschlüsse und ihr Gelingen bis zu dreimal durch; dann wird er Glaube und Vertrauen haben. Wird er übrigens von Furcht beherrscht und erfüllt die Wandlungen nicht, die er bewerkstelligen muß, wird er den günstigen Augenblick verpassen. Er sei äußerst klug.

Vierte Linie. — Die positive Tatkraft ist der Erneuerung günstig; er kann ohne sympathische Entsprechung mit unten erneuern; der Augenblick ist günstig, und die Sorgen, die daraus hervorgehen, werden sich zerstreuen. Er handle mit vollkommener Aufrichtigkeit, und die Vorhersage wird dann glücklich sein; er ist kraftvoll ohne Übermaß, er gehorcht mit Ergebenheit seinem Oberhaupt (die fünfte Linie); er ist selbst gerecht und gerade. Glückliche Vorhersage der Wandlung des Geschicks für den Ratsuchenden.

Fünfte Linie. — Ein großer, fester und tatkräftiger, gerechter und gerader Mensch, der eine hervorragende Stellung einnimmt. Kein Augenblick ist ihm ungünstig. Alles ist geregelt, und Vertrauen herrscht. Die persönliche Erneuerung führt zur großen Erneuerung des Volkes.

Sechste Linie. — Um den Befehlen des Vorgesetzten zu folgen, ist der untere Mensch verändert worden; aber sein Herz ist dasselbe geblieben. Die Erneuerung fortsetzen, wäre eine unglückliche Vorbedeutung, denn es bestünde Unmäßigkeit. Man verbünde sich mit der Reinheit und sei mit sich selbst zufrieden. Er darf nicht mehr handeln, denn es bedeutete Unmaß. Der untere Mensch bemüht sich und täuscht das Gute vor, der begabte Mensch duldet es; das ist alles, was er tun kann. Darüber hinausgehen und mehr zu unternehmen suchen, bedeutete eine unglückliche Vorbedeutung herbeiziehen.

50

TING

Hauptbedeutung. — Der Topf; er verändert und entstellt alles, indem er das Harte weich macht, das Feuer und das Wasser verwendet, die durch ihn am gleichen Ort bestehen und gemeinsam eine nützliche Wirkung hervorbringen können, ohne sich gegenseitig zu schaden. Die Trigramme Li und Sun, Feuer und Holz, sind übereinander gestellt, das ist das Kochen. Die

Form des Hexagramms ist als graphische Darstellung eines Topfes in der nebenstehenden Zeichnung gegeben. Die Freiheit ist groß, und die Vorhersage glücklich. Sein Wesen ist untergeordnet und aus gewöhnlicher Erde gemacht: die demütige Ergebenheit an den Seinsgrund der Dinge. Es besteht die innere Leere, und aufgeklärt steigt die schmiegsame Weichheit zum Handeln empor. Denkt man über Festigkeit und Regelmäßigkeit des Topfes nach, so bedeutet dies, daß der begabte Mensch unbedingt mit Ruhe und Sicherheit in den von ihm gegebenen Vorschriften der Geradheit folgen muß. Jede seiner Bewegungen muß ernst und ruhig sein (39).

Erste Linie. — Da sie nach oben steigt, ist es das Bild des „umgekehrten Topfes mit den Füßen nach oben". Alles ist umgekehrt; das entspricht nicht dem vernunftgemäßen Weg, außer in dem Fall, daß dabei Unsauberkeit und Unreinlichkeiten herausfließen. Diese Umkehrung ist also vorteilhaft, um das Schlechte aufzuheben. Der Vorgesetzte fleht hier den Untergebenen an, und dieser folgt dem Vorgesetzten; diese „Umkehrung" ist günstig. Durch Zerstörung wird das Werk geschaffen; vom Gemeinen kommt die Vornehmheit. Es ist vorteilhaft, das Schlechte zu verwerfen und dem Kostbaren und Edlen zu folgen.

Zweite Linie. — Bild des „vollen Topfes"; gerecht und der Geradheit nicht ermangelnd, sich hütend und beobachtend, wird die zweite Linie von der ersten weiblichen und weichen angezogen. Man muß wissen und ihn entfernen können, damit er nicht falle; die Vorbedeutung ist glücklich. Andernfalls, wenn die erste Linie (der Feind) der zweiten Linie folgte, wäre dies gefährlich; die Geradheit erlaubt ihm, sich davor in Acht zu nehmen. Sonst fallen sie beide ins Elend und würden Feinde. Er sei umsichtig und klug dort, wohin er seine Schritte lenkt, denn seine Feinde sind nahe und gefährlich.

Dritte Linie. — Bild des „Topfes, dessen Henkel erneuert werden"; positiv ist er noch in der Bescheidenheit eines unteren Ranges; kraftvoll gelangt er zum Ziel seiner Aufgabe; er besitzt Geradheit, aber nicht Gerechtigkeit, und er versteht sich nicht mit dem Oberhaupt (oder dem Fürsten). Er hat keine Amtsgewalt und kann nicht handeln, obwohl er Geschicklichkeit und Fähigkeiten besitzt, weil sein Oberhaupt ihm nicht die Stellung überträgt, zu der er das Recht hat, und da er diesen Vorgesetzten nicht suchen geht. Aber er gedulde sich; er wird auf die Länge das erhalten, was er wünscht und wird dahin gelangen, mit dem Oberhaupt (der fünften Linie) übereinzustimmen. Er ist bescheiden und gerade genug, um schließlich von seinem Vorgesetzten erkannt werden zu können; aber er vermeide die Unmäßigkeiten der kraftvollen Festigkeit. Er ist wie „ein Topf, dessen Henkel man ändern will", und den man weder aufheben noch wegtragen kann. Obwohl zunächst ohne Vorteil, wird es schließlich eine glückliche Vorbedeutung geben.

Vierte Linie. — „Der Topf, dessen Füße abgeschlagen sind." Das Oberhaupt verwendet einen, der der Stellung nicht entspricht, auf die er gestellt ist, und die Angelegenheiten zerfallen. Die erste Linie, weich und negativ, ist dieser, vom Oberhaupt (vierte Linie) benützte untergeordnete Mensch, der seine Angelegenheit verdirbt; das ist wie „ein Topf, dessen Füße zerbrochen sind", und dessen Inhalt, die Nahrung, verdorben ist. Die unglückliche Vorbedeutung ist offensichtlich. Hier gibt es kleine Tugenden und außergewöhnliche Stellung, kleines Wissen und großen Ehrgeiz, kleine Kräfte und große Verantwortungen. Die blinde Ichsucht und die Kenntnisse sind ungenügend. Das Oberhaupt erträgt das Gewicht seiner eigenen Amtsgewalt nicht.

Fünfte Linie. — „Die Höhe des Topfes"; gerecht und in Übereinstimmung mit der kraftvollen Festigkeit der zweiten Linie, besitzt er eine vollkommene Sicherheit. Er ist „das Henkelpaar aus Metall", das den Topf aufzuheben erlaubt; die Mahnung besteht, daß der Vorteil in einer großen Sicherheit liegt.

Sechste Linie. — Mit kraftvoller Festigkeit ist er ruhig und würdig und besitzt ein gerechtes Gleichgewicht. Er verfällt keinerlei Übermäßigkeit, und die Vorhersage ist vollkommen glücklich. Tatkraft und Milde sind in entsprechenden Verhältnissen. Von oben wird die notwendige Förderung vollbracht; die Wirkung ist vollkommen.

51

TSHEN

Hauptbedeutung. — Bedeutung von Aufeinanderfolge erschrek-
kender Bewegungen, von Erschütterung; es besteht aus der
Wiederholung des Trigramms des Blitzes; eine Bedeutung von
Freiheit, aber auch von Furcht und Schrecken. Indessen Fürchten und Verbessern, Sichbewegen und Vorwärtsschreiten können
zur Handlungsfreiheit führen. Man wagt sich infolge erlittenen
Schreckens nicht der Ruhe zu erfreuen, man beobachtet um
sich herum, sieht alles voraus, und ist wie von Furcht zitternd.
Man wacht und faßt Vorurteile, ohne sich der Ruhe hinzugeben
„wie der Tiger und die Schlange", die unausgesetzt um sich
herum wachen und unaufhörlich lauern. Es besteht ein Anschein
von Fröhlichkeit und Lachen. Mahnung, seine Kaltblütigkeit,
seine Ruhe zu bewahren, und mit Rücksicht und Aufmerksamkeit Herr seiner selbst zu bleiben. So muß man während der
Erschütterung seinen Platz suchen. Man muß sein ganzes Mißtrauen bewahren, umsichtig bleiben; dann wird die Vorbedeutung glücklich sein. Er denke über seine Irrtümer nach und
verbessere seine eigene Person.
Erste Linie. — Er erkennt den Beginn der Erschütterung; indem
er sie mit Furcht und Schrecken betrachtet, beobachtet er und
sieht alle möglichen Umstände voraus; dann wird er Ruhe haben können, und die Vorhersage ist glücklich. Aber er ziehe

Nutzen daraus, um sich zu beobachten und sich zu bessern und feste Führungsregeln aufzustellen.

Zweite Linie. — Von ihm hängt die Erschütterung ab; Gefahr, innere Besorgnis, all das, was kommt, ist sehr gefährlich, und er befindet sich in Gefahr. Er muß den Verlust seiner Reichtümer voraussehen, denn er kann dem hereinbrechenden Unheil nicht widerstehen; er steigt dann zur Flucht auf einen erhöhten Ort, er zieht sich bescheiden weit in die Abgeschlossenheit zurück, und er wird nach vorbeigegangener Gefahr seine Beschäftigungen wieder aufnehmen. Wenn er dem nachläuft, was er zu bewahren sucht (seine Güter, sein Glück), wird es Gefahr geben; auch zieht er sich weit zurück, um sich zu bewahren; aber das ganze Problem liegt in der Erlangung eines guten Platzes. Bewahrt er seine Gerechtigkeit und seine Geradheit, verliert er nicht die Herrschaft über sich selbst. Ist die Tat vollbracht, die Erschütterung vorbei, ändern sich die Zeiten, er nimmt dann seine Gewohnheiten wieder auf. Er stellt sich den Gefahren.

Dritte Linie. — Das Sittliche und das Körperliche sind völlig unterdrückt, und man verliert die Herrschaft seiner selbst; obwohl er einen positiven Rang einnimmt, ist er negativ und ermangelt der Geradheit. Auf Grund der Erschütterung ist er wie außer sich. Er handle und folge der Geradheit, dann wird es keine Beunruhigungen für ihn geben. Die Lage ist unverdient.

Vierte Linie. — Er nimmt seinen Platz mit Weichheit, ohne Energie noch Tatkraft, inmitten von Verneinungen ein, die ihn überfallen und ihm schaden; er kann sich weder mit Mut bewahren, noch sich bemühen. Er kann selbst dahin gelangen, sich zu schaden. Er kann sich nicht bewahren; will er sich in Bewegung setzen, fehlt ihm dazu die Tatkraft. Unglückliche Vorhersage. Er schadet sich durch Verlust der Tugend.

Fünfte Linie. — Da er die Gerechtigkeit besitzt, hindern ihn seine Weichheit und Weibischkeit zu steigen, und er ist unfähig, die Bewegung an ihre äußerste Grenze zu bringen; sucht er wieder nach unten zu gelangen, von wo er kommt, trotzt er der Tatkraft und ruft sie herauf; kommen und gehen bilden also für ihn eine Gefahr. Er muß allein wägen und wagen, um nicht zu verlieren, was er besitzt; Verliert er selbst in der Gefahr die Gerechtigkeit nicht, wird es kein Unglück geben. Ihm fehlt Hilfe und Unterstützung; wäre er kraftvoll, könnte er sich bewegen. Er benütze also die Milde, um seine Bewegungen zu leiten, dann wird er zur Handlungsfreiheit gelangen und der Gefahr abhelfen. Es ist wesentlich, seinen Besitz, nicht zu verlieren und mit großer Klugheit zu handeln.

Sechste Linie. — Die Körperkräfte sind durch die Furcht erschüttert; das ist der Gipfel von Schrecken und Furcht; Wille und Gefühl sind ausgelöscht. Unternähme er etwas, wäre dies sehr unglücklich, denn er steht auf dem äußersten Punkt der Erschütterung. Selbst sein Körper ist von der Erschütterung berührt, aber es besteht die Möglichkeit, das Schlimmste zu vermeiden. Die ans Ende gelangte Erschütterung muß dabei eine Umwandlung erfahren, aber er fürchte die Nachbarschaft und ändere sich innerlich! Die Linie läßt gleichermaßen eine Bedeutung von Heirat zu. Er sei umsichtig, furchtsam und untersuche alles aufmerksam. Die Ehe wird von seiner Umgebung besprochen. Die Gefahr läge darin, den Weg der Erschütterung fortzusetzen; man muß die bis jetzt verfolgte Lage ändern und umwandeln.

52

KEN

Hauptbedeutung. — Das Anhalten, die Sicherheit; gibt es Bewegung, muß es dabei Ruhe geben, denn so ist der tiefe Weg der Seinsvernunft der Dinge: zuerst Ausbreitung, dann Zusammenziehung, *Yang*, dann *Yin*. Das Trigramm des Gebirges, Ken, legt sich übereinander; die positive Linie Drei, die steigt, muß angehalten werden und in Ruhe bleiben; die Verneinungen sind auch in Ruhe. Das ist die Ruhe, nicht durch die Kraft (40), sondern durch die Natur der Dinge selbst. Die Wünsche stacheln die Menschen auf; es geziemt, sich zu vergessen und von seinem Körper abzusehen, um die Ruhe zu erwerben. Sich von andern fernhalten, seinen Körper nicht beachten, heißt sich gemäß dem vernunftgemäßen Weg halten. Aber das Wesentliche ist, die Gunst wohl zu ergreifen und sich wohl nach dem Seinsgrund der Dinge zu verändern, um in Ruhe zu bleiben oder sich zu bewegen; man muß in dieser Zeit abzuschätzen wissen. Alle Dinge haben ihren Platz und werden, außerhalb des ihnen zukommenden Ortes, selbst zu einem Bestandteil der Verwirrung. Es besteht die Mahnung, die augenblickliche Stellung nicht zu verlassen; das hieße das Vorsorgen für seine Lage überschreiten.

Erste Linie. — Eine Sache schon von Anfang an aufhalten; so wird die Geradheit nicht verloren sein, und es wird keinen Fehler geben. Aufgeregt, wird man die Geradheit verlieren, denn die schmiegsame Weichheit dieser Linie ermangelt des Widerstandes und der Durchhaltekraft; sie ist der Sicherheit unfähig. Also die Mahnung, eine durchdringende und feste Reinheit zu besitzen.

Zweite Linie. — Er begegnet oben keinerlei Mitgefühl; er ist Herr der Haft, weiß dabei aber die Gunst nicht zu packen; die oben angehaltene Tatkraft kann nicht heruntersteigen, um Beistand zu fordern. Diese Linie kann nicht selbst entscheiden, und er muß der dritten Linie folgen, der er nicht helfen kann, der er aber folgen muß. Sein Herz ist nicht fröhlich, und er kann nicht dem Antrieb seiner eigenen Neigungen folgen. Er ist noch gezwungen zu hören und zu gehorchen, und derjenige, der über ihm ist, will sich nicht zu ihm herablassen und auf seine Meinung hören.

Dritte Linie. — Kraftvoll ist er ohne Gerechtigkeit; er kann weder vorwärts- noch zurückgehen. Gehen und Halten können nicht aus einer einzigen, ein für alle Mal getroffenen Entschließung hervorgehen. Dabei eine unerschütterliche Festigkeit mitbringen, hieße außergewöhnliche Gefahren und Gefahren zwischen den Wesen schaffen. Sich von den Menschen fernhalten, in seinem Halt sicher bleiben, heißt sich in Schwierigkeiten stürzen und in Traurigkeit hinschmelzen. Das Herz ist mit glühendem Eifer erfüllt.

Vierte Linie. — Schmiegsam und negativ, hält er sich indessen dank seiner Geradheit, kann aber die anderen nicht aufhalten; er ist in einer erhobenen Stellung und ist kaum fähig, sich selbst zu bessern. Es gibt keine Schuld.

Fünfte Linie. — Von ihm hängt das Halten ab; schmiegsam und negativ, stellt er sich nicht den Pflichten, die ihm obliegen. Er achte besonders auf seine Worte und Taten! Er schließe die

Lippen und erteile seine Anweisungen mit Glück und Methode; andernfalls wird er Sorgen mit unbedachten Worten haben. Er passe sich der Geradheit an.

Sechste Linie. — Er befiehlt das Halten mit einer vollkommenen Sicherheit; es gibt dabei kein Unmaß. Die Vorbedeutung ist glücklich; allein unter den sechs Linien des heiligen Hexagramms, trägt er die Größe in der Unbeweglichkeit und weiß den Halt des Menschen dauerhaft zu machen.

53

TSIÄN

Hauptbedeutung. — Planmäßiger Fortschritt, langsam und sicher. Oben ist das Trigramm Sun, die Bäume; unten, Ken, das Gebirge; die Bäume sind auf dem Gebirge, sie sind gemäß einer errichteten Ordnung auf Grund der Natur des Gebirges selbst erhoben. Sie schreiten den Seiten des Gebirges entlang fort. Die Bewegungen des Menschen, der in eine Familie, in eine Unternehmung, in einen Wirkungskreis eintritt, müssen nach den üblichen Gepflogenheiten planmäßig und geregelt sein; wenn nicht, wird ihm das Unglück folgen. Da der Platz der Linien gut ist, wird die Vorhersage gut sein. Es besteht ebenso eine Vorhersage von Ehe und vom Nutzen der Reinheit. Man muß planmäßig fortschreiten und Verdienst erwerben; alle Linien steigen und schreiten nach dem vernunftgemäßen Weg der Geradheit vorwärts. Bei solchem Vorwärtsschreiten wird er eine Stellung erlangen. Man mahnt ihn, seine Wünsche und seine Leidenschaften einzudämmen, nicht überstürzt zu handeln, äußerlich ergeben und demütig zu sein. Gradweise übt er sich in der Tugend der Weisheit und findet dabei Ruhe und Zufriedenheit. Es besteht auch Hinweis einer Ehemöglichkeit.

Erste Linie. — Das Symbol des heiligen Hexagramms ist das „des Vogels Hiung, der zieht, und wenn er in Gruppen fliegt, eine unwandelbare Ordnung beobachtet. Die Bewegung des Vogels ist langsam und gemessen, ohne je augenblicklicher Zweckmäßigkeit zu ermangeln." Die Fähigkeiten des Negativen sind ungewöhnlich schwach; oben begegnet er keinerlei Mitgefühl, und all dies ist ein Grund zum Kummer; der begabte Mensch nimmt ohne Zweifel noch Unsicherheit im günstigen Augenblick seinen Platz ein. Der untere Mensch vertraut dem Wissen der anderen, woraus Mahnungen entstehen; da er schwach und weich ist, darf er nur mit großer Vorsicht ganz allmählich wie „ein kleines Kind" vorwärtsgehen. Hasten und seinen Gang anfänglich übereilen, wäre ein Fehler.

Zweite Linie. — In Übereinstimmung mit der Geradheit und der Gerechtigkeit schreitet er in Ruhe und Größe fort. Beim Vorwärtsgehen beeilt er sich nicht; „der Vogel Hiung bewegt sich allmählich, ruhig, leicht, mühelos der Länge des Felsens entlang"; er ist wohlhabend. Die glückliche Vorbedeutung ist offenkundig. Bei seinem allmählichen Vorwärtsgehen erfreut er sich des Mitgefühls der fünften Linie.

Dritte Linie. — Die Bejahung steigt auf und „der Vogel Hiung ist auf der Höhe"; über sich begegnet er keinerlei Mitgefühl; er bewahre seine Geradheit und nehme in Frieden auf einem festen Boden seinen Platz ein; so wird er vermeiden, von seinen Wünschen fortgerissen zu werden. Er wird von der negativen vierten Linie angezogen, mit der er übrigens keinerlei sympathische Entsprechung hat. Es besteht zwischen ihnen eine wechselseitige Zuneigung; aber er gehe diese Verbindung nicht ein, denn das hieße vorwärtszuschreiten, ohne zur Vernunft zurückkehren zu können. Er unterdrücke die Verderbtheit, dann wird die Vorbedeutung glücklich sein; für die Frau besteht die Möglichkeit der Unfruchtbarkeit, und die Vorbedeutung ist demnach ungünstig. Auf Grund der kraftvollen Festigkeit vermeide er Unmäßigkeit und Leidenschaft; er schütze den schwachen Menschen, damit er nicht die Pflicht verletze.

Vierte Linie. — „Der Vogel Hiung ist auf dem Baum"; er bedient sich der schmiegsamen Weichheit seiner Verneinung, um sich über die positive, kraftvolle Festigkeit zu erheben. Auch ist sein Boden ohne Bestand und Ruhe, „wie der Ast eines Baumes". Die Stellung dieser Linie ist äußerst gefährlich. Paßt er sich dem vernunftgemäßen Weg der Beruhigung und der Ruhe an, wird er keinen Fehler begehen; er sei bescheiden und ergeben. So wird er die Schuld vermeiden.

Fünfte Linie. — „Der Vogel Hiung steigt auf die Höhe", begabt mit Tugenden der Gerechtigkeit und der Geradheit, wird er von der zweiten Linie auf Grund des Mitgefühls, das er zu ihr hat, angezogen; aber sie sind voneinander durch die dritte und vierte Linie getrennt, die sich ihrer Verbindung entgegenstellen, die dritte, indem sie sich gegen die zweite, die vierte, indem sie sich gegen die fünfte stemmt, so daß man drei Jahre bis zu ihrer Verbindung rechnen muß. Schließlich kann ihn nichts auf dem Weg der Gerechtigkeit und der Geradheit aufhalten, und die Verbindung findet schrittweise statt; die Vorbedeutung wird schließlich glücklich sein.

Sechste Linie. — „Der Vogel Hiung fliegt in die Wolken"; er hat jede feste Lage verlassen, und indem er sich über die gewöhnlichen Dinge erhebt, die gefestigte Ordnung der Bewegung aber beobachtet, zeigt er so eine große Weisheit. Die Vorbedeutung ist glücklich. Man muß vermeiden, sich Unordnung zuschulden kommen zu lassen; jeder Schritt nach vorn darf nur nach einer festen Ordnung und nicht willkürlich erfolgen.

54

KUEI MEI

Hauptbedeutung. — Rückkehr, Vereinigung, Ehe (für eine Frau) (41). Die beiden Trigramme sind Tshen, der Blitz, der älteste Sohn, und darunter Tui, das schlafenden Wasser, die junge Tochter: der Sohn über der Tochter, Sinnbild der Ehe, aber der I GING deutet an, daß in diesem Hexagramm die Vereinigung vom Sinn der Jugend, vom Vergnügen ohne Übereinstimmung mit dem vernunftgemäßen Weg gelenkt ist; die sechste negative Linie *Yin* ist über der ersten positiven Linie *Yang;* die Lage ist anormal. Der Blitz fällt in den Sumpf, das ist der Anstoß, und die Vorbedeutung ist insgesamt ungünstig. Man bewegt sich und ist unfähig; man überläßt sich der Genugtuung und ist der Stellung die man einnimmt nicht würdig; nichts von dem, was man unternimmt, wird also vorteilhaft sein, und es wäre besser, davon Abstand zu nehmen. Alle Linien sind ihrer jeweiligen Lage unwert und entbehren der Geradheit. Es gibt Entführung durch die Leidenschaft, die den Menschen erniedrigt und aushöhlt. Mahnung, dem Weg der Vernunft und der Pflicht zu folgen und nicht dem der Erregung und der Bewegung, der die Geradheit verlieren läßt. Aber dies Hexagramm enthält auch die Bedeutung, daß der begabte Mensch das unvermeidliche Ende jeder Sache kennt; der Widerspruch kommt daher, daß man auf der Erde die Wege der Handlung und Widerhandlung von *Yin* und *Yang* vergißt; in allen Angelegenheiten muß man darüber nachsinnen, und kein Weg ist von Ewigkeit.

Erste Linie. — Die ergebene, einen unteren Rang einnehmende, bescheidene Konkubine, unfähig, was immer es sei, zu tun. Sie weiß nur ihre eigene Person zu pflegen und kann sich nur verschönern, um ihrem Herrn zu gefallen und zu helfen. Handelt sie so und besitzt sie darin dauernde Geradheit und Weisheit so ist die Vorbedeutung glücklich. Für einen Mann bedeutet es keinerlei Handlung auszuüben, und wie „ein Trinker" zu sein, unfähig, vorwärtszuschreiten; aber er kann den anderen helfen und beistehen, die ihm dann seine Dienste vergelten.

Zweite Linie. — Er besitzt Gerechtigkeit; er ist gerecht, fähig, sich persönlich zu bessern; er lebt in der Abgeschiedenheit und Dunkelheit; es entspricht ihm rein zu sein und Ruhe zu bewahren. Es besteht auch das Bild eines artigen jungen Mädchens, schlecht zu der fünften Linie passend, verneinend und ohne Geradheit. In allen Fällen begegnet die zweite Linie nicht demjenigen, der ihren Fähigkeiten entsprechen würde.

Dritte Linie. — Er hat seine Tugend verloren und will sich verheiraten; dabei kann er keinen Erfolg haben; die negative Linie entspricht hier nicht ihrem Platz; er hat keine Geradheit, ist weich und schmiegsam, handelt ohne Ergebenheit; er sucht sich zum Vergnügen zu verheiraten, und begegnet über sich keinerlei sympathischer Entsprechung. Niemand kann ihn ausstehen. Die Tochter ist unwert, Gattin zu werden, und verfehlt ihr Schicksal. Sie begegnet nicht dem, der ihr entspricht, und wartet.

Vierte Linie. — Sie verpaßt das Alter, sich zu verheiraten, und weiß noch nicht, mit wem sich verbinden; sie nimmt eine gehobene und vornehme soziale Stellung ein, ist mit Weisheit und Verstand begabt, aber die Zeiten, die sie durchmißt, sind

266

einer Vereinigung nicht günstig, und sie selbst schiebt ihre Entscheidung auf. So handelt sie vernünftig. Man muß zu warten und dann im günstigen Augenblick zu handeln wissen.

Fünfte Linie. — Das junge Mädchen ist vornehm und wohlerzogen; sie verheiratet sich, indem sie sich erniedrigt. Sie sei nicht hochmütig, sondern bescheiden und mild. Die Vorhersage ist ausgezeichnet. Diese Linie schätzt die Gerechtigkeit und verwendet die schmiegsame Weichheit; er geht einen Mittelweg trotz seiner Erhebung und seines bedeutenden Ranges. Er weiß sich zu erniedrigen und sich zu demütigen, da er den leeren Schmuck nicht schätzt.

Sechste Linie. — Keine mitfühlende Entsprechung; die Ehe des jungen Mädchens wird nicht geschlossen. Die Gemahlin kann ihrem Gemahl nicht helfen; es besteht eine Bedeutung von möglicher Ehescheidung. Nichts kann vorteilhaft sein.

55

FONG

Hauptbedeutung. — Die Größe, die völlige, vollendete Voll-kommenheit, der Überfluß, der Reichtum. Oben ist das Tri-gramm Tshen, der Blitz; unten ist das Trigramm Li, das Feuer; die Bewegung über der Klarheit; sich bewegen, und es mit Verstand tun können; der vernunftgemäße Weg der Größe. Es geziemt einen Verstand zu besitzen „ähnlich der Klarheit der Sonne, die alles erhellt"; gewiß, ein solcher Weg der Größe läßt zum Gipfel gelangen, den nahen Fall voraussehen, und bringt Unruhe und Kummer. Diese Gedanken sind vergebens und unnütz; der Ratsuchende bemühe sich, die dauernden Re-geln zu halten, die seine Handlungen führen, indem er die Un-mäßigkeit in der Vollendung vermeidet. Die unveränderliche Dauer ist unmöglich; die Sonne muß, zu ihrem Zenit gelangt, absteigen; der Mond, voll geworden, muß abnehmen; so ist das allgemeine Gesetz von Fort- und Rückschritt. Die Menschen seien in der großen Entwicklung ihres Glanzes daran mahnend erinnert; so bleiben sie in einer gerechten Umwelt, ohne Un-maß.
Erste Linie. — Der Beginn des Lichts wird versinnbildet durch die erste Linie, wie die vierte Linie der Beginn der Bewegung ist; sie entsprechen sich sympathisch, obwohl sie nicht gleich sind; sie folgen und unterstützen sich wechselseitig. Sie wagen

268

ein Unternehmen, und können ihr Werk vollenden; sie verdienen Lobpreis. Der begabte Mensch nimmt also gemäß der Zweckmäßigkeit seinen Platz ein und paßt sich dem Seinsgrund der Natur jeder Sache an. Die Mahnung ist, seine eigene Persönlichkeit nicht zu zerstören, um die Ideen eines anderen zu stärken, wenn man die gleichen Kräfte hat wie er, und wenn die Kräfte auf beiden Seiten gleich sind; daraus kann nur Böses entstehen. Einer Person gleich sein und sich selbst nach vorn stellen, heißt die Gleichheit verletzen; wenn einer von zweien über den anderen den Sieg davontragen will, können beide nicht gleich sein. Also über seinesgleichen nicht die Oberhand zu gewinnen suchen.

Zweite Linie. — Obwohl er Verstand, Gerechtigkeit und Geradheit besitzt, stößt er bei dem Vorgesetzten auf Schmiegsamkeit ohne Verstand; wenn er ihn treffen und aufklären will, wird er nur Zweifel, Verdacht und Abneigung begegnen. Er kann ihm nur mit einer glühenden Aufrichtigkeit nahen, die ihn rühren und ihm vielleicht die Augen öffnen wird. Durch Treu und Glauben und Aufrichtigkeit könnte er seinen vernunftgemäßen Weg überwiegen lassen. Aber er blicke mit Argwohn hinter sich und mache sich von jedem Vorurteil frei. Sein Vertrauen muß den Vorgesetzten rühren können; die Vorbedeutung ist glücklich.

Dritte Linie. — Positiv und kraftvoll, kann er aufklären. Er sympathisiert nicht derart mit der sechsten Linie, daß er die Größe der Entwicklung nicht vollenden kann. Die Fähigkeiten des begabten Menschen könnten, wenn er einem verständigen Oberhaupt begegnet, zum Besten aller handeln; begegnet er niemandem über sich, der diese Fähigkeiten nützt, so ist es, als hätte er den rechten Arm gebrochen; er kann nichts tun. Es wird ihm schließlich unmöglich sein zu handeln. Man kann ihm keinen Vorwurf machen.

Vierte Linie. — Kraftvoll und positiv, ohne Gerechtigkeit und Geradheit, nimmt er die gleiche Stellung ein wie die erste Linie; dieser ist in der Untergeordnetheit, aber seine Tugend ist gleich der seinen; auch der Beistand, den die vierte Linie aus der ersten zieht, ist sehr bedeutend. Die Vorhersage ist deshalb glücklich. Aber es besteht auch die Mahnung, daß es ohne Gerechtigkeit und Geradheit, ohne positive, kraftvolle Festigkeit unmöglich ist, einen gewissen Rang zu behaupten. Der Ratsuchende muß an Bedeutung wachsen, aber er muß unter sich denjenigen zu unterscheiden wissen, der ihm nützlich raten kann. Die Tat, ihn um Unterstützung zu bitten, wird wohltätig sein.

Fünfte Linie. — Da er die Fähigkeiten der negativen Schmiegsamkeit hat, muß er die zweite Linie suchen, die die Schönheit und Eleganz der Form, Gerechtigkeit und Geradheit besitzt; ein großer Weiser, in die Dunkelheit und Untergeordnetheit gestellt; es geschieht, daß die fünfte von der zweiten Linie Klarheit zu erlangen sucht, und das wird ihm Glückwünsche und Lob einbringen; da er ohne persönliches Vorurteil ist, wird die Vorbedeutung für ihn glücklich sein. Aber er vergesse nicht seine persönliche Unfähigkeit und den Ursprung des Rufs, dessen er sich erfreut.

Sechste Linie. — Negative Schmiegsamkeit; seine Anmaßung und seine Übereilung in der Bewegung sind außerordentlich; es geziemt ihm, im Augenblick der Größe bescheiden zu sein, sich zu entfernen und sich zu trösten zu wissen. Da er weich und negativ ist, brauchte er Tatkraft, und ist des Platzes unwürdig, den er einnimmt. Die Vorhersage ist also unglücklich, denn er überschreitet die üblichen Grenzen der Erhebung, und bricht selbst mit den Menschen. Diese Lage könnte drei Jahre dauern. Schließlich wird er in die Einsamkeit gehen, fern von den Menschen, zurückgezogen an entlegenem Ort und verlassen von allen.

56

LU

Hauptbedeutung. — Verlust der innegehabten Stellung; das untere Kua ist das Gebirge, das sich nicht ändert; das obere Kua ist das Feuer, das steigt und nicht am Platz bleibt: symbolisches Bild des sich in entgegengesetzten Richtungen Entfernens, ohne auf dem Platz zu bleiben. Die Gefahr ist draußen, und dieses Kua ist das Symbol des Reisenden, des Irrenden. Es ist möglich, sich einer kleinen Freiheit zu erfreuen, und das Gesamt stellt eine glückliche Vorhersage dar unter der Bedingung, daß der Reisende eine entsprechende Geradheit und die in Gebrauch befindlichen Gesetze in jedem Augenblick beachtet. Es ist ein Augenblick von Elend, in der die Gerechtigkeit im Äußeren ist, und die schmiegsame Weichheit sich der Gerechtigkeit draußen unterwirft; es ist offenbar unmöglich eine große Freiheit zu erreichen. Es entspricht also in jedem Fall, dem Übereinkommen und der Zweckmäßigkeit des Augenblicks zu folgen; es gibt Schwierigkeit, seinen Platz einzunehmen und sich festzulegen. Der Verstand darf sich nicht auf sich selbst stützen, auch das Schicksal mahnt ihn an die Notwendigkeit der Umsicht. Die Strafverfahren nicht in die Länge ziehen, und der begabte Mensch muß Strafen und Züchtigungen klug anwenden. Ein guter Vergleich ist besser als ein langes und kostspieliges Verfahren.

Erste Linie. — Diese Linie auf diesem Platz ist ein schwacher und weicher Mensch inmitten der Unglücksfälle der Reise, in einem bescheidenen und verächtlichen Rang, der sich in einem schmutzigen und untersten Zustand hält. Er ist allem ausgesetzt, erleidet Schande und Unglück. Begegnet er über sich Aufnahme und Unterstützung, so ist er unfähig etwas zu tun. Seine Neigungen treiben ihn ins Elend und Unglück.

Zweite Linie. — Er ist nicht fähig seinen Platz zu behalten, aber der Reisende gelangt dazu, den Ort der Ruhe zu erreichen; er sammelt seine Güter und wacht über ihre Erhaltung. Das Schicksal spricht nicht von glücklicher Vorbedeutung, denn in den Umständen und Zufälligkeiten der Reise die Fehler und Bemühungen vermeiden können, bedeutet schon Gutes. Gelangt er zu einer Zwischenstation, wird er sich niederlassen, und da er seine Güter sammelt, wird er glücklich sein; im Besitz der Einfallsreinheit eines kleinen Jungen wird er nicht hintergangen und wird auf ihn zu rechnen wissen. Glückliche Vorhersage.

Dritte Linie. — Diese Linie, kraftvoll und ohne Gerechtigkeit, versinnbildet die Tat des sich Übersteigerns; dies führt zu Unzuträglichkeiten, denn es fehlt ihm an Ergebenheit gegenüber dem Vorgesetzten, den Autoritäten, und diese verbünden sich nicht mit ihm, quälen ihn und lassen ihn die Ruhe verlieren. Da er zu hart ist, ist er mit seinen Untergebenen grausam, und diese verlassen ihn; Weg der unmittelbaren und drohenden Gefahren, denn es besteht Unmaß an Kraft ohne Gerechtigkeit. Bedeutung von Verlust mit Vergessen der Pflicht.

Vierte Linie. — Der Reisende gelangt ans Ziel, aber dieser Rang entspricht nicht der Stellung, die ihm nach der Gerechtigkeit zukommt; auch ist, obwohl er dort einen ruhigen Platz findet, diese Lage nicht mehr der zweiten Linie vergleichbar; er begegnet über sich nicht der Verbindung und dem Wettstreit der positiven kraftvollen Festigkeit; unter sich hat er nur die Sympathien der negativen Schmiegsamkeit; er kann also seine Neigungen nicht überwiegen lassen, und sein Herz ist nicht freudig. Diese Stellung entspricht nicht dem, was er verdient, und er ist noch nicht in seiner Stellung.

Fünfte Linie. — Er ist auf den Weg der Gerechtigkeit gestellt, und der Vorgesetzte wie der Untergebene verbündet sich mit ihm. Ein fremder Reisender, der sich in Bewegung setzt, kann manchmal Verlust erleiden, und für ihn ergeben sich daraus Elend und Schande; wenn er sich in Bewegung setzt und keine Verluste erleidet, so bildet dies das Gute. Es gibt Anzeichen von Lob, von schmeichelhafter Anerkennung und einem Auftrag, von Gehalt für ein Amt. Er besitzt den Weg der Gerechtigkeit, er kann nicht vermeiden, einen Verlust zu erleiden, aber dieser wird nicht beträchtlich sein; er empfängt schließlich einen Auftrag und erreicht eine höhere Stellung. Man verbündet sich mit ihm und umringt ihn.

Sechste Linie. — Diese Linie ist positiv und kraftvoll, aber ohne Gerechtigkeit und sehr hoch gestellt. In der Hauptbedeutung des Heiligen Hexagramms braucht man die Bescheidenheit, die sich erniedrigt, die Milde, die zur Übereinstimmung führt, um Möglichkeiten zu haben, sich selbst zu begünstigen; also, diese Linie ist kraftvoll, erhebt sich, begeistert sich; er verliert seine Ruhe wie „ein Vogel, der sein Nest verzehrt" und keinen Ort mehr hat, wo er sich niederlassen kann. Da er zuerst seinen Plänen und Neigungen Genugtuung verschafft, lacht er; hat er dann die Ruhe verloren, weiß er keinen Ausweg mehr, beklagt er sich. Er hat seine Tugenden der Unterwerfung verloren, und ist sehr unglücklich auf Grund seiner Übereilung und seiner Nachlässigkeit; durch das Unmaß an Überstürzung in seinen Bewegungen besteht Furcht von irgendeiner Übertreibung.

57

SUN

Hauptbedeutung. — Eintritt, auch Milde; es wird gebildet aus dem wiederholten Trigramm Sun, Wind, Biegsamkeit, Unterwerfung, Bescheidenheit. Eine Verneinung ist unter zwei Bejahungen: Demut und Ergebenheit unter der Bejahung. Das Ganze hat die Bedeutung einer kleinen Freiheit mit dem Vorteil im Unternehmen und dem Nutzen, einem bedeutenden Menschen nahezukommen. Bescheiden kann er überall hingehen unter der Bedingung, daß er immer der Geradheit folge. Der Vorgesetzte muß sich dem vernunftgemäßen Weg anpassen; der Untergebene passe sich seinem Vorgesetzten an; durch diese grundsätzliche Unterwerfung kann man die Ruhe erlangen und das Schicksal wenden. Man muß noch wissen, *wem* man gehorcht. Es besteht auch die Mahnung, nicht zu fürchten seine Befehle fest und mild, mit dem Sinn des Mittelwegs zu wiederholen.

Erste Linie. — Ohne Gerechtigkeit nimmt er eine bescheidene und untergeordnete Stellung ein; das ist das Unmaß der Bescheidenheit; seine Neigungen und seine Pläne sind immer unter dem Eindruck der Furcht, und er ist immer ohne Ruhe. Je mehr er vorwärtsschreitet, desto mehr fällt er zurück; er muß die Vollendung des kühnen Mannes und seine Reinheit erwerben; indem er sich anstrengt kraftvoll zu sein, wird er Fehler vermeiden und seine Schwächen heilen. Er sei ruhig und bestimmt.

Zweite Linie. — Ihr Rang ist der der Verneinung, und er ist in einer untergeordneten Stellung; Übermaß von Bescheidenheit; er überschreitet die Lage, die ihm die Ruhe sichert. Entstände nicht dieses Unmaß an Erniedrigung aus der Furcht, könnte es durch den Geist der Schmeichelei und den Mangel an Geradheit begründet sein. Aber hier ist dies nicht der Fall; und sein Herz ist nicht schlecht. Zuviel an ehrfurchtsvoller Bescheidenheit ist übertrieben, ist aber das Herz rein, so ist die Vorbedeutung glücklich. Er darf die Dinge nicht zum äußersten treiben, noch die gleichen Worte wiederholen, um seiner Lehre Übergewicht zu verschaffen.

Dritte Linie. — Da er keine Gerechtigkeit besitzt, ist er übermäßig und kann sich nicht bescheiden. Er strengt sich dabei an und scheitert dabei fortgesetzt. Es besteht dabei ein Grund zu Furcht und Gefahr. Der Vorgesetzte überwacht ihn streng. Er kann seine Neigungen nicht überwiegen lassen; er beginnt dauernd von neuem und scheitert fortgesetzt.

Vierte Linie. — Negative Schmiegsamkeit, allein, zermalmt von der positiven Kraft oben und unten (42). Da er sich der Geradheit anpaßt, ist er fähig, sich zu demütigen; er ist bescheiden gegenüber Vorgesetzten und Untergebenen. Durch diese Haltung wird er Fehler vermeiden und Verdienst erwerben. Sich in den Angelegenheiten gut zu stellen wissen, ist sehr wichtig und vermeidet Fehler.

Fünfte Linie. — Er muß vor allem Reinheit haben, und das Gute auf dem Weg der Bescheidenheit erschöpfen; die Vorbedeutung wird glücklich sein. Hat der Ratsuchende irgendeine Änderung auszuführen, wird er davon völlige Genugtuung haben, wenn er bei der Befragung des I GING diese Linie erhält.

Sechste Linie. — Das Übermaß in der Ruhe, in der Bescheidenheit; er verliert die Kraft seiner Entscheidung, er verliert das, was er besaß auf Grund seiner übermäßigen Bescheidenheit; eine unglückliche Vorbedeutung. Die Erhebung ist erschöpft, und er entäußert sich selbst.

58

TUI

Hauptbedeutung. — Freude, gesamte Übereinstimmung, Genugtuung. Der vernunftgemäße Weg ist der der Freiheit. Aber man muß seine Reinheit beobachten, und nicht auf den Weg der liederlichen Schmeichelei verfallen, indem man anderes als das durch den vernunftgemäßen Weg Zugefallene sucht. Das Wasser ist eingedämmt und fließt nicht nach unten; das Bild des Sumpfes (die beiden einfachen Kua Tui) ist die Befriedigung bei allen Wesen. Es besteht Schmiegsamkeit im Äußern und Kraft im Innern; dadurch ist er den Menschen sympathisch. Er soll die Lobhudeleien der Menge nicht suchen, aber dem Volk vorausgehen, das folgen und die Ermüdungen des Augenblicks vergessen wird; das Wesentliche ist, daß das Herz der Menschen sie dazu bringt sich freiwillig zu unterwerfen, denn Größe und Genugtuung regen das Volk an. Der wechselseitige Einfluß der beiden Sümpfe übereinander liegt darin, ihre Bescheidenheit zu vermehren; das ist das symbolische Bild der Wechselseitigkeit im Vorteil der gegenseitigen Wirkung. Der Ratsuchende wird also seine Freunde benutzen müssen, um die Leute um ihn zu unterrichten und zu üben, denn so wird es wechselweisen Nutzen für sie und ihn geben.

Erste Linie. — Er nimmt den tiefsten Rang ein; er ist fähig sich zu demütigen, sich mit Ruhe zu unterwerfen, um Genugtuung zu erlangen; irgendeine persönliche Absicht hält ihn nicht zurück. Die Genugtuung entspringt dem Geist der Übereinstimmung, und hat keinerlei Gefühl von Egoismus; es besteht also eine glückliche Vorbedeutung, obwohl die Annahme eines niedrigen Rangs große Bescheidenheit, große Ergebenheit bringt.

Zweite Linie. — Die positive Linie nähert sich der dritten, die die negative Schmiegsamkeit, den untergeordneten Menschen versinnbildet; es wird zunächst einigen Kummer geben, sich ihm zu nähern. Aber die zweite Linie ist voll guten Glaubens und Vertrauens; er beobachtet sich selbst und begeht keinen Fehler. Der Ratsuchende wird sich *vertragen,* aber nicht *nachahmen* müssen; durch seine Tatkraft wird er Gerechtigkeit bewahren, seine Kümmernisse werden sich zerstreuen, und die Vorbedeutung ist glücklich. Aber er beobachte sich selbst aufmerksam und nehme sich in acht!

Dritte Linie. — Die Linie ist ohne Gerechtigkeit noch Geradheit, und wird anders als durch den vernunftgemäßen Weg zufrieden gestellt. Er sucht seine eigene Befriedigung, und deshalb ist die Vorbedeutung ungünstig. Seine Natur bringt ihn zum Absteigen und zur Erniedrigung und er handelt im Abstieg. Über sich begegnet er keinerlei Sympathie; seine Lage ist unverdient, er ist ohne Verbindung und sucht trotzdem seine Befriedigung.

Vierte Linie. — Diese Linie erhebt sich, um der Geradheit der fünften zu dienen, und steigt abwärts, um sich der Schwäche der dritten zu verbinden. Sie nimmt ihren Platz ein, ohne sich der Geradheit anzupassen, da sie von der dritten Linie, die ihr gefällt, angezogen wird, und errechnet und beurteilt, ohne schon festgelegt und in Ruhe zu sein. Er verhandelt und beratschlagt über den, dem er folgen müßte, ohne entschieden zu sein und bereits endgültig Stellung genommen zu haben. Er muß also der fünften Linie folgen, dem Oberhaupt, denn das ist die Geradheit; der dritten Linie folgen ist das Laster und das Böse. Bricht er dabei mit dem Laster und dem Bösen, beginnt er, mit dem Fürsten, dem Oberhaupt in Übereinstimmung zu kommen, und den vernunftgemäßen Weg zu gehen, und das Glück wird sich über alle Wesen ausbreiten. Also Gutes und Böses sind noch unentschieden; alles wird von der Haltung abhängen, die er einnimmt. Er trifft noch keine Entscheidung, obwohl er durch seine eigene kraftvolle Festigkeit und seine Bejahung die Geradheit beachten kann. Die Mahnung ist ernst.

Fünfte Linie. — Hier besteht das Vorhandensein einer Gefahr. Das All schließt immer irgendwelch untergeordnete Menschen ein, die ihren entarteten Gefühlen nicht freien Lauf zu lassen wagen. Der Weise weiß sehr wohl, daß sie unverbesserlich sind, aber er benützt ihre Ängste vor Strafen, um sie zu zwingen, sich tugendhaft zu führen. Verläßt sich die fünfte Linie also auf den Anschein und weiß nicht zu erkennen, was diese vorgetäuschte Haltung wirklich verbirgt, besteht Gefahr für ihn. Er hüte sich, denn es besteht eine Bedeutung von Zutrauen zur Abnützung, das gefährlich ist. Die Befriedigung bewegt und beeinflußt das Herz des Menschen; sie zieht ihn leicht an, und der Ratsuchende muß sich dabei in acht nehmen. Auf dem Gipfel der Befriedigung könnte er sich anders als durch das Gute befriedigen, und so seine Bejahung „schwächen".

Sechste Linie. — Die Befriedigung ist sehr groß; die Linie versinnbildet den, der unfähig ist an sich zu halten und sich zu mäßigen. Er entfaltet und vermehrt seine Befriedigung. Dies ist eine Mahnung, und die Vorhersage ist weder glücklich noch unglücklich. Es gibt keinen Grund zur Befriedigung mehr, denn die Sache ist vollendet, und alles ist glänzend und hervorragend. Da er es zu vermehren sucht, ist sein Mangel an Urteilskraft beträchtlich; er ist keineswegs sicher, daß er die beiden unter ihn gestellten positiven Linien mit sich ziehen wird. Er sei immer wachsam!

59

HOAN

Hauptbedeutung. — Trennung, Zerstreuung; oben ist Sun, der
Wind; unten ist Khan, das fließende Wasser; der Wind weht
auf der Oberfläche des Wassers und breitet es aus, verteilt es.
Der Einigungsweg dessen, was sich zerstreuen kann, ist Festigkeit und Geradheit. Es bietet Vorteil, einen großen Flußlauf zu
überqueren; die tiefe Mahnung ist die des Vorteils aus Reinheit und Gerechtigkeit. In einem Augenblick von Zerstreuung
und bei Beobachtung der Gerechtigkeit, wird man nicht bis zu
einer Trennung kommen, und die Vereinigungsfreiheit wird
noch möglich sein. Die Beobachtung der religiösen Riten seiner
Rasse ist in diesem Augenblick der Zerteilung notwendig; das
ist das einzige Mittel, das Herz der Menschen an sich zu
ziehen.

Erste Linie. — Beginn der Zerstreuung; er besitzt eine große
Kraft, eine große Tatkraft „vergleichbar der eines starken
Pferdes", und für die so von Anfang an angelegten Dinge,
wird es keine Trennung geben. Sich auf die kraftvolle Festigkeit der zweiten Linie stützend, kann die negative Schmiegsamkeit dieser Linie eine wirksame Tat vollbringen und von
ihrem Anfang an die Zerstreuung vermeiden; die Aufgabe ist
leicht unter der Bedingung, daß er sich der zweiten Linie zu
unterwerfen weiß.

Zweite Linie. — Inmitten der Gefahren der Trennung gibt es Sorgen; bemüht er sich, zu einem ruhigen Ort zu laufen, zerstreut er so seine Sorgen. Um so mehr, obwohl die ihrer Natur nach sympathische erste und zweite Linie ohne Verbindung sind, sich wechselweise berufen und aufeinander stützen. Im Hinblick auf die zweite Linie wird die erste als ein fester Stützpunkt betrachtet, und umgekehrt hinsichtlich der ersten ist die zweite wie „ein kraftvolles Pferd". Mahnung, daß die Verbindung allein Ruhe und Festigkeit sichert.

Dritte Linie. — Er besitzt über sich Sympathien, und so läßt er sich im Bedauern in diesem Augenblick der Zerstreuung nicht gehen; infolge seines Egoismus und seiner Parteilichkeit für seine eigenen Interessen kümmert er sich keineswegs um den Schmerz der Trennung. Mahnung, diesen Egoismus abzustreifen, zu zerstreuen, um den Unzuträglichkeiten des Augenblicks zu Hilfe zu kommen.

Vierte Linie. — Bescheiden, ergeben, voll Geradheit, nimmt er einen bedeutenden Platz ein; er hilft dem Oberhaupt, dem Vorgesetzten, der die Tatkraft und die Ausdauer hat. In einer Zeit der Zerstreuung können weder die schmiegsame Weichheit noch die kraftvolle Festigkeit allein die Leute zusammenbringen und einigen; es bedarf der Vereinigung dieser beiden Elemente, dann wird die Vorbedeutung glücklich sein. Es besteht also die Mahnung, sich in den Dienst der fünften Linie, des Oberhaupts oder des Fürsten zu stellen, denn unter sich wird er weder Mitgefühl noch Unterstützung haben, und er wird sich von seinen eigenen besonderen Beziehungen trennen müssen. Es besteht auch die Mahnung, daß die kleine Vereinigung aufgelöst werden muß, um eine große Gesellschaft zu bilden.

Fünfte Linie. — Er muß der hohen Stellung würdig sein und wissen, daß nur die Vereinigung die Zerstreuung vermeiden wird; er ist positiv, kraftvoll, gerade, gerecht. Es besteht eine Bedeutung von Geboten, Gesetzen, Befehlen, Briefe zu schreiben und zu veröffentlichen. Es gibt keinen Fehler.

Sechste Linie. — Er entspricht sympathisch der dritten Linie, und ist wie diese in Gefahr; wenn diese sechste Linie sich nicht beugt, um ihm zu folgen, wird er aus der peinlichen Lage der Trennung, in der er sich befindet, nicht herauskommen. Es gibt Anzeichen von Gefahr, von Verwundung, von Blut, das fließt. Aber durch seine kraftvolle Festigkeit in das Äußere des heiligen Hexagramms gestellt, kommt ihm das symbolische Bild zu, daraus hervorzugehen. Er paßt sich ergeben dem Seinsgrund der Dinge an, und überwacht von oben die Gefahr, er ist fähig, diesen Wandlungsaugenblick zu übersteigen. Seine Beunruhigungen werden zerstreut.

60

TSIE

Hauptbedeutung. — Erklärung, Regelung, Begrenzung, Anhalten; oben ist Khan, das fließende Wasser; unten ist Tui, der Sumpf. Der Sumpf ist von begrenzter Größe, und wenn man das Wasser daraus ableitet, wird es abfließen. Wenn die Gerechtigkeit nicht beachtet oder überschritten wird, werden die Grundlagen grausam und irreführend, und können keine dauernden Regeln bilden. Man darf sie also nicht betrachten, als ob sie die Vollendung bildeten. In dem, was ihm gefällt, weiß sich der Mensch nicht zu beschränken; nur angesichts der Gefahr weiß er anzuhalten. Also die Vorstellung der Grundlage, die „hält" und „begrenzt". Sind diese Grundlagen in Übereinstimmung mit Gerechtigkeit und Geradheit, so sind sie im allgemeinen freiheitlich; das Übermaß macht sie gehässig und grausam. Sie müssen begrenzt werden, denn ohne Beschränkung werden die Leidenschaften des Menschen keine Grenze haben, und er wird sich selbst zerstören. Seine Tugenden und die Handlungen des Menschen müssen abgewogen werden, und Beratungen und Aussprachen müssen vorhergehen.

Erste Linie. — Er ist unfähig, die Leute durch seine Vorschriften zurück und in Grenzen zu halten; da der Augenblick der Beginn der Begrenzung, der Regelung ist, muß man mit viel Umsicht beobachten und wissen, was frei oder fest, durchführbar und undurchführbar ist. Indem man sich im Anfang mit Festigkeit beobachtet, läßt man sich dann manchmal gehen, den Mittelweg zu überschreiten; überschreitet man aber die Grenzen von Anfang an, wie könnte man dann bis zum Ende gehen? Es handelt sich um eine sehr schwere Mahnung von Klugheit und sich durch den Buchstaben nicht verführen zu lassen. Der begabte Mensch ist rein, aber nicht leichtgläubig; er beobachtet darüber hinaus seine Worte.

Zweite Linie. — Auf einen negativen Rang gestellt, kraftvoll und gerecht, gehorcht diese Linie unglücklicherweise der negativen Weichheit und ist ohne Geradheit, da er seine Tatkraft verliert und dabei ist, Böses zu begehen. Er folgt nicht der fünften Linie, mit der er indessen gute Arbeit verrichten könnte; durch diese Haltung ist die Vorbedeutung ungünstig, und er handelt ohne Gerechtigkeit, zu sparsam in den notwendigen Dingen und furchtsam in seinen Handlungen. Er müßte handeln und ermangelt der Tatkraft und der sympathischen Verbindung über sich. Es fehlt ihm absolut an Gelegenheiten, denn er wird durch die negative Schmiegsamkeit in seinen egoistischen Bindungen gehalten.

Dritte Linie. — Ohne Gerechtigkeit noch Geradheit; die Gefahr überwachend, sich auf die Tatkraft stützend, setzt er sich sehr der Möglichkeit aus, schuldig zu werden. Indessen weich und schmiegsam, höflich, nimmt er sich selbst zusammen und wird keine Fehler begehen können. Unterliegt er seinen Leidenschaften, wird er leiden und klagen, und dies wird unbedingt sein Fehler sein. Er gehorche also einschränkenden Regeln.

Vierte Linie. — Er gehorcht der fünften Linie und unterwirft sich ihrem kraftvollen, gerechten und geraden Weg. Er sichert seine Ruhe durch Geradheit. Er sympathisiert mit der ersten Linie; es geht nicht darum, sich Zwang anzutun, um sich den

Vorschriften anzupassen; nur die Regeln muß man natürlich beachten, um Frieden und Ruhe zu finden und seine Freiheit zu sichern. Er steigt auf, um dem kraftvollen und gerechten Weg der fünften Linie zu gehorchen, und dies wird seine Freiheit sichern.

Fünfte Linie. — Kraftvoll, gerecht, nimmt er eine hohe Stellung ein; von ihm hängen die Regeln der Begrenzung ab; ruhig und ernst, ist seine Autorität gerade. Die glückliche Vorhersage ist offensichtlich und so handelnd, wird es nur Lob geben. Die Stellung, die er einnimmt, ist gerecht.

Sechste Linie. — Er ist es, der in seinen Vorschriften peinlich und hart ist; wenn man sich an die Beobachtung solcher Gesetze hält, wird die Vorhersage unglücklich sein. Man muß das Unmaß vermindern und zu dem zurückkommen, was gerecht ist. Ist man zu hoch gestellt, kann man sich der Vorbedeutung nicht entziehen, und es wird nur Schwierigkeiten geben, denn der vernunftgemäße Weg der Vorschriften und Gesetze gelangt an sein Ende.

61

TSHONG FU

Hauptbedeutung. — Vertrauen, Sicherheit, Geradheit; oben ist Sun, der Wind; unten ist Tui, der Sumpf; der Wind wirkt auf den Sumpf bis in das Innere und bewegt ihn tief. Die negativen Linien in der Mitte versinnbilden den inneren Glauben, das Fehlen von Vorurteil. Durch Aufrichtigkeit und Vertrauen kann er jedermann beeinflussen, und die Vorhersage ist glücklich. Es ist von Nutzen, einen großen Flußlauf zu überqueren. Die äußerste Aufrichtigkeit kann die stumpfsten Wesen bewegen, „selbst die Fische", sagt der Text. Ebenso wie das Wasser ist das Herz des Menschen „leer" und läßt sich leicht durchdringen und beeinflussen.

Erste Linie. — Man muß zuerst das abwägen, was vertrauensvoll zu glauben möglich ist, und sich dann anpassen. Ist die Sache wirklich nichts wert, dann werden daraus nur Sorgen entstehen; die Vorbedeutung wird nur günstig sein, wenn man mit viel Umsicht die Probe macht. Es bedarf der Ruhe, der erhabenen Hoheit und eines immer genauen Urteils. Man muß das abwägen, was zu glauben entspricht, um ein endgültiges, gerades Urteil zu haben.

Zweite Linie. — Diese Linie ist kraftvoll und unbedingt, mit dem größten inneren Vertrauen. Auf diesem Grad kann die Aufrichtigkeit viele Wesen bewegen und beeinflussen, die mit

288

Achtung und der gleichen Aufrichtigkeit antworten werden. Die Aufrichtigkeit der Gefühle teilt sich freimütig mit.

Dritte Linie. — Der, von dem die Vollendung der Aufrichtigkeit abhängt, er ist bar der Gerechtigkeit und verliert die Geradheit; schmiegsam, weich, dem Vergnügen hingegeben, ist er gleichzeitig angezogen und abgestoßen; leicht durchgleitet er verschiedene Gefühlszustände; weinend, singend, schreiend, aufgeregt, in Freude, in Ruhe. Deshalb wird er angezogen von dem, was ihm Vertrauen einflößt und handelt entsprechend. Rein von seiner Gefühlsseligkeit geleitet, ist es unmöglich, die Vorhersage klar auszumachen; aber der begabte Mensch handelt nicht so. Er ist hier nicht Meister seiner selbst, aber glücklicherweise ist der fehlerfrei, der ihm Vertrauen einflößt. Er neigt dazu, endgültig im Vergnügen zu bleiben.

Vierte Linie. — Auch von ihm hängt die Vollendung der Aufrichtigkeit ab, und er nimmt eine sehr hohe Stellung ein; seine Stellung ist der Geradheit angepaßt, und die obere Linie hat volles Vertrauen in ihn. Man kann alles Vertrauen zu ihm haben. Die erste Linie steigt und sympathisiert mit der vierten Linie, und diese letztere schreitet fort und folgt der fünften Linie; da beide aufsteigend so handeln, vergleicht sie der Text „den Pferden". Würde die vierte Linie aufgehalten von der ersten, so würde sie nicht mehr vorwärtsschreiten, und könnte das Werk der Aufrichtigkeit nicht vollenden. Die vierte Linie muß also mit der ersten Linie brechen, und es besteht eine Bedeutung von Verlassenheit, von Bruch, ohne Fehler, mit denen der eigenen Eigenschaft, um dafür dem Oberhaupt zu folgen.

Fünfte Linie. — Gegründet auf die größte Aufrichtigkeit, muß der Weg der fünften Linie eine unverbrüchliche Bindung an ihn und sein Werk hervorbringen; tatkräftig, gerecht und gerade, hängen von ihm Vertrauen und Aufrichtigkeit ab. Seine Lage ist ordnungsgemäß verdient, und er ist ihrer würdig.

Sechste Linie. — Hört das Vertrauen auf, wird alles zerbrochen und vernichtet; die innere Treue wird verloren, die Geradheit ist zerstört. Diese Linie vertraut ihrer Bewegung nach vorn und kann nicht anhalten. Betreibt man so die unbedingte Sicherheit einer Handlung, ohne sie zu ändern, ist die Vorhersage ungünstig. Das ist die unverständige Halsstarrigkeit. Es besteht das Anzeichen einer äußersten Leichtgläubigkeit und Unfähigkeit, sich zu bessern. Nichts kann unter diesen Umständen bestehen.

62

SIAO KUO

Hauptbedeutung. — Das kleine Übermaß der kleinen Überlegenheit; es wird gebildet aus dem oberen Trigramm Tshen,
der Blitz, und dem unteren Trigramm Ken, das Gebirge. Der
Blitz schlägt in einen erhöhten Ort, und sein Donnern überschreitet die gewöhnlichen Grenzen; die Verneinung nimmt in
diesem Hexagramm einen überwiegenden Raum ein; es ist das
Übermaß dessen, was klein ist, das Übermaß in den kleinen
Dingen (43). In den Angelegenheiten, mögen sie wie immer sein,
erreicht er manchmal, daß alles der Schicklichkeit des Gegen-
standes entspricht, aber es geschieht auch, daß man die
gewöhnlichen Regeln überschreiten muß, um die Freiheit zu
haben. Man muß überhaupt in diesem Übermaß eine große
Reinheit mitbringen, und darf die Gunst des Augenblicks nicht
verfehlen. Ebenso entspricht eine große Ergebenheit; man muß
darüber hinausgehen, um sich dann gemäß der Seinsvernunft
der Dinge zu nähern. Hier wiegen die negativen Linien schwerer
als die positiven; die Verneinung kann sich der Freiheit erfreuen. Aber die Hauptbedeutung ist die Unfähigkeit für die
großen Dinge. Die Kleinheit überwiegt, die kleinen Dinge
reißen mit fort, und es besteht in diesem Sinn eine starke glückliche Vorhersage für sie. Was dem Oben nicht entspricht, entspricht dem Unten; und es besteht die Mahnung der Zweckmäßigkeit des Gehorsams. Aufsteigen bedeutet Aufruhr, ab-

steigen bedeutet Ergebung. Vermeiden, das Übermaß dort anzusetzen, wo es nicht entspricht, denn wenn es in kleinen Dingen erträglich ist, ist es das nicht in den großen.

Erste Linie. — Diese Linie ist das symbolische Bild des untergeordneten, ungestümen und leichtfertigen Menschen, der der Hilfe und dem Wettstreit über sich in der vierten Linie begegnet; in den Dingen, in denen man die gewöhnliche Lage überschreiten muß, gelangt er zu einem bedeutenden Übermaß, mit „der Übereilung eines Vogels, der fliegt"; auch die Vorbedeutung ist ungünstig. Ein solches Ungestüm kann nicht vermieden werden, und man kommt nie zur Zeit um dem abzuhelfen und es zurückzuhalten. Man kann in keiner Weise helfen; die Kraft ist ohnmächtig.

Zweite Linie. — Die zweite und die fünfte Linie stimmen miteinander überein, und sie haben die gleichen Tugenden von Schmiegsamkeit und Gerechtigkeit; die zweite Linie folgt der fünften Linie, und das bedeutet Übermaß. Man muß aufwärtssteigend vorwärtsgehen, aber dem Oberhaupt nicht die Rechte entreißen und seinem eigenen vernunftgemäßen Weg folgen; dann wird es keinen Fehler geben. Also klug handeln.

Dritte Linie. — Beobachtet er die Geradheit, ist er in einer untergeordneten Stellung; er ist unfähig etwas zu tun, da er von der Verneinung verabscheut wird; er muß ein „Übermaß an Vorsicht" gegenüber den untergeordneten Menschen gebrauchen. Wenn nicht, werden sie ihn verfolgen und ihn töten, und die Vorhersage wird ungünstig sein. Um sich vor den untergeordneten Menschen zu schützen, entspricht es, daß er zunächst seine eigene Person wieder aufrichtet; die Vorhersage des Schicksals ist nicht ungünstig; ergreift er ein Übermaß an Vorsicht und hütet sich, wird er das ihn bedrohende Unglück vermeiden.

Vierte Linie. — Er gebraucht die kraftvolle Festigkeit und nimmt eine Stellung ein, die die schmiegsame Weichheit zuläßt. Handelt er, besteht Gefahr; er muß sich also in acht nehmen. Handeln, bedeutete die schmiegsame Weichheit aufgeben, und sich unter Benützung der kraftvollen Festigkeit nach vorn bringen. Es besteht also Mahnung, sich den Schwierigkeiten des Augenblicks anzupassen, ohne sich leidenschaftlich auf nur eine und einzige Art des Handelns festzulegen. Der begabte Mensch muß sich den Umständen zu beugen wissen und nicht handeln, wenn dies zur Vermeidung von Gefahren nötig ist. Er darf also nicht eine einzige Art des Sehens und Handelns haben, und halte sich für den Augenblick in der schmiegsamen Weichheit.

Fünfte Linie. — Er ist Herr der Lage, aber da er die Verneinung verwendet, kann er nichts tun; er bringt sich mit der zweiten Linie in Übereinstimmung, aber wie diese ist sie gleichfalls negativ, ihre Unfähigkeit, große Dinge hervorzubringen, ist offenbar.

Sechste Linie. — Auf der äußersten Grenze des Übermaßes, negativ, stimmt er nicht mit der Vernunft überein. Handelt er so, ist er immer über dem Schicklichen, und seine Übermäßigkeiten überschreiten immer die gewöhnlichen Grenzen. Dies ist eine unaufhörliche und unruhige Erregung und die Vorbedeutung ist ungünstig. Mißlichkeiten und Fehler leiten sich natürlich daraus ab.

63

KI-TSI

Hauptbedeutung. — Das schon Errichtete, die festgelegte Ordnung. Oben ist Kan, das fließende Wasser, unten ist Li, das
Feuer; durch ihre Verbindung bringen sie ihre Wirkung hervor, und jede Sache wird in Ordnung gebracht; im gleichen
Augenblick erfreut sich das Große der Freiheit und dem Kleinen fehlt sie. Die Mahnung ist in diesem Augenblick, eine große
Festigkeit zu gebrauchen, um die Ordnung, die sich zu befesti-
gen beginnt, zu halten und zu bewahren. Aber der Ratsuchende
vergesse nicht, daß, wenn es keinen Fortschritt nach vorn mehr
gibt, ein Rückschreiten nach hinten eintritt, und irgendeine
Dauer gibt es hier unten im Offenbaren nicht. Deshalb entstehen nach der Ordnung die Verwirrungen und Unordnungen;
und wenn der vernunftgemäße Weg erschöpft ist, fordert die
gleiche Seinsvernunft eine Veränderung. Der begabte Mensch
muß dies unvermeidliche Gesetz der Veränderung begreifen,
und nicht bis zu dieser Grenze warten. Indem er über das Unglück nachdenkt, wird er es zu seinem Nutzen voraussehen,
und kann sein Aufkommen verhindern.
Erste Linie. — In einem untergeordneten Rang bejahend und
mit der vierten Linie sympathisierend, seine Neigungen, auf
Geradewohl zu handeln, sind lebhaft und entschieden. Da die
Ordnung schon errichtet ist, führt diese unaufhörliche Fort-

schrittsbewegung nach vorn zu Kümmernissen und Fehlern. Er muß die Bewegung nach vorn im Beginn der Wiedereinsetzung der Ordnung anzuhalten wissen, sonst werden diejenigen, die so handeln, schuldig. Der Ratsuchende sei also umsichtig, wachsam. Es gibt keine Vorhersage, denn er wird seine Bewegung nach vorn aufhalten.

Zweite Linie. — Er läßt seine Neigungen überwiegen, aber es gelingt ihm nicht, seinen eigenen Handlungen freien Lauf zu lassen, denn man hört oben (fünfte Linie) nicht mehr auf seine Ratschläge. Tatkraft und Gerechtigkeit entarten in solchen Augenblicken und werden zu Hochmut. Weder gebraucht, noch gerufen, kann die zweite Linie nichts unternehmen, aber er wisse, daß dies nur zeitweise ist, und daß, wenn die Zeit vorbei ist, er wird handeln können. Er verfolge also im Augenblick seine Unternehmungen nicht, er enthalte sich irgendeine Nachlässigkeit zu begehen, und nach sieben Tagen wird er Erfolg haben. Sein Weg ist niemals vollständig vergessen oder aufgegeben und wird von neuem obsiegen. Der Erfolg wird natürlich kommen.

Dritte Linie. — Kraftvoll und hart, nimmt er einen Rang ein, der seinen Eigenschaften entspricht; er ist auch das Sinnbild des äußersten Grades in der Anwendung der kraftvollen Festigkeit. Zügellose Gewalt in der Unterdrückung durch Gebrauch der Waffen, das Aufbrausen gegen die, die noch nicht ergeben sind, führen zur Zerstörung der Völker und zur Befriedigung der Leidenschaften. Handelt es sich um einen untergeordneten Menschen, so wird er sich von seinen eigenen Zwecken, seinen persönlichen Rachegefühlen, seinem Zorn und seinem Ehrgeiz führen lassen. Wenn ihn die Leidenschaften nicht zu seinen Handlungen treiben, wird er nichts tun wollen. Die Aufgabe ist sehr schwierig. Es besteht die Mahnung, weder zu handeln noch sich leichtsinnig zu bewegen; es besteht eine Bedeutung von äußerster Beschwerlichkeit in dem, was man ausführt.

Vierte Linie. — Er ist Verwalter einer Amtsgewalt; in einem Augenblick, da die Ordnung wieder errichtet ist, muß er darüber nachdenken, sich vor den Rückschlägen des Glücks zu hüten und die künftigen Wirren vorauszusehen. Die furchtsame Umsicht darf nicht nachlassen, denn man ist kaum der Gefahr entronnen. Es besteht Anlaß noch zu fürchten, und der Ratsuchende muß wachsam bleiben.

Fünfte Linie. — Aufrichtigkeit, Gerechtigkeit und Geradheit sind die Eigenschaften der fünften wie der zweiten Linie. Die fünfte Linie hat nicht mehr aufzusteigen da die zweite, auf einen unteren Platz gestellt, noch vorwärtsschreiten muß. Durch seine große Aufrichtigkeit hält er sich in Gerechtigkeit und Geradheit; er gelangt dabei nicht zum Umsturz der errichteten Ordnung, aber der Augenblick, um den es sich handelt, hat für ihn schon alle Möglichkeiten erschöpft. Deshalb besteht zuerst eine glückliche Vorbedeutung, dann Unordnung und Wirren. Die zweite Linie könnte noch aufsteigen und wachsen; die fünfte muß über ihre künftige Wandlung nachdenken.

Sechste Linie. — Die Gefahr naht, die Ruhe herrscht nicht mehr; die Schmiegsamkeit ist in äußerster Gefahr, und dies ist das Ende der errichteten Ordnung. Ein untergeordneter Mensch nimmt die überragende Stellung ein; Zerfall und Untergang sind da. Ausdrückliche Mahnung zu äußerster Umsicht für den Ratsuchenden.

64

VI TSI

Hauptbedeutung. — Das noch nicht Vollendete, das noch nicht in Ordnung Gebrachte, die unendliche Fortsetzung in der Verwandlung der Offenbarung. Oben ist das Trigramm Li, das Feuer; unten ist das Trigramm Khan, das Wasser; irgendeine Wirkung kann daraus nicht hervorgehen, da die Ordnung noch nicht errichtet ist, denn dies ist nicht die entsprechende Lage (44). Der begabte Mensch betrachtet das symbolische Bild der nicht entsprechenden Lage, und er wendet dies Bild auf die Wesen und Dinge der Offenbarung an; er unterscheidet dann das, was jedem von ihnen zukommt, und stellt jedes von ihnen auf seinen Platz. In diesem Augenblick, da die Ordnung noch nicht besteht, in dem man den vernünftigen Weg sucht, um diese Zeit zu überstehen, geziemt es mit äußerster Klugheit zu handeln, wenn man seine Freiheit bewahren will. Im heiligen Hexagramm sind die ungeraden Ränge von negativen Linien besetzt, und alle Linien sind nicht an ihrem Platz; irgendein Nutzen ergibt sich daraus nicht. Ein gefahrvoller Ort kann nicht ein Ruhe- und Friedeplatz sein; im Anfang ist er absolut entschlossen vorwärst zu gehen, aber befindet er sich inmitten der Gefahren, so wird auch die Rückwärtsbewegung überstürzt sein; nichts von dem, was unternommen wird, wird nützlich sein.

Erste Linie. — In den Gefahren, weich und negativ, sympathisiert er mit der vierten Linie. Er ist nicht befriedigt von seiner
gefahrvollen Lage, und seine Neigungen bringen ihn dazu, sich
zu erheben; die vierte Linie ist unfähig, ihm bei der Beseitigung
dieser Gefahr zu helfen. Er mißt nicht seine Kräfte, und wird
viel Besorgnis haben. Dies ist der Gipfel der Unwissenheit und
der Unklugheit.

Zweite Linie. — Mit seinen Fähigkeiten der kraftvollen Festigkeit wird er von der fünften Linie verwendet; ihr steht in der
Tat die Verwendung zu. Die zweite Linie dagegen sei ehrfurchtsvoll und gehorsam; die Geradheit sei gewahrt und
die Vorhersage wird glücklich sein. Ist die Gefahr noch nicht
abgewendet, muß man Achtung und Gehorsam zum äußersten
bringen, um das glückliche Ende der laufenden Ereignisse zu
sichern. Diese Linie kann sich selbst erhalten ohne vorwärtszuschreiten, und die Vorhersage ist in sich selbst glücklich.

Dritte Linie. — Schreitet man vorwärts, ist die Vorbedeutung
ungünstig; da man noch in Gefahr ist, wenn man handelt
und irgendeine Sache unternimmt, wird es Unglück geben. Man
muß zuerst aus der Gefahr heraus sein; dann kann man handeln.
Es gibt eine Seinsvernunft, die zum Verlassen führt. Er erfreut
sich der Sympathie der sechsten harten und positiven Linie.
Er überschreite einen großen Flußlauf; er warte und passe die
günstigen Gelegenheiten ab; kann er die Gefahr überstehen
und demjenigen folgen, mit dem er sympathisch in Verbindung
steht, wird es wirklichen Vorteil für ihn bedeuten.

Vierte Linie. — Verständig, ausdauernd und kraftvoll, geht er
aus der Gefahr hervor; die nicht eingerichtete Ordnung hat
schon die Mitte ihrer Dauer überschritten, und man kann sie
zu heilen beginnen. Die Sorgen werden sich zerstreuen, und die
Vorhersage ist glücklich. Die Anwendungszeit der Mittel zu

diesem Zweck wird drei Jahre betragen und ein großes Gut, ein großes Reich wird der Lohn sein. Man mahnt also zur Notwendigkeit während einer solchen Zeit äußerste Festigkeit anzuwenden. Da die Linie auf einem Rang ist, der der schmiegsamen Weichheit (gerader Rang) zukommt, besteht die Mahnung, in den Bemühungen nicht nachzulassen.

Fünfte Linie. — Gerecht, da sein Herz von jedem Vorurteil frei ist, ihm die Bejahung der zweiten Linie zu Hilfe kommt, ist die Vorhersage darin glücklich, was die fünfte Linie betrifft. Hilft er der Unordnung ab, wird er all seine Eigenschaften in diesem Sinn verwenden, und wird darin Erfolg haben; er ist schmiegsam und weich und gleichzeitig fähig, sich zu vollenden und gut zu sein; er hat die Hilfe derer, die unter ihm sind. Aufrecht und ohne Falschheit, erfreut er sich des Rufs des begabten Menschen.

Sechste Linie. — Der äußerste Grad der kraftvollen Festigkeit; aber mit einem großen Verstand begabt, ist er entschieden und klar. Er hat eine Stellung, die nicht gesetzmäßig werden kann, und er steht in der Gnade des Schicksals. Dies ist der äußerste Grad der nicht errichteten Ordnung, und er muß wissen, sich mit dem zufrieden zu geben, was er hat; wenn nicht, wird er durch Zorn und Aufbrausen in Fehler fallen, und Unglück wird folgen. Mahnung, Glaube in seinem Herzen zu haben und sich zu festigen, indem man das Schicksal erwartet, denn der Augenblick der Wandlung ist nahe. Vermeiden, sich ohne widerzuhandeln gehen zu lassen und zu sehr in sich selbst Vertrauen zu haben; ohne dies wird er aufs Spiel setzen, seiner Pflicht und der unveränderlichen Gesetze des Geschicks zu ermangeln.

TAFEL DER KUA

(Alphabetisch geordnet)

ANMERKUNGEN

(1)   Meiner Kenntnis nach gibt es fünf annehmbare europäische Über-
setzungen des I GING:
   I GING, antiquissimus sinarum liber, quem ex latina interpretatione
   P. Régis . . . ; herausgegeben von Julius Mohl, Stuttgart, J. G. Cotta,
   1834, 2 Bände.
   Rev. Canon Mc. Clatchie, M., A., A Translation of the Confucian
   I GING of the Classic of Changes with Notes and Appendix,
   Schanghai 1876.
   James Legge The I GING. In: „The sacred books of China". The
   Texts of Confucianism, translated by James Legge. Teil II, The
   I GING. Oxford, Clarendon Press, 1882.
   Philastre, P. L. F., Le I GING oder Livre des Changements de la
   dynastie des Tscheou, zum erstenmal aus dem Chinesischen ins Fran-
   zösische übersetzt (Annales du Musée Guimet, T. VIII et XXIII).
   Paris, Leroux 1885—1893, 2 Bände.
   De Harlez, Le I GING, texte primitif rétabli, trad. et comm., Brüs-
   sel 1889.
Vgl. des letzteren Verfassers Arbeiten im „Journal Asiatique" 1887 und
1891 über den I GING, und diejenigen von Terrien de La Couperie,
The Oldest Book of the Chinese and its authors, in „Journal of the
Asiatic Society", 1882 und 1883.
Die Liste der europäischen Arbeiten über den I GING wurde von
H. Wuttke in „Die Entstehung der Schrift" (Leipzig 1875), Seite 247
und 748 und von Henri Cordier, „Biblioteca Sinica I", S. 645—647,
gegeben.
Nicht unerwähnt in diesem Zusammenhang darf bleiben: „I GING,
Das Buch der Wandlungen. Erstes und zweites Buch, aus dem Chinesi-
schen verdeutscht und erläutert von Richard Wilhelm." Düsseldorf-Köln
1950 2 Bände d. Ü.

(2)   In der chinesischen Sprache enthält die aufgezeichnete Überlieferung
nach dem Katalog der Bibliothek des Kaisers *Kien-Lung*, errichtet zwischen 1770 und 1790, tausendvierhundertfünfzig verschiedene Arbeiten
und Kommentare über den I GING.

(3)   Ich benütze zur Umschreibung der chinesischen Begriffe nicht die
„offizielle" gelehrte Rechtschreibung; denn diese Umschreibung erfordert
eine zu spezielle und wenig begreifbare Typographie, und ist andererseits für den nicht spezialisierten Studenten wenig verständlich. Ich suche
den einfachst möglichen chinesischen Umlaut, ohne die „Töne" genau zu
beachten; wie dies für den gesteckten Zweck völlig ausreicht. Diejenigen,
die an eine Nachlässigkeit meinerseits glauben könnten, mögen wissen,
daß für denselben Titel des Textes: der I GING, I den Wechsel, die

Änderung, und Ging Buch bedeutet. Also der Charakter, den ich nach der Mandarinen-Aussprache mit „I" umschreibe, wird außerdem als Yik, Yip, Ngik ausgesprochen; in Kanton wird er Yik, Yat, manchmal Hüt gesprochen; in Swatau Ek, Ip, It; in Amoy Giet, Ip, It; in Futchau Ik, Yeh; in Schanghai Yak, Niak, Yik, Ih ... In Peking ist die „offizielle" Aussprache Yi oder Yih; Engländer haben ihn mit Yh umschrieben. Dies Beispiel, das für alle chinesischen Charaktere vermehrt werden könnte, zeigt die Unmöglichkeit einer gleichartigen Schreibweise dieser Charaktere. Ich habe einfach die Mandarinen-Aussprache nach der französischen Schreibweise umschrieben; ich komme für diese Umschreibung oft Philastre nach. Die englische Schreibweise des Chinesischen ist der englischen Aussprache angepaßt und würde in einer französischen Lesart unrichtig.

(4)   Diese Einleitung ist aus Notizen entstanden, die ich zu Füßen des Meisters *Yüan-Kuang* empfangen habe. Als völlig überlieferte Lehre kann und will sie in keiner Weise originell erscheinen. Diese Prinzipien sind für den abendländischen Schüler einfach bestimmt, damit er die großen Grundlagen kennenlerne, auf denen sich die taoistische Lehre aufbaut, und die sich in der Art der taoistischen Weissagung aus dem I GING wiederfinden. Die Kenntnis der geraden und ungeraden *Kua*, ihrer Änderungen und wechselseitigen Rückwirkungen wäre ohne das Wissen von diesen Prinzipien, in die sich der Leser sehr versenken muß, unverständlich.

(5)   Der letztere wird in vier Formen unterteilt: der „Drache, der zum Himmel steigt" *(chen T'ien tche lung)* — der „Drachen-Geist" *(chen lung)* — der „irdische Drache" *(Tu lung)* — der „unterirdische Drache" (T'sang lung), dieser letztere hat nach dem Volksglauben die Wacht über die verborgenen Schätze und Metalladern. Diese Unterteilungen entsprechen den Aspekten der Offenbarung des „Drachen", dem *Yang*. Das *Yin* besitzt ebenso entsprechende Unterteilungen, aber diese sind mehr auf den weiblichen, mondhaften, magischen, „übelwollenden" Aspekt der Offenbarung spezialisiert, und der verehrungswürdige Meister hat mir nicht erlaubt, darüber zu sprechen.

(6)   Um dem Abendländer diese Bemerkungen verständlich zu machen, möchte ich hinzufügen, daß das *Yin* der negativen, das *Yang* der positiven Elektrizität entspricht. Ein von Handschuhen und Gummistiefeln geschützter Elektriker könnte elektrische Leitungen reparieren, deren Berührung jeden niederschmettern würde, der ihnen nahekäme. Ein Strom des *Feng-Shui* kann eine „Quelle des Unglücks" für ein gegebenes Wesen sein, während ein anderer, etwa von einem Talisman geschützter Mensch davon unberührt bliebe.

(7)   Die Kenntnis der Gesetze des *Feng-Shui* ist das Werk der *Ti-Li Hsien Sheng*, die mit dem Geomantischen Magneten, dem *Lo-pan*, die örtlichen Richtungen dieser Ströme bestimmen. Es gibt zwei Schulen für

den *Feng-Shui* unter den taoistischen Gelehrten: die Schule *Tsung-miao* (Tempel der Ahnen) und die Schule *Kwang-si*. Die taoistische Schule von Tsung-miao hat ihren Ursprung in *Foh-Kien* und hat nach der Überlieferung *Wang-Ke* als Gründer; seine Lehre beruht im Wesentlichen auf der natürlichen Ordnung (li) und ihrer Zahlenbeziehungen (su), die diese Ordnung zusammenbinden. Der Magnet des *Lo-pan* wird überwiegend von ihnen angewendet. Die zweite, Kwang-si genannte Schule hat nach der Überlieferung *Yang-Kwan-Tsung* als Gründer und ihre Lehre beruht vornehmlich auf der Kenntnis vom Atem (Ke) und den inneren und verborgenen Zügen der Natur (Ying). Die Gelehrten dieser Schule suchen die sichtbaren Spuren der Kräfte *Yin* und *Yang* in der Natur und verwenden nur gelegentlich den geomantischen Magneten.

(8) Eine der Anordnungsregeln ist folgende: „Wenn zwei Anordnungen einander nahe sind, wird die linke die auf dem grünen Drachen, die rechte die auf dem weißen Tiger errichtete genannt. Der Tiger kann nicht höher stehen als der Drache, andernfalls entsteht daraus Tod und anhaltendes Unglück."

(9) Die alten Griechen hatten eine genaue Vorstellung von den menschlichen Begebenheiten durch ihre Kenntnis der „Notwendigkeit" und des „Geschicks", die die Moiren personifizierten, und die man bei Plato als höchste, die Bewegung des Kosmos beherrschende Kraft findet (Republik X). Die Etrusker hatten besonders das zyklische Spiel des Schicksals erforscht und besaßen Techniken, um die durch die Zyklen bedingten Geschehnisse zu „verschieben".

(10) Es scheint mir sinnlos eine lange und verwirrende Studie über die chinesischen Autoren zu geben, die in der Folge diesen Text kommentiert haben. Der hauptsächlichste unter ihnen war der Herzog *Chang von Chow*, Vater des Gründers der III. Dynastie, der von 1092 bis 1090 v. Chr. wegen Verrats von dem berüchtigten Tyrannen *Chow-Shin* gefangen gehalten war. Er vervollkommnete während seiner Haft das System der Wandlungen des Kaisers Fu-hsi.

(11) Dieser Text läßt verstehen, daß das Hexagramm traditionsgemäß eine „Offenbarungsmacht" des TAO und auf einer bestimmten Ebene alles andere denn ein Weissagungszeichen ist. In diesem Buch erforschen wir die esoterischen Aspekte des I GING nicht, da es nur seinem Weissageaspekt gewidmet ist.

(12) Der Text des I GING ist genau: „Im höchsten Altertum begann der Heilige Mensch die acht Kua zu ziehen: von da an war der rationale Weg der drei wirkenden Ursachen (san T'sé) vollständig und vollendet. Er bediente sich dann von dieser Grundlage aus, indem er diese acht einfachen Kua durch das Übereinanderlegen von je zwei verbindet, um damit die Gesamtheit der Veränderungen im Universum zu umfassen und damit auch die vollkommenen sechsstrichigen Kua (die Hexagramme) zu erhalten." (I GING, 1. Kua, Kommentar von *T'sheng*).

(13) Die beiden oberen Striche sind der 3. und der 6. Sechserstrich des Hexagramms; die beiden mittleren Striche sind der 2. und der 5. Strich, die beiden unteren der 1. und 4. Ich wiederhole, daß ein Hexagramm immer von unten her gelesen wird. Die Striche der Figur „steigen" mit dem Sinn, der ihnen eigen ist.

(14) Hier die Erklärung dieser beiden Wege, wie sie der Text der Kommentare des I GING selbst gibt: „Der begabte Mensch erwartet den Moment, um sich zu bewegen; er bewegt sich und beharrt nicht... Der schwache Mensch schämt sich nicht und ermangelt des Menschlichen; er fürchtet nichts und kennt nicht die Pflicht; er sieht dabei nicht einen Vorteil und übt nicht seine Kraft; er achtet keinerlei Autorität, wenn er keinen Verweis erhält."

(15) Ich hätte im Text die Ausdrücke *Yang* und *Yin* nach Philastre beibehalten können, aber ich habe vorgezogen, seine Begriffe „kraftvolle Festigkeit" und „geschmeidige Weichheit" zu verwenden, die die in den beiden chinesischen Charakteren enthaltene taoistische Idee vollkommen wiedergeben und vermeiden dem Text einen allzu technischen chinesischen Charakter zu geben.

(16) Eine Linie in der Mitte eines Trigramms symbolisiert oft, daß es in einem auf das ganze Trigramm angewandten Hauptsinn „sich in der Gerechtigkeit hält".

(17) Es kann schließlich gewisse Widersprüche in dem weissagenden Text zwischen den sich auf die einzelnen Linien beziehenden Angaben geben. Der Studierende muß wissen, daß diese gegenteiligen Aussagen nur scheinbar bestehen und als verschiedene Ströme betrachtet werden müssen, die miteinander „kämpfen". Man muß sie teils als „Hindernisse" betrachten, die sich gegeneinander aufheben werden, teils als verschiedene und aufeinander folgende „Momente" der Entwicklung der Frage.

(18) Soviel ich weiß, existiert dieselbe Überlieferung in der Kabbalistik, hinsichtlich derjenigen, die die heiligen Buchstaben der *Sephiroth* in Verbindung mit dem „Alten der Tage" und „vermittelnden Engeln" „handhaben".

(19) Die 64 Kua enthalten insgesamt 192 ungebrochene ▬▬▬ und 192 gebrochene ▬▬ ▬▬ Linien. Da die Ausscheidungen entweder 9 mal 4 = 36 oder 6 mal 4 = 24 betragen, enthält die Summe 36 + 24 = 60 mal 192 = sämtliche 11520 Möglichkeiten von Weissageformeln.

(20) Das Vorhandensein eines kurzen Rohrstocks neben dem Handelnden ist wirksam, um böswillige Einflüsse abzuhalten.

(21) Gewisse Tieropfer sind zu diesem Zweck ebenso wirksam. So wird manchmal ein Hahn geopfert, um die „Verbindung" zu besonders segensreichen Wesenheiten zu erleichtern.

(22) Dies „Wissen von den Duftstoffen" ist übrigens vollkommen nur einer ganz kleinen Zahl religiöser Asiaten bekannt: Indische Brahmanen, Buddhisten und tibetischen Tantristen, chinesischen Taoisten, japanischen Zen-Buddhisten. Ein einziger Abendländer hat meiner Kenntnis nach darüber in einer grundlegenden und wohlbegründeten Weise gesprochen: Dr. Alexander Rouhier in seiner äußerst seltenen, in kleiner Zahl und nicht in den Buchhandel gebrachten Broschüre: *Die Parfums Asiens* (Indiens, Tibets, Chinas, Japans). *Ihre Herkunft, ihre Zusammensetzung, ihre Wirkungen. Ihre rituelle, mystische, erotische, therapeutische und weissagende Verwendung.* (Allahabad, 1940).

(23) Die übeltäterischen Kräfte werden mit dem Gesamtnamen *Sha-Tchi* bezeichnet; es ist überflüssig, hier die Namen der okkulten Mächte des Bösen in ihrem besonderen Aspekt zu geben.

(24) Der gesamte, die Kommentare mitumfassende Text enthält 24 107 Charaktere; der heilige Text in seinen 450 Zeilen hat nur 4 134 Charaktere.

(25) Wie jeder unmittelbar aus dem Chinesischen übersetzte Text ist die Phrase kurz und sinnschwer. Ich habe in jedem nur möglichen Maß den Originalsinn bewahrt, selbst auf die Gefahr hin, die Phrase scheinbar zu verdunkeln.

(26) Die überlieferten Kommentare fügen hier ein, daß keine Sache im Universum vollendet wird, ohne durch eine aufeinanderfolgende Elementenansammlung hervorgebracht worden zu sein. Wer eine Familie im Guten oder Bösen sammelt, wird seine Nachkommen in Glück oder Unglück erwarten. Äußerste Drangsale, wie Mord und Aufruhr, rühren alle aus einer Ursachensammlung- und Wiederholung her, die sich aneinanderfügen und nicht das Ergebnis einer plötzlich entstandenen und raschen Ursache sind. Was nach und nach wächst, muß sich entfalten, indem es größer wird, und die kleinen aufgehäuften Mengen bringen die große hervor. Man muß über die „Samen" der Ereignisse wachen, ehe man sie wachsen läßt und dann vor ihnen ohnmächtig bleiben muß. Ein kleines Übel, was durch Größerwerden endet, ist immer das Ergebnis der passiven Duldsamkeit der Entwicklung der natürlichen Folgen einer Sache; siehe das Bild des mit Füßen gestampften Reifs, der zu festem Eis wird.

(27) Wir haben gewisse besondere Ausdrücke des Textes des I GING oder des Meisters Yüan Kuang in Anführungsstriche gesetzt; sie haben eine sehr beachtenswerte „chinesische" Weisheit und sind besonders „beschwörend".

(28) Ist er ganz und besetzt er einen ungeraden, also Yang-Rang, bewirkt er Geradheit und hat den Vorteil in seiner Stellung zu bleiben.

(29) Dieser Kommentar ist ein genaues Beispiel von der Notwendigkeit für den Ratsuchenden immer die Lektüre des Textes des I GING

nach seiner besonderen Frage „zu erforschen". Der Text darüber handelt
ebenso von einem Vorgang im Verlauf einer nahen Angelegenheit; die
Ratschläge des „weisen Menschen" werden günstig auf das eine oder andere angewandt. Es ist am Ratsuchenden, den Text passiv zu lesen und
sich nach seiner Intuition durch die erhellenden weissagenden Aussprüche
aufklären zu lassen. Er wird die Antwort auf die Frage, die ihn beschäftigt, „fühlen".

(30)   In dem oberen Trigramm wird wie im Kua PI No. 8, Seite 110
die positive Linie den Fürsten darstellen. Die Linie des 5. Rangs versinnbildet übrigens gewöhnlich den Chef, den Direktor, den Meister, den
Vater, den Gemahl, den, der die Verantwortung hat, den, der leitet und
befiehlt. Überflüssig, zu bemerken, daß das Wort *Kua*, das „Figur,
Zeichen, Diagramm" bedeutet, ebenso auf das Hexagramm wie auf das
Trigramm des I GING angewandt wird. Handelt es sich um das „untere" oder „obere" Kua, so stehen immer die weissagenden Trigramme
in Frage.

(31)   Für die taoistische Überlieferung ist der „untergeordnete Mensch"
der, der einer bestimmten „Kaste" angehört und dessen Vernunft zu
handeln, den „Pflichten" dieser Kaste entspricht. Die Bedeutung dieser
sechsten Linie ist, daß man ein Wesen niemals in eine Bedingung stellen
darf, die seiner eigenen Natur nicht entspricht. Es kann daraus nur
Verwirrung, Unwissenheit und Wirrnis entstehen. Wir haben übrigens
oben den Unterschied zwischen dem „begabten Menschen" und dem
„untergeordneten Menschen" genau angegeben.

(32)   Dieser Ausdruck, dem man öfter im I GING begegnet, bezeichnet
symbolisch „das Gefahren zu bestehen gezwungene Wesen".

(33)   Die sechste Linie, die ihr entspricht, ist ebenfalls negativ und selbst
negativ auf einem ungeraden, also positiven *Yang* Rang.

(34)   Dieses Kua hat einen metaphysischen, sehr interessanten Sinn und
ist eines der ersten, die vom taoistichen Mönch „meditiert" werden müssen, denn es betrifft das Mysterium der sichtbaren Bestimmung der
Gegenstände und der sichtbaren Erscheinungen der Offenbarung. Diese
Blickpunkte haben in diesem dem Weissagesinn der Kua gewidmeten
Werk keinen Platz. Es genügt für den Lernenden, die Beschaffenheit
der Linien und ihre wechselseitigen Lagen zu sehen, die es bilden.

(35)   Dieses Kua hat eine taoistische „satanische" Deutung von einer ungewöhnlichen Macht, die ich hier aber nicht erklären kann; es geht um
den Symbolismus vom kosmischen „Sturz", der in diesen sechs Linien
gleichzeitig mit dem der „Wiedergeburt" zusammengefaßt ist.

(36)   Bemerken wir wohl, daß das, was auf die Familie angewandt wird,
entsprechend dem Text auch ebenso gut auf die ganze Gesellschaft, das

ganze Land, jede soziale Verbindung angewandt wird. Man muß hier wie für die anderen Kua die Begriffe entsprechend auf die besonderen Anwendungen, die man davon machen will, zu übertragen wissen.

(37) Jedesmal, wenn eine Sechser- (negative) Linie den fünften Rang einnimmt und eine Neuner- (positive) Linie den zweiten, so kann der Fürst, der Gemahl, das Oberhaupt, der Meister überhaupt auf Grund der Unterstützung derer er sich erfreut, sein Werk vollbringen. (Beispiel, Kua Mong (4) und Thae (11). Wenn eine positive Linie den fünften Rang und eine negative Linie den zweiten Rang einnimmt, ist das Werk unvollkommen, (Beispiel, Kua Tschüan (3) und P'i (12), denn die Hilfe ist begrenzt durch die eigenen Mittel des Untertans, der Frau, des Angestellten, des Zweiten.

(38) Man deutet die beiden Trigramme des Wassers unter dem Sumpf auch als das Bild des unter dem Sumpf fließenden Wassers, das abfließt, der Sumpf wird trocken, je mehr er entwässert wird.

(39) Diese Symbolik nähert sich derjenigen von Shiva, zugleich Zerstörer und Verwandler, Herr über Tod und Leben. Die zyklische Vorstellung vom Rad der Zeit bei den Chinesen wird wunderbar auf diese Symbolik der unaufhörlichen Erneuerung durch die unaufhörliche Zerstörung angewandt.

(40) Es gibt eine Deutung vom „magischen Topf", der nicht in den Rahmen dieser Studie paßt; die chinesische Magie verwendet tatsächlich den Dreyfuß zu gewissen beschwörenden Handlungen. Für den Augenblick genügt es zu bemerken, daß das Symbol des Topfes vom Text des I GING in einem philosophischen Sinn gemeint ist, und daß die Weissagedeutung sich dieses Gegenstands bedient, um daraus Mahnungen abzuleiten.

(41) Wie in den Kua 9 und 26: SIAO T'SHU und TAE T'SCHU, der kleine und der große Halt.

(42) Weisen wir hier wiederholt darauf hin, daß man die Kua mit Feinheit deuten und die symbolischen Ansichten gewisser stofflicher Ausdrücke zu nehmen wissen muß. Hier zum Beispiel wird die Ehe auch eine Verbindung, eine laufende Angelegenheit sein, eine Stellung der Familie, und man wird die Linien mit dieser symbolischen Deutung nach der gestellten Frage lesen müssen.

(43) Man sieht hier das Beispiel einer Linie, die ihren Wert verliert, insoweit sie die untere Linie eines Trigramms ist, und die nur im Gesamt der sechs Linien des Kua betrachtet wird.

(44) Das „große Übermaß" ist dargestellt durch das Kua 28, Tae Kuo.

(45) Das Feuer über dem Wasser entspricht nicht der natürlichen Ordnung der Dinge; Das Wasser über dem Feuer durch die Vermittlung eines Gefäßes (Kua No. 63) entspricht dagegen der natürlichen Ordnung.

INHALT

DRITTES KAPITEL:

VIERTES KAPITEL: